Hungrige Geister und rastlose Seelen

Texte zur Schamanismusforschung

Herausgegeben von
Michael Kuper

DIETRICH REIMER VERLAG
BERLIN

Die Deutschen Bibliothek - CIP-Einheitsaufnahme

Hungrige Geister und rastlose Seelen : Texte zur Schamanismusforschung /
Michael Kuper (Hg.). - Berlin : Reimer, 1991
(Ethnologische Paperbacks)
ISBN 3-496-00493-2
NE: Kuper, Michael [Hrsg.]

Dr. Friedrich Kaufmann
Unter den Eichen 57
1000 Berlin 45

Umschlaggestaltung:
Thomas Rode/Werner Ost
Frankfurt am Main
unter Verwendung der Abbildung *In the Twentieth Century*,
Where Goes the Spirit of the Shaman?
Foto nach der Lithographie eines Alaska-Inuit-Schamanen.

Printed in Germany

ISBN 3-496-00493-2

Inhalt

Vorwort

„Wir sind von Feinden umgeben.
Dauernd gehen Geister umher
mit klaffenden Rachen.“

Ein tschuktschischer Schamane

Die international gespeiste Informationslawine zum „Themenkomplex Schamanismus“ hat in den letzten Jahren und Jahrzehnten fast unübersehbare Ausmaße angenommen, ohne zur finalen oder erschöpfenden Klärung weiterhin offener Fragen beizutragen. Eine Flut von Titeln und Arbeiten in Ost und West zeugt nach wie vor von forciertem Erkenntnisinteresse am Schamanismus aus ethnologischer, religionswissenschaftlicher, kulturtheoretischer und psychologischer Sicht. Bereits die 1932 veröffentlichte Bibliographie von Popov führt 650 wissenschaftliche Arbeiten aus der Feder russischer Ethnologen auf, obwohl sie sich grundsätzlich nur auf den Schamanismus in Sibirien beschränkt.[1] Frühzeitig zeichneten sich neben dem Wunsch nach einer allgemeinen Vertiefung der Kenntnisse partiell bis heute andauernde Kontroversen über Alter, Herkunft und Verbreitung des Schamanismus ab, den manche Forscher nur auf Nord- und Zentralasien beziehungsweise Eurasien beschränkt sehen möchten, während andere seine weltweite Verbreitung postulieren.

Einen Meilenstein in diese Richtung setzte im Jahr 1951 der Religionsphänomenologe Mircea Eliade mit seinem in Paris erstveröffentlichten Standardwerk „Le chamanisme et les techniques archaïques de l'extase“, das die globale Verbreitung des Schamanismus aus religionsgeschichtlicher Perspektive dokumentieren sollte.[2] Eliades phänomenologische und kulturvergleichende Symbolforschung kreist in der Hauptsache um die Evolution religiöser Ideen und die Morphologie des Heiligen. Der „homo religiosus“ als Idealtyp des archaischen Menschen bedient sich des pankulturellen „Urphänomens der Ekstase“, um Zeit und Raum im willkürlich herbeigeführten Trancezustand zu durchbrechen. Unentbehrliches Hauptkennzeichen und Grundlage des Schamanismus ist nach Eliade die Ekstase, das Außersichsein während der Seelenreise, die ähnlich wie der Traum und wie psychisch deviante Abweichungen zu veränderten Bewußtseinszuständen führt. Für Eliade ist der Schamane Ekstasespezialist,

Vermittler zwischen Menschen- und Geisterwelt sowie Spezialist des Heiligen, das dem Profanen diametral entgegengesetzt ist. Die sozialen Aspekte des Schamanismus hat Eliade in seinem historisch-komparatistischen Ansatz weitgehend ausgeklammert, was auch kritische Stimmen auf den Plan rief.

Der Schamane übernimmt die Funktion eines Vermittlers zwischen der menschlichen Gemeinschaft und der Geisterwelt, mit der er im Zustand der Trance und durch Unterstützung seiner Hilfsgeister Verbindung aufnimmt. Er bereist während des ekstatischen Seelenflugs das mythische Territorium der Geister, das er als psychische Realität erlebt, um hungrige Geister zu beschwichtigen, unheilstiftende Krankheitsgeister zu vertreiben und rastlose Seelen zu den Ruheplätzen der Jenseitswelt zu geleiten. Neben der Oberwelt kennt er auch das Zentrum und die Peripherie der Unterwelt mitsamt ihren dem Wohl der Menschen feindlich gesonnenen Bewohnern. Der charismatische Schamane kann gelegentlich auch die Geister zu sich rufen, um sie in seinem Körper aufzunehmen und zu verschiedenen Zwecken gemäß seinen unterschiedlichen Rollen als Heiler, Divinator, Jagdhelfer, Seelengeleiter zu befragen. Zeitweilig und kontrolliert besessen ist er dann nicht mehr er selbst, sondern der Geist, der sich in ihm verkörpert. Verliert jemand durch Krankheit seine Seele, muß der Schamane selbst eine außerkörperliche Seelenreise in die Anderswelt unternehmen, um im Kampf mit den Geistern die vorzeitig abgeschiedene Seele zurückzuholen. Während der ekstatischen Séance setzt der Schamane als religiöse Integrationsfigur Teilaspekte des Weltbildes innerhalb seiner Kultur in dramatische Spielhandlung um, die auf die Vermittlung zwischen verschiedenen geistigen Bereichen abzielt.

Mit einer kritischen Bestandsaufnahme „zur Faszination des Schamanismus" und zu Eliades Argumentationsstrategie hinsichtlich der für das Phänomen konstitutiven Bedeutung der Ekstase eröffnet der Berliner Religionswissenschaftler **Hartmut Zinser** den Reigen der Lesebuch-Beiträge. Wie viele andere vor ihm erhebt auch er den Vorwurf der Antihistorizität beziehungsweise einer enthistorisierenden Universalisierung des Archaischen und der methodologischen Willkür, mit der Eliade disparate Phänomene und verschiedene Kategorien der Erfahrung durchmischt. Um sich von Eliade abzugrenzen, führt Zinser die aus seiner Sicht wesensbestimmenden Elemente des sibirischen Schamanismus als eines aus verschiedenen Riten und Glaubensvorstellungen bestehenden Komplexes auf. Dabei verweist er auf die für die sibirischen Völker höchst bedeutsame Vorstellung von der Dreiteilung der menschlichen Seele und die daraus abgeleiteten vielfältigen Aufgaben des Schamanen in seiner Rolle als Spezialist für die Geisterwelt und die Seelen. Die Eigentümlichkeiten des Schamanen, seine soziale Situation, seine Paraphernalien, Rüstung, Trommel, Rassel etc., Aspekte seiner komplizierten Initiation werden in diesem Beitrag in Abgrenzung zu anderen religiösen Spezialisten, etwa dem nicht unbedingt in Ekstase heilenden Medizinmann oder dem hilfsgeistlosen Priester, erläutert. Der Schamanismus ist in einigen Deutungs- und Systematisierungsversuchen mit der Geisterbesessenheit gleichgesetzt worden. Am Schluß seines Aufsatzes widmet sich Zinser mit spitzer Feder Formen geisterhafter Fremdbestimmtheit in der modernen, vom absoluten Schein des Mammon besessenen Verwaltungswelt.

Die Fähigkeit zur Ekstase als willentlich herbeigeführte Erregung muß erlernt werden. Einer der interessantesten Aspekte des Schamanismus offenbart sich im prozessual verlaufenden Initiationsvorgang, einer Art Eignungstest, der von Übergangs- und Ausnahmezuständen begleitet wird: der werdende Schamane beginnt zu kränkeln und hat quälende Berufungsträume in Form von typisch initiatorischen Zerstückelungsphantasien und Verschlungenheitsvisionen, die ihn zugleich schrecken und locken. Er ist verstört, steckt in einer Zwangssituation und durchlebt eine abgründige Übergangszeit der psychischen Erschütterung und der Krise, die erst mit Beginn des Schamanisierens endet. Während der einschneidenden Berufungskrise wähnt er sich manchmal von den Geistern zu einer Initiationsreise entführt, zerstückelt, also symbolisch vernichtet, und später in der Kunst des Schamanisierens unterwiesen. Er verliert häufig das Bewußtsein, um später ein neues zu gewinnen. Während der Zerstückelung oder Erneuerung im Geisterreich erlebt der Schamanennovize im Zustand seelischer Zerrissenheit die enge Verbindung von Kultur und Natur zuzüglich der Vielfalt psychischer Grenzsituationen, die er als zukünftiger Grenzgänger kennen muß. Der werdende Schamane hat Anteil an der Seinsweise der Geister, und seine Verwandlung bildet einen Hauptinhalt des Initiationsvorgangs. Zum Theater der Gefährdung und der Selbstüberwindung gehört auch die Vorstellung, wonach die Geister den künftigen Schamanen zerstückeln und kochen, bis er „gar" ist und damit den Zustand der Reife erreicht hat. Bei den sibirischen Jakuten glaubt man, daß der künftige Schamane nur dann Macht über die Geister diverser Krankheiten erlangt, wenn diese sich zuvor, also während der Schwellenphase des Initiationsprozesses, Teile seines symbolisch zerhackten Körpers einverleiben durften, ehe sie ihn wieder in der Inkorporationsphase neu zusammensetzen beziehungsweise erwecken. In der Übergangsphase vom mystischen Tod zur Wiederbelebung beziehungsweise zum neuen Sein als Schamane lernt er auch, wie man die Geister bezwingt, täuscht, überlistet und schließlich kontrolliert. Dieses Wissen kann ihm auch von erfahrenen Schamanen oder den Schamanenvorfahrensgeistern seiner Sippe vermittelt werden. Trotzdem heilt nicht jeder Schamane auch alle Krankheiten. Große Schamanen müssen die Zerlegung durch die Geister bis zu dreimal durchlaufen und sind bestrebt, die Zahl ihrer Hilfsgeister als Inspirationsquelle zu steigern. Häufig beschließen der Meisterschamane und sein Schüler den Initiationsvorgang durch eine gemeinschaftliche „kamlanie" (ekstatische Séance). Manchmal fordern die Geister auch das Leben von Blutsverwandten als Lösegeld. Die turksprachigen Soren glauben, daß die Gabe des Schamanentums nur vererbt werden kann. Die Befähigung zum Schamanen muß von anderen Mitgliedern der Gemeinschaft entdeckt und sozial anerkannt werden. Oft erfaßt die Initiations- und Berufungskrise nach dem Tod des alten Schamanen, der die Sippen- und Schutzgeister vorübergehend freiläßt und sie nicht selten zu Quälgeistern macht, mehrere Mitglieder der Gruppe, die ungefähr gleichen Alters sind, und währt solange, bis einer das Schamanenamt neu übernimmt.

Fragen nach den sozialen Beziehungen des sibirischen Schamanen und Formen der Abhängigkeit zu seiner durch Blutsverwandtschaft definierten Gemeinschaft stehen im Mittelpunkt des von **Ivan Kortt** verfaßten Beitrags zur Wirksamkeit des Schamanen. Seiner Ansicht nach ist die Bedeutung des Schamanen, der im Unterschied zu gewöhnlichen Menschen schon zu Lebzeiten ins Jenseits gelangen kann, nicht außerhalb, sondern innerhalb seiner eigenen sozialen Umgebung zu suchen. Er untersucht die Schamanentracht als äußeres Erkennungszeichen des religiösen Funktionärs und im Hinblick auf ihre Bedeutung als verbindungsaffirmatives Integrationssymbol des Gruppenzusammenhalts. An der Herstellung der Tracht und am Ritual der „Belebung der Trommel" sind die Verwandten aus der männlichen Linie des Schamanen beteiligt, in der die Schamanengabe vererbt wird. Überhaupt scheint für Kortt die „kamlanie" weniger ein primär individuelles, sondern vor allem ein Gruppenereignis von höchstem Rang zu sein, das die einzelnen Mitglieder stark in den Vorgang der schamanischen Jenseitsreise involviert. Kortt bezieht sich auf eine lange Liste interessanten Quellenmaterials zum sibirischen Schamanismus vom 18. bis 20. Jahrhundert aus der Sowjetunion und legt am Ende die Wirksamkeit des Schamanen auch außerhalb beziehungsweise das Auftreten mehrerer Schamanen innerhalb einer sozialen Gemeinschaft dar.

Den regionalen und kulturspezifischen Besonderheiten des ostsibirischen Schamanismus gilt das Augenmerk des Ethnologen **Lawrence Krader**, einer Koryphäe auf dem Gebiet der Erforschung des burjatischen Schamanismus. Krader subsumiert in diesem Beitrag quasi die Ergebnisse seiner langjährigen Forschung über die Tschuktschen und die Burjaten. Er fragt nach der Funktion des Schamanismus und stellt ihn hier unter anderem als Weltanschauung, als Lebensphilosophie, als Religion und Heilsmittel bei den Völkern Sibiriens vor. Dann widmet er sich dem symbolischen Inventar des Schamanismus in seiner Rolle als Kult der Krisenbewältigung. Hier wird deutlich, welch bedeutende Rolle „animistische" Glaubensvorstellungen im sibirischen Schamanismus spielen und welche Bürde das mit den Besorgnissen der jeweiligen Gemeinschaft belastete Schamanenamt birgt. In der schamanischen Auseinandersetzung mit der unwirtlichen Natur und der geistigen Gewalt einer spiritualisierten Welt liegt auch ein Ringen um soziale Anerkennung im Hinblick auf die Behauptung der Schamanengabe, in der Krader ebenfalls eine primär soziale Erscheinung sieht. Bei den Burjaten ist das genealogisch zu übertragende Schamanentum Sache eines bestimmten Standes und damit eine vererbbare Angelegenheit, obwohl nicht jedes Abstammungsglied einer Deszendenzlinie auch tatsächlich den „Ruf" zum Schamanentum erhält, um sich dann vom Geist eines Schamanenvorfahren als Zeichen der Auserwähltheit besessen zu wähnen. Ein um die Erweiterung seiner Kenntnisse bemühter Schamanenneuling wird in dieser Gesellschaft versuchen, eine Schulung bei einem erfahrenen Schamanen (bō) als spirituellem Führer zu erhalten, um den nervösen Grundzustand psychischer Anspannung und Unruhe in eine lenkbare Erfahrungsweise des geistigen Seins zwischen Rationalität und Irrationalität umzuwandeln. Gegen Ende seiner Ausführungen über die historische Genese und die eigentümlichen Züge des burjatischen Schamanismus stellt Lawrence Krader verschiedene Innen- und Außensichten zur ambivalenten Rollenauffassung von „weißen" und „schwarzen" Schamanen in dieser Gesellschaft vor. Spirituelle und soziale Welt der Burjaten durchdringen einander und basieren, ebenso wie die traditionellen Seelenvorstellungen, auf triadischen Kategorien.

Aus ethnohistorischer Sicht geht **Erich Kasten** den Besonderheiten des Schamanismus der Samen in Nordeuropa nach. Er beschäftigt sich dabei mit „Fragen zur Variation eines religiösen Vorstellungskomplexes" in der Umbruchzeit von sich neu entwickelnden sozio-ökonomischen Bedingungen nach dem Übergang von der Jäger- und Fischerkultur zum Rentierhirtentum. Zunächst umreißt er die Funktion des samischen

Schamanen im Rahmen der sozialen Organisation dieser Gesellschaft, soweit sie sich aus Gerichtsprotokollen, Reise- und Missionsberichten vor allem des 17. und 18. Jahrhunderts erschließen läßt. Er fragt nach den Grundlagen samischer Welterfahrung, wie sie beispielsweise anhand der Schamanentrommel zeichenhaft ablesbar ist, und ihrem interpretatorischen Niederschlag im Spiegel der Ethnographie. Die historischen Informationen zum nur schwer rekonstruierbaren Schamanismus der Samen und dem Problem religiöser Umorientierung in Krisenperioden sind natürlich nicht frei von Fehleinschätzungen, enthalten aber auch wertvolle Anhaltspunkte hinsichtlich seines Wandels in Zeiten dramatischen sozio-ökonomischen Umbruchs. Die Fallstudie versucht auch, den Ablauf einer Schamanensitzung bei den Samen nachzuzeichnen und Hintergründe für den Verlust ritueller Praktiken beziehungsweise für die Aufgabe der Bedeutung des Schamanen als religiöse Leit- und Integrationsfigur zu liefern.

Die Trommel ist das vielleicht wichtigste Hilfsmittel beziehungsweise Leitobjekt in der ekstatischen Séance und dient dem Schamanen als Reittier und Begleiter in die Geister- oder Anderswelt. Die Trommel ruft die Hilfsgeister herbei, und der Trommelschlag signalisiert den Grad der Erregung als akustische Stimulation. In Sibirien symbolisieren bemalte Schamanentrommeln die kosmische Topographie mit der mythischen Triade Unter-, Mittel- und Oberwelt beziehungsweise die Stufen der Jenseits- und Seelenreise in verschiedene Himmelsrichtungen entlang des Weltenbaums. Manchmal bezeichnet die Bemalung auch Begegnungen des Schamanen mit anthropomorphen und theriomorphen Tier-, Krankheits-, Hilfs- oder Schutzgeistern in der Séance. Das Ritual der festlichen „Belebung der Trommel" ist häufig direkter Bestandteil des Initiationsprozesses, in dem es ja auch um die symbolisch zu inszenierende Vitalisierung des neuen Schamanen geht.

Die Bedeutung der magischen Trommel rẽ bei den nördlichen Maga im Himalaya untersucht der Nepalexperte **Michael Oppitz**, in unseren Breiten vor allem durch seinen dokumentarischen Film „Schamanen im blinden Land" bekannt. Dieser Beitrag ist als Fallstudie zur Typologie der Schamanentrommel zu verstehen. Ausführlich schildert Oppitz die einzelnen Etappen der Herstellung und die morphologischen Eigenheiten der Trommel rẽ, die mit anderen Trommeltypen verglichen wird, und verweist darauf, daß bei den Maga eine neue Trommel nicht „belebt", sondern eher in ihrem ekstatischen Potential besänftigt und domestiziert wird. Oppitz beschreibt die „Biographie" der den mündlichen Vortrag des Schamanen begleitenden Trommel rẽ, die in den Augen der Maga keinesfalls ein totes

Objekt ist, sondern lebt, weil sie durch den Schamanen von einem Eichenbaum in einen Trommelrahmen verwandelt wurde. Auch zeigt sich, daß die Geburt und Konsekration der Trommel eng mit der Geburt des neuen Schamanen verbunden ist und ihm in Zukunft als Lebensbegleiter zu dienen hat, mit dessen Hilfe sich gute Geister rufen und böse abwehren lassen. In der religiösen Handlungspraxis läßt sie sich auch als Schrittmacher der Schamanentänze, Vehikel ritueller Reisen, Schutzschild und Mittel der Divination verwenden.

Aspekten des Schamanismus in Nepal widmet sich auch der Berliner Ethnologe **Michael Mühlich** in seinem Textbeitrag. Im Vordergrund seines Aufsatzes steht dabei die Frage nach der sozialen Stellung des dhami in seiner Rolle als Volksheiler, Vermittler in psychosozialen Konflikten und als Vorbild für die Gesellschaft der Jumla-Hindus. Als Volksheiler vertritt der dhami, der im strengen Sinne nicht als Schamane anzusehen ist, eine der Clan-Gottheiten Masta, von der er als Orakel besessen wird, um vor allem soziale Spannungen im Rahmen alltäglicher Zwangssituationen zu lösen. Folgt man Mühlichs Argumentation, so bestimmt der dhami, ähnlich wie der Psychoanalytiker in unserer Kultur, zunächst eine Art analytischen Diskurs über Probleme, um ihrer Lösung näher zu kommen. Zum Aufgabenbereich des dhami gehört seine ständige Bewährung als Experte der Krisenbewältigung in Alltagskonflikten sowohl im Leben des Einzelnen, der Gemeinschaft oder im Hinblick auf ihr Verhältnis zur Außenwelt. Die Vorbildfunktion des dhami, der auch als Mittler zwischen der Gottheit und den Menschen fungiert, bezieht sich auf das Vermögen, die normative, dharmische Ordnung zu transformieren und sie damit auf eine alternative Weise zu interpretieren. Die Rolleninterferenz des dhami liegt in der Ambivalenz begründet, sowohl die Rebellion gegen die dharmische Ordnung als auch die Verschmelzung mit ihr zu verkörpern. Sein sozialer Status ist davon abhängig, inwieweit er während der Konsultationen den Diskurs in Richtung der Problemlösung zu führen versteht. Die Macht von rituellen Spezialisten stützt sich wesentlich auf die Anerkennung durch die Gemeinschaft. Der soziale Status von Schamanen ist von Gesellschaft zu Gesellschaft verschieden und muß deshalb jeweils gesondert und mit sorgfältigem Augenmerk untersucht werden.

Die Eigendynamik wissenschaftlicher Annäherungsprozesse gegenüber soziokulturellen Phänomenen legt der Berliner Ethnologe **Christof Vonderau** in seinem Beitrag „Fremdheit und Sozialisation im Schamanentum“ bloß. Er geht den Verknüpfungen zwischen dem modernen und dem schamanischen Personenbegriff nach, beschreibt den wesentlichen Teil der Rezeptionsgeschichte durch die wissenschaftliche Forschung und kritisiert den „Eigensinn“ einiger Systematisierungsversuche, die oft im Interesse bevorzugter Wertungen einzelne Aspekte komplexer Phänomene unter der Vernachlässigung anderer zu verabsolutieren suchen. Vonderau läßt phänomenologische, sozialanthropologische, psychologische, ritual- und rollentheoretische Erklärungsmuster Revue passieren. Die wenigsten Forschungsansätze werden dem Schamanismus als einem „totalen sozialen Phänomen“ (Marcel Mauss) gerecht, und kühne Generalisierungen scheitern häufig am Detail. Andererseits ist bemerkenswert häufig „eine Diskrepanz zwischen Inhalt und Form durch die Vernachlässigung übergreifender Verknüpfungen“ zu beobachten. Vonderaus Bemerkungen zur Kritik der Wissenstheorie veranschaulichen treffend, daß Multidimensionalität nicht monokausal oder reduktionistisch erschlossen werden kann.

Der Schamane ist auch Exponent und Vermittler der schamanistischen Philosophie. Der Religionsethnologe **Roger Uchtmann** fragt nach der geistigen Haltung, die hinter dem Schamanismus steht. Wie funktioniert das schamanische Verstehen der Welt, und was zeichnet das Selbstverständnis des Schamanen in seiner Kultur aus? Probleme mit dem „Verstehen“ der geistigen Welt der Schamanen werden in diesem Aufsatz aus erkenntnistheoretischer und kommunikationssemiotischer Sicht aufgearbeitet. Beim Schamanismus und schamanischen Zugang zu den die Welt konstituierenden Phänomenen handelt es sich nicht um ein zeitlich oder räumlich festzumachendes Zeichensystem, sondern um einen Zeiten und Räume transzendierenden Zeichenprozeß. Dieser offenbart sich in individuellen sowie kollektiven Grenzsituationen, in denen die Regelhaftigkeit der jeweils hypostasierten Ordnung keine adäquate Handlungspraxis mehr zuläßt. Die Zeichenhaftigkeit der durch konsensuelle Informationsmuster geregelten Ordnung kollidiert dann mit dem Phantastischen, Symbolischen und Komplexen offener Kommunikation. Der dialektische Modus, der hier aus der Perspektive ethnosemiotischer Hermeneutik als das „schamanische Sein“ konstituierend vorgeführt wird, findet sich in „modernen“ Gesellschaften einerseits in den Theoriebildern der Wissenschaften und andererseits in den durch Kunst entregelten Wahrnehmungsweisen wieder. Man kann davon ausgehen, daß dabei auf prototypische Grundlagen rekurriert wird, die schon durch die Geometrie der menschlichen Großhirnrinde bedingt sind. Diese ermöglichen „kritische“ Zustände, die zunächst eine Ablösung von der als bedrohlich empfundenen „Ordnung“ der Natur und später dann von den nun als bedrohlich empfundenen „Ordnungen" menschlicher Gesellschaften gestatteten. Im Zustand der Ekstase überwindet der Schamane die Grenzen von Raum und Zeit. Zu der Ordnung der Phänomene gesellt sich so immer wieder das kreative Chaos der Introspektion, wie es sich in den schamanischen Séancen, aber auch in der Relativitätstheorie Einsteins zeigt.

Tatsächlich scheint die Macht und Vorgehensweise des Schamanen vor allem darin zu bestehen, während der rituellen Kommunikation mit der Geisterwelt symbolische Kategorien durch grenzüberschreitende Zeichenhandlungen zu manipulieren. Der im deutschen Sprachraum federführende Kultursemiotiker **Ivan Bystřina** geht davon aus, daß der Schamane zunächst rituelle Operationen der Verbindung, Vermittlung, Inversion und Identifikation ausführt, um als Krisenregulator psychisches Überleben zu sichern und soziale Beziehungen zu stärken beziehungsweise zu harmonisieren. Diese Handlungsweisen dienen der Bewältigung krisenhafter Situationen und helfen dabei, die als ungünstig oder bedrohlich empfundene Asymmetrie der Weltgegensätze oder Umweltüberdruck symbolisch auszubalancieren.

Aus kultursemiotischer Sicht kann man, meiner Auffassung nach, unter Schamanen jene rituellen Spezialisten verstehen, die zwischen Jenseits und Diesseits, Tier-, Geister- und Menschenwelt, dem Handlungsspielraum der ersten und dem Imaginationsspielraum der kulturelles Bewußtsein prägenden zweiten Wirklichkeit vermitteln. Ihr auf spielerischem Weg zur Entlastung führendes Wirken zielt auf die Beschwichtigung jener Kräfte ab, die sich gegen das menschliche Wohl und den sozialen Erhalt der Gemeinschaft richten. Mittels ekstatischer Trancetechniken suchen die Schamanen das in der zweiten Wirklichkeit gelegene Land der Geister auf, um psychisch oder sozial gestörtes Gleichgewicht wiederherzustellen.

Ivan Bystřina unterstreicht die grundlegende Bedeutung des Traumerlebens und der Ekstase als Existenzerfahrung für die Kulturentwicklung allgemein und die wichtige Rolle der Träume für das schamanische Berufungsgeschehen während der Initiationskrise. Da der Schamane für ihn auch „showman" ist, erläutert er Momente der dramatischen Spielhandlung während der die Lebens- und die Totensphäre verbindenden Séance. Für Bystřina zählt das Kulturphänomen Schamanismus zu den ältesten Zeugnissen der menschlichen Kultur und Kreativität überhaupt. Er fragt in seinem Aufsatz über „das Erbe des Schamanismus im alten Palästina" nach den magische Handlungen bestimmenden Grundvoraussetzungen und zieht Verbindungen zwischen dem Schamanismus und der antiken Magie als Schlüssel zur Geisterwelt. Die schwierige Sicherung fragmentarischer Spuren von Schamanismus im Alten und im Neuen Testament erweist sich im engen Rahmen eines Aufsatzes als zu umfangreich, um vollständig abgewickelt werden zu können. Interessant ist unter anderem der Motivvergleich zwischen der Initiation des Schamanen und dem ähnlich signifikanten Leidensweg Christi, der sich beispielsweise auf die triadische Sequenz Leben - Tod - Wiedergeburt, die Vertreibung von Krankheitsdämonen und Aspekte der Himmelfahrt bezieht. Bystřina folgt den von Eliade vorgezeichneten Spuren, sieht im Schamanismus jedoch mehr ein kulturelles als ein religiöses Phänomen. Er erhellt den gravierenden Unterschied zwischen dem Schamanen und dem Medizinmann, verweist auf die strukturtypologische Nähe des Schamanen zur Hexe und manche Parallelen zum Magier. Im kollektiven Gedächtnis der Kultur bewahrt der Schamane die Erinnerung an ekstatische Erlebnisse und rauschhafte Seinsmöglichkeiten neben dem Wissen um die Begehbarkeit der Wege, die in die zweite, andere Wirklichkeit führen.

Ein Anliegen bei der Sammlung und Herausgabe der vorliegenden Aufsätze bestand darin, eine fächerübergreifende Auskunft über den aktuellen Stand der Erforschung von Schamanismus zu geben. Es galt verschiedene Forschungsansätze und Auffassungen vorzustellen, die sich zum Teil ergänzen, aber auch die Einnahme unterschiedlicher Ausgangspositionen dokumentieren. Die strukturanalytischen Fallstudien und kulturvergleichenden Beiträge werfen eine Fülle von Fragen nach Wesen, Ursprung und Wandlung des kulturellen Faszinosums Schamanismus auf, ohne alle auch restlos beantworten zu können oder zu wollen. Die Argumentationsstrategien hinsichtlich der Wesensbestimmung und Bewertung des Schamanismus sind sehr verschieden, und die diskursive Auseinandersetzung über die strukturbildenden Kriterien, die den Schamanismuskomplex konstituieren, wird in lebhafter Strenge weiterzuführen sein.

Michael Kuper

Anmerkungen

1 Popov, A.A.: Materialien zur Bibliographie der russischen Literatur des Schamanentums der Völker Nordasiens. Leningrad 1932.

2 Eine erste deutsche Übersetzung erschien 1957 in Zürich unter dem Titel „Schamanismus und archaische Ekstasetechnik."

Hartmut Zinser

Zur Faszination des Schamanismus

Als Mircea Eliade 1951 mit seiner Interpretation des Schamanismus an die Öffentlichkeit trat, setzte er die Ethnologen und andere mit dem Schamanismus befaßte Wissenschaftler in Verwirrung. War der Schamanismus bis dahin weitgehend als ein vornehmlich nord- und zentralasiatisches Phänomen betrachtet worden, so behauptete Eliade eine Universalität dieser Erscheinung durch den Raum und auch die Zeit. Schamanismus, so seine zentrale These, sei eine archaische Ekstasetechnik, durch welche ein religiöser Spezialist, nämlich der Schamane, die profane Welt überschreiten und unmittelbar mit dem Heiligen in Kontakt treten könne (Eliade 1957: 102). Der Schamane unterscheide sich von den anderen Stammesmitgliedern durch seine ekstatischen Fähigkeiten (S. 113), mit deren Hilfe es ihm möglich sei, die aufgrund irgendeiner Katastrophe entstandene Unterbrechung der Verbindung zwischen Himmel und Erde, zwischen den Menschen und den Göttern zu überwinden und unmittelbar in Berührung mit dem Heiligen oder Absoluten zu treten. Die schamanistische Ekstase könne „als eine Wiedervergegenwärtigung des mystischen illud tempus gelten ..., wo die Menschen in concreto mit dem Himmel verkehren konnten" (S. 465). Das ekstatische Erlebnis sei demnach ein „Urphänomen", ein Konstitutivum der menschlichen Verfassung, der gesamten archaischen Menschheit bekannt, und nicht als Produkt einer bestimmten Zivilisationsform, eines bestimmten geschichtlichen Moments zu betrachten. Nur wir Menschen der Neuzeit hätten den Verlust der Verbindung mit dem Heiligen zu beklagen.

Von daher ist es einsichtig, warum Eliade bei zahlreichen Stammesgesellschaften, die noch nicht durch die moderne Zivilisation den Ursprüngen entfremdet seien, ekstatischen Schamanismus feststellen zu können glaubt. Allerdings muß er bei dieser Suche von den tatsächlichen gesellschaftlichen und geschichtlichen Gegebenheiten dieser Völker und damit auch von den meist als degeneriert betrachteten geschichtlichen Formen religiöser Spezialisten oder anderer Verwalter der Angst in den einzelnen Stammesgesellschaften absehen. Dies zum einen machte Ethnologen wie Religionswissenschaftler unfähig, mit konkreten geschichtlichen und sozialen Untersuchungen Eliades Theorie zu kritisieren (vgl. z.B. Vajda, S. 282). Zum anderen waren diese Wissenschaftler selber

- meist uneingestanden - allzu häufig auf der Suche nach dem Absoluten. Die klassische Philosophie wollte dieses Absoluten durch den rationalen Reflexionsprozeß habhaft werden[1], vergeblich, wie wir heute sagen müssen. Schließlich hat diese Philosophie den Begriff des Absoluten selber aufgelöst. Eliade hingegen brachte mystische Erfahrungen aus unserer Tradition in die Nähe der archaischen Ekstase und versprach, nicht durch einen rationalen Reflexionsprozeß, sondern unter Rekurs auf archaische Ekstasetechniken einen Zugang zum Heiligen. Damit aber steht er nicht allein und hier nur als Beispiel für breite Tendenzen, wie nicht zuletzt die kürzlich erschienenen Festschriften für Eliade und zahlreiche andere Veröffentlichungen zum Schamanismus belegen. Eliades Empfehlung der Ekstase und damit die Wiedereinsetzung dessen, was die europäische Aufklärung hatte aufheben wollen, macht die Faszination seines Buches und des Schamanismus aus, allerdings um den doppelten Preis, daß von den konkreten gesellschaftlichen und geschichtlichen Formen des Schamanismus nicht mehr viel übrig bleibt und das Heilige und Absolute, wenn es denn so etwas gibt, selber unerkennbar wird. Denn woraus besteht der Schamanismus der sibirischen Völker? Der Begriff Schamane ist vom tungusischen Wort šaman abgeleitet. Seine Etymologie ist trotz verschiedener Versuche ungeklärt (vgl. Siikala 1978: 14). Bereits im 17. Jh. kommt das Wort šaman über das Russische in die anderen europäischen Sprachen. Die Bezeichnungen des Schamanen sind in den Sprachen der sibirischen Völker verschieden, und ebenso unterscheiden sich bei diesen Völkern Vorstellungen, Aufgaben und Funktion dessen, was wir unter dem Begriff Schamanismus zusammenfassen. Jedoch lassen sich wenigstens für die Völker Sibiriens einige mehr oder weniger ausgeprägte Vorstellungen und Merkmale des Schamanismus aufzeigen. Dies ist zunächst die Vorstellung eines in drei Welten gegliederten Universums, die Unterscheidung in eine hiesige Welt, eine Oberwelt und eine Unterwelt, bisweilen ist die Oberwelt noch weiter gegliedert. Diese drei Welten sind durch den Schamanen- oder Weltenbaum, den Schamanenfluß oder eine Weltsäule miteinander verbunden. In der Oberwelt leben die menschen- oder tiergestaltig vorgestellten Geister, die in wünschenswerter oder schädlicher Weise auf das Leben der Menschen in der hiesigen Welt Einfluß nehmen können. Diese Geister sind Legion - sie werden bei den einzelnen Völkern verschieden aufgefaßt und in eine hierarchische Ordnung gebracht. So gibt es Gruppen von Herrengeistern, Schutzgeistern, spezielle Hilfsgeister der Schamanen, Natur- und Tiergeister, Geister des Feuers, der Türschwelle usw. Die Burjaten scheinen ihre Geisterwelt am weitesten systematisiert zu haben.

Sie unterscheiden niedere und höhere Geister (Tengriner). Die Tengriner teilen sich in 55 gute oder weiße und 44 böse oder schwarze Geister. Beiden wird geopfert, und sie werden um Segen und Abwehr von Krankheiten und anderen Übeln bei Mensch und Tier gebeten. Die schwarzen und die weißen Tengriner selber liegen miteinander im Kampf. Die Geister sind bisweilen mit den Sippen verbunden und wie diese können auch die Geister miteinander in Konflikt geraten, zum Beispiel wenn bei einer Heirat die Frau Geister ihrer Familie mitbringt. Besondere Feuerkulte zur Versöhnung der mitgebrachten Geister werden deshalb durchgeführt. Jedoch kann es trotzdem schwierig sein, zwischen den Bereichen der einzelnen Geister zu vermitteln, ohne deren Ansprüche zu verletzen oder zu vernachlässigen, und den eigenen Interessen und Bedürfnissen nachzugehen.

Die niederen Ränge der Geister sind die Mittler zwischen den Menschen und der Geisterwelt und stehen deshalb auch in den Diensten der Schamanen. Der Anführer der schwarzen Tengriner, Erlen Khan, herrscht über die Unterwelt, die wie ein russischer Kerker oder eine lamaistische Höllenvorstellung gedacht ist (zu den burjatischen Vorstellungen vgl. Klementz 1924 und Sanschejev 1927-28, zu den Geistervorstellungen der Tungusen vgl. S.M. Sirokogorov, 1935).

Zweitens ist den schamanistischen Völkern gemeinsam eine Dreiteilung der Seelenvorstellung. Die unterste Seele, die Knochenseele, haust im Skelett und kann den Menschen nur beim Tode verlassen. Die Knochenseele ist gestaltet wie der menschliche Knochenbau. Das Skelett ist deshalb bisweilen auf der Schamanenkleidung, auf dem Mantel, den Handschuhen und den Stiefeln abgebildet. Auch Tiere haben eine Knochenseele, deshalb darf beim Schlachten kein Knochen verletzt werden, und die Knochen eines Tieres müssen in einer bestimmten Ordnung „bestattet" werden, damit das Tier erneut „befleischt" wird und wieder gejagt werden kann.

Die zweite Seele des Menschen ist nicht so fest mit dem Körper verbunden und kann im Schlaf oder bei anderen Gelegenheiten den Körper seines Besitzers verlassen, ohne daß dieser etwas davon weiß. Die Fähigkeit der zweiten Seele, den Körper ihres Besitzers zu verlassen oder aus ihm entführt werden zu können, bildet die Grundlage der schamanistischen Krankheitstheorie. Krank wird nämlich ein Mensch, wenn seine zweite Seele nach einer Traumreise nicht zurückkehrt, weil sie zum Beispiel von bösen Geistern gefangengehalten wird. Krank kann er aber auch werden, wenn ein Geist anstelle oder mit der zweiten Seele in den Körper eindringt. Aufgabe des Schamanen ist es dann, in einer schamanistischen Séance, sich in Trance zu begeben, der Seele nachzueilen und sie zurückzuholen oder den Geist, der von einem Menschen Besitz ergriffen hat, zu vertreiben. Dazu kann er auch seine Hilfsgeister aussenden. Gelingt ihm dies nicht, muß der Mensch sterben. Beim Tode entweicht die dritte Seele aus dem Körper und wird bei den Burjaten zu den Tengrinern gerufen, wo sich diese Seele, wenn der Mensch gemäß den sozialen Vorstellungen gelebt hat, für ihre Anverwandten einsetzen kann. War es hingegen ein schlechter Mensch, kann diese Seele selber zum Urheber von Krankheiten und anderen Übeln werden und muß durch Opfer versöhnt werden.

Drittens haben alle sibirischen Völker, in denen die schamanistische Weltauffassung Geltung hat, einen Spezialisten für die Geisterwelt und die Seelen. Schamane wird man nun nicht einfach durch Vererbung. Zwar stammen Schamanen häufig in väterlicher oder mütterlicher Linie von Schamanen ab, jedoch ist die Abstammung kein hinreichender Ausweis. Vielmehr muß jemand durch körperlich (zum Beispiel einen überzähligen Finger) oder psychische Besonderheiten zum Schamanen disponiert sein. Darüber hinaus muß er von seiner Familie oder sozialen Gruppe als Schamane anerkannt werden. Bei einigen Völkern bedarf der Schamane keiner Schamanenvorfahren, und die Schamanen werden von den Geistern frei erwählt. Auf jeden Fall hat ein Schamane eine Initiation zu durchlaufen. Diese besteht häufig darin, daß der zukünftige Schamane auffällige Träume oder Visionen hat, in Ohnmacht fällt, abmagert und tagelang nicht ansprechbar ist, bisweilen seine Gemeinschaft während der Initiation verlassen muß, um einsam in der Steppe seine zukünftigen Hilfs- und Schutzgeister zu erwerben. Diese „Schamanenkrankheit" dauert drei oder sieben Tage oder auch länger. Grausigen Prozeduren wird er dabei unterzogen. Zunächst wird sein Kopf von den Geistern abgeschnitten, damit er das Folgende selber beobachten kann. Dann wird alles Fleisch sorgsam von seinem Körper entfernt, und schließlich werden mit eisernen Haken seine Gelenke auseinandergerissen. Fleisch und Knochen werden an die Geister verteilt, die durch diese Verteilung dem zukünftigen Schamanen verpflichtet werden, und das Blut wird in alle Himmelsrichtungen versprengt. Nach dem Skelettieren und der Fleischverteilung vereinigen die Schamanenvorfahrengeister die Knochen wieder und „befleischen" sie. Bisweilen ist für die „Befleischung" der Tod anderer Familien- oder Sippenangehöriger erforderlich. Wenn der Auserwählte der Geister und seiner sozialen Gruppe am 3. oder 7. Tage nach dieser psychischen Prozedur wieder zu sich kommt, hat er gezeigt, daß er nicht nur von den Geistern besessen wird, sondern ihrer auch Herr geworden ist. Die Krankheit, in welcher eine Frau oder ein Mann zum Schamanen wird, ist deshalb häufig als Selbstheilungsprozeß beschrieben worden, der den Schamanen befähige, anderen zu helfen und sie zu heilen. „Der Schamane“, schreiben deshalb Friedrich und Buddruss (1955: 50f.), „ist seinem Inbegriff nach derjenige religiöse Menschentyp, der der Geister, die ihn bedrängen - das heißt seiner seelischen Strebungen - selber Herr zu werden und anderen Geisterbedrängten zu helfen vermag. Der Besessene aber vermag sich nicht zu helfen, sondern ist dem Sturm divergierender oder vereinseitigender Potenzen preisgegeben; er bedarf der Hilfe eines Exorzisten, der ihn befreit.“

Nach der Schamanenkrankheit mit Zerstückelung und Restitution werden bei den Burjaten und Tungusen eine Reihe von Riten mit Anrufung der Schamanenahnen und der Geister, Reinigungen und Weihungen veranstaltet, an deren Ende der neue Schamane symbolisch den höchsten Geistern vorgestellt wird. Der Schamane besteigt dabei eine den Himmelsbaum repräsentierende Stange oder einen Baum und erhält die schamanistischen Paraphernalien. Seine Aufgabe ist es nun, seine Gruppe vor Krankheit, Jagdunglück, Übeln und so weiter und fremden Geistern zu schützen. Im Krankheitsfall muß er die ausbleibende Seele ausfindig machen und in den Körper zurückbringen oder die fremden Geister vertreiben. Auch soll er verlorene oder gestohlene Dinge finden helfen und den Willen der Geister bei speziellen Anlässen erkunden. Schließlich ist der Schamane bei der Geburt, zum Beispiel durch Einholen der Seele des Neugeborenen aus dem Himmel, und beim Tode als Seelenführer des Toten ins Jenseits erforderlich. Man darf natürlich nicht übersehen, daß den Schamanen auch praktische medizinische Kentnisse und Fertigkeiten, wie Heilkräuter, Techniken zum Schienen von Knochenbrüchen und so weiter, zur Verfügung standen. Bei allen diesen Aufgaben stehen ihm die während der Initiation erworbenen Hilfsgeister bei. Diese Hilfsgeister bewahrt er in besonderen Receptacula auf, muß sie ernähren und pflegen. In der schamanistischen Séance kann er mit seinen Hilfsgeistern sprechen, sie in sich aufnehmen und sie durch ihn sprechen lassen. Mit der Trommel ruft er seine Hilfsgeister, und seine Seele reist auf der Trommel in den Himmel und in die Unterwelt, um die verlorene zweite Seele eines Menschen zu suchen und gegebenenfalls mit anderen Geistern um sie zu kämpfen.

Viertens gehören zum Schamanen besondere Paraphernalia: die Schamanentrommel und der Trommelstock, der Schamanenstab, Metallrasseln, Spiegel und das Schamanenkleid, Kopfschmuck oder andere bei den verschiedenen Völkern je nach ihrer Tradition erforderliche Gegenstände. Auf der Kleidung und der Trommel ist häufig die Weltanschauung des Schamanismus, mythische und kosmologische Landkarten, die Hilfsgeister und anderes abgebildet. In den Schamanengesängen und den Erzählungen sind die Taten der großen Schamanen, ihre Ausrüstung, ihre Hilfsgeister und anderes beschrieben (vergleiche Friedrich und Buddruss 1955). Es dürfte unmittelbar einleuchten, daß die von ihrer sozialen Gruppe ausgewählten Schamanenkandidaten häufig versuchen, sich dieser schwierigen Aufgabe, der schrecklichen Initiation und schließlich auch der zwiespältigen Rolle des Schamanen, der wegen seiner Macht über die Geister nicht nur verehrt, sondern auch gefürchtet wird, entziehen wollen. Die Kandidaten werden manchmal durch unmittelbaren oder sozialen Druck in ihre Rolle gezwungen. Ihre soziale Situation ist zweideutig, und häufig sind die Schamanen marginalisiert. Zwar trägt ihre Gruppe die Kosten der Ausrüstung, aber für ihre schamanistischen Funktionen werden sie nicht entlohnt. Irgendwelche Privilegien haben sie in der Regel nicht, und die Schamanen bilden auch nicht - wie zahlreiche Priesterschaften und andere religiöse Spezialisten in vielen Gesellschaften - einen besonderen Stand. Eine institutionalisierte Verbindung zwischen den Schamanen gibt es normalerweise nicht. Sie betrachten sich eher gegenseitig als Konkurrenten, die mit ihren Geistern und sonstigen außergewöhnlichen Fähigkeiten sich und ihrer Gruppe schaden können (zu den Merkmalen des Schamanismus vergleiche Hesse 1991). Auf einen - in seiner Bedeutung in der bisherigen Forschung nicht richtig gewürdigten - Umstand möchte ich noch aufmerksam machen. Der Schamane muß bisweilen in der Ekstase während seiner Himmelsreise mit den feindlichen Geistern kämpfen. Bei diesem Kampf sind alle Mittel von der unmittelbaren Gewalt über List und Betrug, Bestechung und was das Leben sonst an Vorbildern der sozialen Auseinandersetzung bietet, erlaubt. Der Kampf mit den Geistern unterscheidet den Schamanen von einem Magier. Dieser hat nach einer alten Auffassung der Magie Kenntnis von als gesetzlich angesehenen Wirkungszusammenhängen. Durch entsprechende Techniken kann er die Natur und die Menschen manipulieren. Für die magische Auffassung sind personal aufgefaßte Wesen, wie Geister und Götter, nicht notwendig. Ebenso unterscheidet sich der Schamane von einem Priester, der seinen Gott nur durch Opfer, Gebete und andere Veranstaltungen bitten, bisweilen nur durch ein den sittlichen Geboten der Götter entsprechendes Leben in seinem Sinne beeinflussen kann. Die Götter aber sind darin frei, ob sie Gebete und Opfer erhören. Die Priester und die Gläubigen können sie in keiner Weise zwingen. Der Schamane hingegen kann die Geister - je nach seiner und ihrer Stärke und List - zwingen und bezwingen. Dies stellt ihn zwischen den Magier und den Priester.

Vielleicht rührt die Faszination des Schamanismus auch daher, daß die Vorstellung eines Kampfes mit den Geistern an geisterhafte Erfahrungen der Fremdbestimmtheit in unserer eigenen Gesellschaft erinnert und einen subjektiven Weg, mit dieser geisterhaften Fremdbestimmtheit umzugehen, anbietet. Denn auf der einen Seite haben die Natur- und die Sozialwissenschaften in vieler Hinsicht tatsächlich eine bisher ungeahnte Manipulierbarkeit der Welt gebracht; die Wissenschaft selber ist dabei aber zur bloßen Technologie herabgesetzt, so daß sie nicht mehr als der Ort erscheint, an dem Menschen sich über ihre Interessen, Bedürfnisse und Möglichkeiten und damit über ihre zentralen Lebensfragen verständigen können. Auf der anderen Seite werden Gebete an Gott weithin als unglaubwürdig und wirkungslos unterlassen, Religion überhaupt als abgetragene Mode betrachtet. Jedoch sind unsere gesellschaftlichen und auch die persönlichen Verhältnisse nicht so vernünftig und durchschaubar, daß es ohne eines an die Stelle der Religion tretenden Gebildes zu gehen scheint.

Vielmehr erscheinen unsere Lebensverhältnisse weiterhin als geisterhaft, von der unser Leben in den Vollzug von Verwaltungsakten verwandelnden Bürokratie angefangen über das Funktionieren und Nichtfunktionieren der alltäglichen Technik bis hin in die persönlichsten und intimsten Bereiche, deren sinnlosen und irrationalen Folgen man weder durch Einhaltung der sozialen Regeln noch durch Unterwerfung und Opfer sich entziehen kann. Nicht sachlich, aber auch nicht göttlich, scheint man sich mit dieser Geister-Welt auch nur geisterhaft auseinandersetzen zu können. Die Faszination des Schamanismus spiegelt die Erfahrung des individuellen Lebensweges als geisterhafte Fremdbestimmung wider.

Auch wenn ich hier nur skizzenhaft die wesentlichen Elemente des nord- und zentralasiatischen Schamanismus habe darstellen können, dürfte deutlich geworden sein, daß die heute verbreitete Faszination des Schamanismus nicht von den geschichtlichen Erscheinungen des Schamanismus ausgeht. Jedoch ist damit die Frage der Faszination nicht erledigt. Eine Interpretation kann anknüpfen an die auf die Ekstase reduzierte Auffassung des Schamanismus von Eliade. Dieser hat in seiner Deutung des Schamanismus eine Gewichtsverschiebung der Funktionen der schamanistischen Ekstase vorgenommen. Im sibirischen Asien dient die Ekstase dem Schamanen als Technik, um die von seiner sozialen Gruppe an ihn herangetragenen und geforderten Aufgaben zu erfüllen. Dies ist nur sinnvoll, wenn ein bestimmtes Weltbild mit Geistern, Seelenvorstellungen und so weiter von der sozialen Gruppe anerkannt ist und durch eine allgemeine Anerkennung auch als soziale Realität geschaffen ist. Was als heilig oder absolut vorgestellt wird, ist jeweils gesellschaftlich determiniert. Die von Eliade herausgestellte Fähigkeit der schamanistischen Ekstase, einen Zugang zum verlorenen Heiligen, Absoluten oder Sinn zu ermöglichen, muß in den sibirischen Schamanismus hineingelesen werden. Zugleich isoliert Eliade den Schamanen von seiner sozialen Gruppe und seinen sozialen Aufgaben und verwandelt den Schamanismus damit aus einer von einem Kollektiv getragenen „subjektiven Weltanschauung“ in einen individuellen Heilsweg.

Nun hat ein solches Hineinlesen eine Grundlage, und seine verbreitete, wenn auch im einzelnen jeweils verschiedene Annahme entspricht einem Bedürfnis nach Heilung, Wahrheit und Wirklichkeit, nach dem Heiligen und Absoluten, welches in unserer rationalisierten, technischen, verwalteten, für das Individuum zugleich undurchschaubaren und unvernünftigen Welt keine Befriedigung erhalten kann. Zugleich kennt unsere Welt ein Heiliges und Absolutes, dem glänzende Tempel gebaut werden, dem nicht nur die Natur geopfert und für das häufig selbst die Verwüstung der persönlichen Beziehungen zwischen den Menschen in Kauf genommen wird. Es vermittelt die Menschen in der Form von Sachen miteinander und setzt jeden, der es besitzt, zur Herrschaft über andere und zur Befriedigung seiner dadurch meist schal gewordenen Bedürfnisse ein. Dieses Absolute und Heilige ist der *absolute Schein* des Mammon, der entgegen einer langen Tradition nur in den seltensten Fällen durch Arbeit zu erhalten ist und von dem wir weithin besessen sind. Doch Geld, die materialisierte Form dieses Scheins, war kein Kinderwunsch, wie Sigmund Freud einmal schrieb, und deshalb sind die durch Geld befriedigten Wünsche so häufig selber entleert. Da wir durch Arbeit und Vernunft unsere Wünsche nicht befriedigen zu können scheinen, ist es kaum verwunderlich, wenn auf ekstatische Techniken und andere Heilsverfahren exotischen und archaischen Charakters zurückgegriffen wird, um des Scheins des Absoluten oder Heiligen habhaft zu werden, - dabei nicht nur der Schein, sondern die Wirklichkeit des Absoluten und Heiligen angestrebt wird und erreichbar scheint. Die Besessenheit vom Schein, deren sich viele durch einen Willensakt und auch nicht mehr wie der frühe Bürger durch seine Fähigkeit zum Triebverzicht und Triebaufschub erwehren können, bildet die Brücke. Dies indiziert zugleich einen Zerfall des bürgerlichen Subjekts und seiner Möglichkeiten, durch Reflexion innere und äußere Konflikte zu lösen oder zumindest zu balancieren.

Doch darf man sich durch die Symbole des Exotischen und Archaischen nicht in die Irre führen lassen, weil *wir* Anlaß haben, an den Symbolen und Begriffen unserer eigenen Gesellschaft und deren Analysefähigkeit zu verzweifeln, und die Hoffnung auf ihre die Konflikte, Bedürfnisse und Interessen vermittelnde und versöhnende Kraft aufgeben. Denn Symbole, Vorstellungen und Techniken des Schamanismus waren - ebenso wie andere exotische, archaische oder besonders ehrwürdige Erscheinungen, Resultat jeweils bestimmter kollektiver Erfahrungen beim Schamanismus der Jäger-, Rentierhalter- und Ackerbaugesellschaften unter den Bedingungen der Tundra und Taiga. Dieses aber leugnet und verwischt Eliade in seiner Auffassung des Schamanismus und ebenso andere enthistorisierende Universalisierungen des Archaischen. Das Archaische selber ist Resultat des Blickes zurück. Es existiert als Gemeinsames aller deshalb als „primitiv", „ursprünglich", „authentisch" bezeichneten Gesellschaften ebensowenig, wie es eine gemeinsame Urkultur der Stämme und der Menschheit gegeben hat, sondern es ist Resultat einer die Unterschiede zwischen den Gesellschaften und geschichtlichen Epochen verwischenden Reflexionsveranstaltung, die denkend das differenzierende Denken ekstatisch aufheben will. Man mag die schamanistischen Erzählungen und Artefakte als Kunstwerke bewundern, man muß sich aber davor hüten, diese Symbole und Vorstellungen einer vergangenen Kultur ebenso wie andere Erscheinungen des modernen Bildungsaberglaubens zur Handlungsanleitung bei der Lösung unserer, durch die Unvernunft unserer eigenen Welt hervorgebrachten Konflikte zu machen.

Anmerkung

1 Vergleiche zum Beispiel G.W.F. Hegel in seiner „Phänomenologie des Geistes", insbesondere die Vorrede; in seinen „Vorlesungen über die Philosophie der Religion" weist Hegel darauf hin, daß die Religion und die Philosophie denselben Gegenstand (die ewige Wahrheit, das Absolute) haben und deshalb die Philosophie identisch mit der Religion sei, unterschieden aber in der Art und Weise, dieses Absolute zu erlangen (Bd. 1, S. 28, Frankfurt a.M. 1969). Hegel weiß allerdings, daß, wenn erst einmal die Entzweiung, das Räsonieren und Rechtfertigen in den Glauben eingetreten ist, die Reflexion nicht wieder zu beseitigen ist. Jeder Versuch, des Absoluten oder Heiligen unmittelbar habhaft zu werden, erweist sich dann als Veranstaltung

Literatur

Caplicka, M.A.: Aboriginal Sibiria. Oxford 1914
Eliade, M.: Schamanismus und archaische Ekstasetechnik (1951), dt.: Zürich 1957
Friedrich, A. und Buddruss, G.: Schamanengeschichten aus Sibirien. München 1955, Neuauflage Berlin 1987
Hesse, K.: „Schamanismus", in: Handbuch religionswissenschaftlicher Grundbegriffe. Hrsg. H. Cancik, B. Gladigow, K.H. Kohl, Stuttgart 1991 (mit der neuesten Literatur)
Klementz, D.: „Buriats", in: Hastings: ERE, Bd. 3, S. 1-17, 1924
Sanschejew, G.: „Weltanschauung und Schamanismus der Alaren-Burjaten" in: Anthropos, Bd. 22 und 23, 1927-28
Siikala, A.L.: The Rite Technique of the Sibirian Shaman. FF Communications NO. 220, Helsinki 1978 (mit ausführlichen Literaturangaben)
Sirokogorov, S.M.: „Versuch einer Erforschung der Grundlagen des Schamanismus bei den Tungusen (1919)", in: Baessler Archiv Bd. 18, S. 41-98, 1935
Vajda, L.: „Zur phaseologischen Stellung des Schamanismus", in: C.A. Schmitz (Hrsg.): Religionsethnologie. Frankfurt a.M. 1964

Ivan Kortt

Die soziale Bindung des sibirischen Schamanen

Die in der wissenschaftlichen Literatur geführte Auseinandersetzung um das Wesen des Schamanismus berührt in erster Linie äußere Erscheinungen wie die Tracht, die Trommel, den Ablauf von Zeremonien und Ekstasen, die Beschreibung der Jenseitsreise und dergleichen. Dagegen blieben inhaltliche Auseinandersetzungen weitgehend außerhalb des Forschungsinteresses, so zum Beispiel auch die Frage der sozialen Beziehung des Schamanen zu der von ihm „geschützten" Gruppe bzw. umgekehrt der Gruppe zu dem sie „schützenden" Schamanen.

In dem vorliegenden Artikel soll daher versucht werden, in Anlehnung an die in einem Aufsatz[1] formulierten These die Abhängigkeit des Schamanen von seiner sozialen Gemeinschaft darzulegen. Damit verbunden ist die Frage nach der Wirksamkeit des Schamanen außerhalb bzw. dem Auftreten mehrerer Schamanen innerhalb einer sozialen Gemeinschaft.

Unter sozialer Gemeinschaft wird hier die soziale (und wirtschaftliche) Einheit verstanden, deren Zugehörigkeit durch Blutsverwandtschaft, in der Regel über die männliche Linie, definiert und durch einen gemeinsamen Namen dokumentiert wird.

Für die Analyse werden sowohl die in der einschlägigen Literatur des 18.-20. Jahrhunderts verstreut enthaltenen Angaben als auch das im Archiv des ethnographischen Institutes der AN SSSR in Moskau (Fond Simčenko) von mir gesichtete Material herangezogen, das die Informationen von Nganasan-Samojeden (Turdagin Njulja, den Schamanen Tubjaku Kosterkin und Turdagin Sejme) enthält.

Im allgemeinen wird der Schamane als ein Individuum charakterisiert, das die Fähigkeit besitzt, schon zu Lebzeiten ins Jenseits zu gelangen, während ein gewöhnlicher Mensch dies erst nach seinem Tod zu erreichen vermag. Diese Fähigkeit setzt der Schamane zum Nutzen anderer ein. Er gilt damit als eine Art religiöser Funktionär, als Vermittler zwischen den Menschen auf dieser Welt und den Geistern. Nach Eliade sind die Schamanen Menschen, „die sich im Schoß ihrer jeweiligen Gesellschaft durch bestimmte Züge hervortun ...", und „... von der übrigen Gemeinschaft durch die Intensität ihres religiösen Erlebnisses abgesondert" sind.[2]

Dieser von Eliade keineswegs belegten Aussage stehen eine Reihe von Belegen sowohl der vergangenen Jahrhunderte als auch aus Feldforschungen der Gegenwart gegenüber. Die Belege sprechen deutlich dafür, daß das Wesen und die Bedeutung der Schamanen nicht außerhalb ihrer jeweiligen sozialen Umgebung, sondern in ihr zu suchen ist.

J.G. Georgi schreibt, daß die Schamanen beider Geschlechter gemeine Leute sind, „die sich weder durch Ehelosigkeit, noch besondere Regeln der Lebensart, sondern bloß durch die Kleidung und bessere Kenntnisse der Lehre und Gebräuche ihres Glaubens unterscheiden“.[3]

Etwas differenzierter in Bezug auf die Kleidung des Schamanen berichtet H.v. Lankenau über die Minusinsk-Tataren: „Der Schamane kleidet sich wie alle Tataren, wenn er aber im Dienst ist, trägt er einen ganz abenteuerlichen Anzug“.[4] Ähnliches weiß S.Šaškov über die Burjaten zu berichten: „Im alltäglichen Leben unterscheiden sich die Schamanen äußerlich nicht von anderen Personen ...“.[5]

Auch Širokogorof stellt fest, daß die tungusischen Schamanen sich im alltäglichen Leben weder durch ihr Äußeres noch durch ihre Lebensweise von ihren Volksgenossen unterscheiden - sie heiraten, haben Kinder und gehen den gleichen Beschäftigungen nach, sie sind ärmer als die anderen Sippenmitglieder.[6] Ähnliches teilt uns der nganasanische Schamane Tubjaku Kosterkin mit.[7]

Ein äußerlich erkennbarer Unterschied zu den gewöhnlichen Menschen, veranschaulicht durch den Besitz bestimmter Attribute, wie zum Beispiel die Tracht und die Trommel, ist also auf das religiöse Leben beschränkt. „Schamanen sind Menschen - schreibt Spicyn -, die die Fähigkeit besitzen, im richtigen Moment einen direkten Kontakt zu den Geistern herzustellen. Dafür ziehen sie ein besonderes Kleid an, ein symbolisches Kleid, und trennen ihre Seele vom Körper durch bestimmte Bewegungen“.[8]

Dabei ist aber die Tracht mehr als ein äußerliches Erkennungsmerkmal eines religiösen Funktionärs. Nach einem Bericht T.D. Kosterkins ist der Schamane ohne seine Tracht im Jenseits hilflos, er wird dort von seinen *d<amada* (Hilfsgeistern) nicht erkannt: „Wenn es keinen Anzug gibt, laufen die *d<amada* ziellos umher“.[9] Berichte über die unabdingbare religiöse Bedeutung der Tracht haben wir von fast allen Völkern des zirkumpolaren Gebietes.[10] Dabei wird fast immer betont, daß ohne das Anlegen der Tracht bzw. bestimmter Attribute (zum Beispiel Gürtel, Kopfbinde) der Schamane keine Zeremonie durchführen kann. Die besondere Rolle des Schamanen, sein „Anderswerden“, hängt also mit dem Anlegen seiner Tracht zusammen. Indessen gibt es Hinweise, daß die Tracht nicht nur ein die Person des Schamanen, sondern seine gesamte soziale Gemeinschaft betreffendes Phänomen ist. So berichtet I.A. Lopatin

von den Golden, daß während der Herstellung einer Schamanentracht alle Anwesenden (Verwandten) an einem Schamanentanz teilnehmen mußten: „... jeder legt den Gürtel mit Eisenklappern an, nimmt die Trommel und tanzt unter Händeklatschen um den in der Mitte stehenden Tisch“.[11]

Über die Nganasan-Samojeden erfahren wir von G.N. Gračeva: „Jeder Anwesende (Verwandte - I.K.) gab sich Mühe, an der Herstellung der Tracht mitzuwirken, er nahm auf diese Weise direkt an der Werdung seines zukünftigen Beschützers teil. Außerdem legte der Hersteller in sie (die Tracht) einen Teil seines Lebens hinein, das sich während der Zeremonie in der Tracht befand und von den *d<amada* [12] des Schamanen beschützt war.“[13] Wir können daraus mit gewisser Sicherheit den Schluß ziehen, daß das Leben jedes einzelnen Herstellers, das heißt jedes Mitgliedes der Gemeinschaft mit der Tracht engstens verbunden ist. In diesem Zusammenhang soll der in der Wissenschaft kaum zur Kenntnis genommene Hinweis von A.A. Popov aus den 30er Jahren des 20. Jahrhunderts erwähnt werden, daß der Schamane während der Zeremonie für seine ganze Gemeinschaft auftritt, die geschlossen an der Jenseitsreise teilnimmt: „Sowohl bei der Zeremonie als auch bei der Jenseitsreise in die obere und untere Welt begleiten die Seelen aller Anwesenden (Verwandten - I.K.) den Schamanen. Der letztere muß bei der Rückkehr in diese Welt alle Seelen zurückbringen, keine darf er zurücklassen.“[14] Nach einer anderen, ebenfalls von A.A. Popov aufgenommenen Mitteilung eines dolganischen Schamanen, Durakov, holt der Schamane während der Zeremonie Rat bei seinen Verwandten. Der Gewährsmann betont dabei, daß „... dumme Ratschläge der Anwesenden (Verwandten - I.K.) tödliche Folgen sowohl für den Schamanen als auch für seine Verwandten haben können“.[15] So betrachtet ist auch die Mitteilung der Nganasan-Samojeden-Forscherin Gračeva verständlich: „Keine einzige Zeremonie wird ohne die Aufzählung aller Familienmitglieder des Schamanen - seiner Ehefrau, seiner Kinder und Enkelkinder - vorgenommen. Deren Anwesenheit stärkt den Schamanen; in deren Abwesenheit kann er das Land der Toten nicht erreichen oder die Kraft seiner *d<amada* (Hilfsgeister) überprüfen.“[16] L.V. Chomič weist darauf hin, daß die anwesenden Männer (Verwandten - I.K.)[17] an der Seite des Schamanen aktiv im Kampf gegen die fremden Geister teilnehmen: „Sitzende Männer schrecken durch Schreie den ‘bösen’ (das heißt fremden - I.K.) Geist ab, damit er die Seele des Schamanen nicht entführt.“[18] Eine ähnliche Auffassung haben wohl auch die Burjaten. So hat S. Šaškov ein Gebet des vor 150 Jahren aktiven Schamanen Barlak überliefert, in dem es heißt: „Ich, der Schamane, rufe nicht mittels meines

schnellen Verstandes, sondern auf Grund der Stärke meiner Sippe (russ. rodovoj linii)".[19]

Einen sehr wertvollen Hinweis auf die Beziehung des Schamanen zu seiner sozialen Gruppe erhalten wir von Širokogorof: „Wenn in der Sippe nach dem Tod des Schamanen die Geister frei geworden sind, verbreitet sich unter den Mitgliedern der Sippe eine unerklärliche Krankeit, die besonders die nächsten Verwandten in absteigender Generation, die jungen Leute beider Geschlechter bis zum 20. Lebensjahr quält."[20] Die Kranken sind nervös, apathisch, verfallen schnell in Hysterie, laufen von zu Hause weg und wandern im Wald ziellos umher usw. „Dann steht das normale Leben der Sippe still und kann sogar zum Niedergang der ganzen Sippe führen. Eine solche Lage kann mehrere Jahre dauern. Sie kann nur durch das Aufkommen eines neuen Schamanen beendet werden ..."[21]

Auf eine mystische Verknüpfung zwischen dem Schamanen und seiner sozialen Gruppe weist auch die Herstellung und der Gebrauch der Trommel hin, die bei fast allen Völkern des zirkumpolaren Kreises als Reittier des Schamanen ins Jenseits dient (je nach ökologischen Gegebenheiten handelt es sich um Rentier, Elch, Pferd usw).[22] So unterscheidet L.P. Potapov zwischen der Trommel, die nur bei den Zeremonien für die Verwandten verwendet wird und der, die bei den Zeremonien für Fremde und die eingeheirateten Frauen benützt wird. Über die Existenz von zwei Trommeln bei einem Schamanen im südlichen Altai schreibt er: „Eine Trommel galt bei ihm (dem Schamanen Sapyra Tujanina aus der Siedlung Kujuma - I.K.) als die Sippen- beziehungsweise Familientrommel, die er ausschließlich bei Zeremonien für Verwandte verwendete. Mit der anderen Trommel (*täzim čalu*) reiste er im ganzen Altai umher und schamanisierte für die Fremden."[23] Und weiter: „Ich vermute ..., daß bei den Süd-Altaiern eine Trommel für die Zeremonien für die Verwandten hergestellt wurde, die andere für die Fremden."[24] In einer anderen Arbeit[25] weist er darauf hin, daß ursprünglich die Trommel ausschließlich für Sippenangelegenheiten benutzt wurde.

In diesem Zusammenhang ist auch die Mitteilung des gleichen Forschers von größter Wichtigkeit, daß bei der Herstellung einer Schamanentrommel zwar auch fremde Männer teilnehmen durften (Frauen war die Teilnahme unabhängig vom Verwandtschaftsgrad untersagt), die verwandten Männer aber verpflichtet waren mitzuwirken.[26]

Ähnliches berichtet zum Beispiel G.N. Prokof'ev über Ostjak-Samojeden (Sel'kup). Er weist darauf hin, daß die Herstellung der Trommel, die einen ausgeprägten Sippencharakter trägt, allein die Angelegenheit der Verwandten ist.[27] Den Sippen- bzw. Familiencharakter der Trommel haben A.A. Popov und V.F. Troščanskij bei den Jakuten[28], Bogoraz bei den Čukčen,[29] Iochelson bei den Korjaken[30] feststellen können.

Über die Teleuten schreibt Dyrenkova: „Bei der Herstellung der Trommel nehmen die Verwandten des Schamanen teil ...“[31] Und weiter: „Nach dem bekannt geworden ist, daß die Geister dem Schamanen den Befehl erteilt haben, eine Trommel herzustellen, brechen zwei oder drei seiner Verwandten auf, um Bäume zu fällen.“[32]

Nach einem Bericht von L.P. Potapov war es nach der Herstellung der Trommel geradezu Pflicht für jeden Verwandten, an der Zeremonie zur deren“Belebung“ teilzunehmen.[33] Der Sippen-Charakter der Trommel ist nach L.P. Potapov auch dadurch zu erkennen, daß vor ihrer „Belebung“ alle Anwesenden (männlichen Verwandten - I.K.) sie der Reihe nach bedienen müssen. Erst nach ihrer „Belebung“ ist es allen außer dem Sippen-Schamanen untersagt, sie zu berühren.[34]

Auf die Sippenbezogenheit einer Schamanentrommel weist auch der bekannte Missionar Verbickij hin, der berichtet, daß bei den Šorcen die Trommel auf einer Sippenfeier geweiht wurde.[36]

Von Bedeutung ist auch der Hinweis, daß von der Trommel nicht nur das Leben des Schamanen, sondern jedes einzelnen Sippen- bzw. Familienmitgliedes abhängig ist.[37]

Schließlich hatte jeder Schamane in seinem Leben eine von den Geistern bestimmte Anzahl von Trommeln. Jede verbrauchte Trommel bedeutete einen Abschnitt des Schamanenlebens. Aus diesem Grunde gaben sie sich Mühe, ihre alte Trommel nicht oft zu ersetzen, berichtet N.P.Dyrenkova über die Teleuten. Es kam nicht selten vor, fährt die Forscherin fort, daß die Schamanen nach Verbrauch aller für sie bestimmten Trommeln eine „unerlaubte“ herstellten, um auf diese Weise ihr Leben zu verlängern. Von Bedeutung scheint zu sein, daß sowohl der Schamane als auch seine Verwandten die Tat geheimhalten mußten, nicht einmal eine Zeremonie wurde abgehalten.[38]

Es konnte vorkommen, berichtet L.P. Potapov, daß der Sippen-Berg Mustagan bei den Šorcen die Anzahl der vorher bestimmten Trommeln minderte: „... in der Regel geschah dies immer dann, wenn in der Sippe die Ankunft (Geburt) eines neuen Schamanen kurz bevorstand.“[39]

Wichtige Anhaltspunkte für die unabdingbare Bindung des Schamanen an seine durch Blutsverwandtschaft definierte soziale Gemeinschaft erhalten wir m.E. auch im Zusammenhang mit der Schamanen-Werdung. Aus fast allen von uns herangezogenen Belegen geht eindeutig hervor, daß bei den Völkern des zirkumpolaren Kreises die Schamanenfähigkeit ursprünglich nur vererbt werden konnte. „Als ein wirklicher Schamane kann nur der gelten, der unter seinen Vorfahren Schamanen hat“ [40], schreibt A.A.Popov über die Viljuj-Jakuten. Und weiter: „... der Mensch, der in seiner Sippe (keine Schamanen-Geister) hatte, kann kein Schamane werden.“ [41] In ähnlichem Sinne äußert sich auch L.P.Potapov über die Altaier: „Alle Schamanen bekamen ihre Fähigkeit durch Vererbung.“[42] Und weiter: „...das Verspüren der Schamanenfähigkeit wurde auf das Erscheinen des Vorfahren, des verstorbenen Schamanen, zurückgeführt ...“[43]

Bei den Teleuten hat der Schamanismus nach Dyrenkova seine ursprüngliche Form bewahren können: „Die Schamanenfähigkeit wurde in der Sippe (söök’e) des Schamanen vererbt.“[44]

Nach S.M. Širokogorof mußte der Berufene vor der gesamten Sippenversammlung nachweisen, daß er tatsächlich von den Sippengeistern zum Sippenschamanen berufen wurde.[45]

Der nganasanische Schamane Tubjaku Kosterkin berichtet ausdrücklich, daß die Schamanenfähigkeit väterlicherseits,[46] vom Großvater auf den Enkel vererbt wird.[47]

Von der Vererbung der Schamanenfähigkeit sowohl über die väterliche als auch über die mütterliche Linie bei den Altaiern berichtet L.P. Potapov:“... es kam vor, daß der Geist des Schamanen- Vorfahrens väterlicherseits von ihm (den Kandidaten - I.K.) die Herstellung einer Trommel und die Durchführung einer Zeremonie verlangte, gleichzeitig verlangte der Geist des Schamanen-Vorfahrens mütterlicherseits ... ebenfalls die Herstellung einer Trommel und die Durchführung einer Zeremonie mit ihr.“ „Auf diese Weise hatte der Schamane auf einmal zwei ‘tösja’ (Sippen), das heißt zwei Hauptbeschützer, zwei Schamanen-Vorfahren. Solche Schamanen galten als besonders groß, denn sie besaßen mehr Hilfsgeister.“[48]

Über die Vererbung der Schamanenfähigkeiten als der einzigen Form sprechen zahlreiche Belege aller Völker des nordasiatischen Raumes. „Schamane oder Schamanin kann nur der Mensch werden, der unter seinen Vorfahren einen Schamanen oder eine Schamanin hat, die *ugå* (die dem Kandidaten das Recht gibt, Schamane zu werden) ... Dies ist die allgemeingültige Regel aller sibirschen Völker.“[49] Die Erlangung der Schamanenfähigkeit nicht auf dem Erbweg, sondern etwa durch den Himmel oder fremde Geister scheint nur in Ausnahmefällen erfolgt zu sein.[50]

Nun haben wir aber eine ganze Reihe von Berichten, die auf den ersten Blick gegen die Theorie sprechen, daß der Schamane an seine soziale (wirtschaftliche) Gruppe, das heißt an seine Blutsverwandtschaft gebunden ist.

Neben Hinweisen, daß es für jede Gemeinschaft geradezu lebenswichtig war, einen eigenen (!) Schamanen zu haben - zum Beispiel für die Nganasan[51] und die Paren-Korjaken[52], gibt es auch Berichte über Schamanen, die weit über das Gebiet ihres eigenen Volkes hinaus bekannt waren.[53] Dies wird auch durch moderne Forschungen bestätigt. Vom Ruhm einiger Schamanen weit über die Grenzen ihres eigenen Gebietes hinaus spricht beispielsweise die sowjetische Samojeden-Forscherin L.V.Chomič. Sie berichtet, daß es Fälle gibt, in denen die Nenec-Samojeden zu evenkischen (tungusischen) und anderen Schamanen gehen; die Komi wiederum und die ansässigen Russen suchen Hilfe und Schutz bei den nenecischen Schamanen.[54]

Ähnliches hat V.N. Vasil'ev zu Beginn des 20. Jhs. auch bei den Dolganen und Jakuten beobachtet: „Ein und derselbe jakutische Schamane versorgt beide Völker, genauso verhält sich der dolganische Schmanane den Jakuten gegenüber...“[55]

Für eine sinnvolle Erklärung dieses Phänomens, das offensichtlich im Widerspruch zu den vorher gebrachten Belegen steht, finden sich durchaus Anhaltspunkte in dem zur Verfügung stehenden Material. Es sind vor allem die Hinweise von G.V. Ksenofontov in den 20er Jahren aus dem südlichen Sibirien und A.A. Popov in den 30er Jahren aus dem nördlichen Sibirien, die Aufschluß geben können. G.V. Ksenofontov erwähnt einen Schamanen der Jakuten, Aadža-Ojun, der „...nachdem er als Jakute gestorben war, bei den Tungusen im Gebiet Solong als Schamanin ... wieder geboren wurde. Man sagt, daß die Zeit nahe ist, wo er ein drittes Mal wieder geboren wird.“[56] Der Schamane Aadža-Ojun „... soll über sich erzählt haben: ‘Zunächst war ich ein tungusischer Schamane, aber einmal, als ich auf der Suche nach Rentieren war, stieß ich auf eine Palma (Gewehr) und starb, dann bin ich wieder geboren worden, aber bei den Jakuten. Ich muß (nach meinem nächsten Tod) wieder geboren werden, und zwar bei dem Volk, das sich mit Hunden vorwärts bewegt.’“[57] In ähnlichem Sinne ist wohl auch die Mitteilung des berühmten nganasanischen Schamanen Sereptie D'aruoskin zu verstehen, der sagt, daß, wenn unter den Vorfahren des Berufenen sich auch tungusische (evenkische) oder jurak-samojedische (nenecische) Schamanen befanden, auch deren Geister an der Erwählung teilnahmen.[58]

Es ist nicht auszuschließen, daß es sich bei den außerhalb ihrer eigenen Gemeinschaft wirkenden Schamanen um eine sekundäre Erscheinung handelt, die die eigentliche Idee von einem Schamanen als integralem

Bestandteil seiner Verwandtschafts- und Sozial-Gemeinschaft im Grunde pervertiert. Dafür würde sprechen, daß es durchaus Versuche solcher Schamanen gibt, die Bindung an die fremde Gruppe sekundär herzustellen bzw. zu behaupten.

Die im Zusammenhang mit der Herstellung der Tracht und der Trommel und schließlich durch die Art der Erlangung der Schamanenfähigkeit immer wieder betonte Verbindung zwischen dem Schamanen und seiner sozialen Gemeinschaft stellt uns vor die Frage, ob diese die gesamte Gemeinschaft betreffende und involvierende Wirksamkeit des Schamanen auf zwei oder mehrere Personen übertragen werden kann. Nach den hier gebrachten Beispielen müßte diese Möglichkeit eigentlich ausgeschlossen werden. Tatsächlich gibt es eine ganze Reihe von zuverlässigen Belegen, die dafür sprechen, daß es in einer Gemeinschaft nur einen Schamanen geben kann.

Die sowjetische Forscherin G.N. Gračeva schreibt in ihrem Aufsatz über die Schamanen bei den Nganasan-Samojeden: „In einer Nomadengruppe konnte es niemals zwei Schamanen geben, wenn sie sogar leibliche Brüder oder Vater und Sohn waren. Sobald dem Vater-Schamanen bekannt wurde, daß sein Sohn als Schamane das richtige Alter erreicht hatte, gab er sich große Mühe, ihn in einen selbständigen Haushalt abzusondern, ihn nach Möglichkeit in ein anderes Nomaden-Gebiet, in die Nachbarschaft, aber in möglichst große Entfernung abzuschieben.“[59] Ähnliche Feststellungen hat L.V. Chomič bei den Nachbarn der Nganasan, den Nenec, gemacht.[60]

Es kann auch zu einem Konkurrenzkampf kommen. Der berühmte nganasanische Schamane Tubjaku Kosterkin akzeptiert bis heute nicht, daß sein jüngerer Bruder Djumnjume ebenfalls ein Schamane geworden ist und behauptet öffentlich, daß dieser auf keinen Fall die Fähigkeiten dazu erben konnte, weil er sie selbst von seinem Vater geerbt hat. Der Streit zwischen den beiden Brüdern ist so weit gediehen, daß sie einander nicht einmal mehr grüßen.[61]

Eine schwierige Situation kann auch dann entstehen, wenn ein Familienmitglied trotz der Existenz eines Schamanen in der Sippe die Schamanenfähigkeit zum Beispiel von den Ahnen mütterlicherseits erhalten hat. Eine derartige Beobachtung hat I.M. Suslov bei den Keten gemacht. In seiner Ausführung erwähnt er einen Schamanen namens Pilja, der ihm erklärt hat „daß in seine Tochter irgendein Geist mütterlicherseits eingedrungen sei und sie zur Schamanin für die Sippe wählte, aus der ihre Mutter stammt.“ Jetzt stört er (der Geist) ihn (Pilja) bei Zeremonien und versucht die Zeremonie zu verhindern: „Jetzt versucht Pilja seine Tochter zu verheiraten - fährt Suslov fort -, nicht einmal *kalym* will er haben, nur seine Freiheit bei der Schamanentätigkeit will er wieder erlangen."[62]

Die Tatsache, daß die Existenz von zwei Schamanen in einer Gruppe zu einem Konkurrenzkampf bzw. Abschiebungsversuchen führt, impliziert, daß es in einer Gemeinschaft eigentlich nur einen Schamanen geben kann. Ausdrücklich betont dies S.M. Širokogorof: „Die Angelegenheit wird sehr erschwert, wenn es gleichzeitig mehrere gleichberechtigte Kandidaten gibt."[63]

Eindeutige Angaben zu diesem Problem macht L.P. Potapov in seiner Arbeit zur „Belebung der Trommel" bei den turksprachigen Völkern im Altai: „In einer Generation durfte es nicht zwei lebende Schamanen geben; wenn es aber dazu gekommen war, mußte einer der Schamanen sterben."[64] Im weiteren berichtet er: „Es kam vor, daß der Mustag (Sippen-Berg) die Zahl der zugestandenen Trommeln verminderte (vgl. oben); dies geschah dann, wenn die Ankunft des neuen Schamanen nahte. Der alte Schamane wurde krank und starb. Es gab Fälle, daß der verurteilte alte Schamane die Zuneigung des Mustag nutzte und den Aufschub für seinen Tod erreichen konnte, dann starb jener Verwandte, der die Fähigkeiten des Schamanen in sich verspürte."[65]

In einer der Arbeiten resümiert diesbezüglich S.M. Širokogorof: „Deswegen hat der Schamanismus bei den Tungusen die Sippenfunktion und der Schamane ist einer von deren Organen."[66]

Nun gibt es daneben aber auffallend häufig Berichte, in denen von mehreren Schamanen in einer Gemeinschaft gesprochen wird - von Schamanen verschiedener Kategorien, von „großen" und „kleinen" Schamanen usw.[67] Sicher ist dies auch und vor allem ein terminologisches Problem, das heißt, daß nicht allein aus der Verwendung des Begriffes „Schamane" in der wissenschaftlichen Literatur zu erschließen ist, ob es tatsächlich um vergleichbare Phänomene geht. In der Regel scheint es sich bei dem „großen" Schamanen um den sogenannten „Sippenschamanen" zu handeln, der von lebenserhaltender Bedeutung für seine gesamte soziale Gemeinschaft war, wie oben dargelegt. Der „kleine" Schamane bzw. die „Schamanen" anderer „Kategorien" scheinen dagegen religiöse Funktionäre zu sein, die unabhängig oder auch abhänging (als Helfer) vom „Sippen-Schamanen" tätig sind.

Chomič unterscheidet bei den Nenec-Samojeden drei verschiedene Kategorien, *vydutana*, *janjangy tadebja* und *sambana*, sondert aber zugleich die erste ab: „Als Stärkste galten die 'vydutana'", denn: „Sie führten die Frühjahrs- und Herbstzeremonien durch, die mit dem Beginn und Ende des Wirtschaftszyklus verbunden waren, sie waren fähig, Schwerkranke zu heilen, die Zukunft zu prophezeien, sie waren zu Wundern fähig." „Nur diese Schamanen besaßen ein besonderes Kleid, das sie für Zeremonien anlegten und das sie zusammen mit der Trommel in einem heiligen Schlitten aufbewahrten."[68]

Bei den Keten unterscheidet E.A. Alekseenko den eigentlichen Schamanen *daho*, der eine Tracht und Hilfsgeister hat, von *bangos*, dessen Handlungsspielraum sehr eingeschränkt ist: „Die wichtigste Funktion von *bangos* war die Wahrsagung, Prophezeiung der Zukunft. Die Keten glaubten, daß sie einen Menschen vor drohenden Gefahren und deren Ausgang warnen konnten, sie konnten prophezeien, ob man Jagderfolg haben wird, welches Wetter zu erwarten ist ..."[69]

Bei den Tuvinen wurden nach V.P. D'jakonova bis vor kurzem zwei Schamanenkategorien unterschieden: *ulug cham* (großer, starker Schamane) und *cham* (einfacher Schamane)"[70], eine Beobachtung, die vor ihr schon G.N. Potanin bei den Telengiten gemacht hat, mit der Bemerkung, daß der dort *utku-kam* genannte Sippen-Schamane mächtiger ist als der gewöhnliche Schamane *kam.*[71] V.P. D'jakonova verweist im weiteren darauf, daß nur die Kategorie *ulug cham* eine Trommel (dungur) und Tracht (terig) besaß.[72]

Angaben über eine Differenzierung zwischen einem Menschen, der bestimmte sakrale Handlungen in der Familie bzw. Sippe durchführen kann und einem „echten" Schamanen sind auch in der älteren Literatur enthalten. So weist A.B. Olsuf'ev darauf hin, daß es bei den Čukčen in fast jeder Familie einen Menschen gibt, der Schamanenhandlungen durchführt. „Was aber den wirklichen Schamanen anbelangt - schreibt er weiter -, so bildet er einen unbedingten Bestandteil einer jeden großen Siedlung."[73]

Auch andere Berichte sprechen eindeutig dafür, daß zwischen den eigentlichen (Sippen-) Schamanen und den Menschen zu unterscheiden ist, die bestimmte außergewöhnliche Fähigkeiten haben, nicht aber für ihre soziale Gemeinschaft insgesamt als Ganzes verantwortlich handeln bzw. während der Zeremonie ihre Gemeinschaft „verkörpern".[74]

In diesem Zusammenhang ist die Bemerkung von R.A. Silkin, einem Gewährsmann von B.O. Dolgich, über einen in der Literatur als Schamanen bezeichneten religiösen Funktionär von Bedeutung: „Diese Zeremonie heißt *sambona* (jurakisch), *sabodé* (samojedisch) (das heißt enecisch - I.K.). Diese Zeremonie führt kein Schamane durch, da es solche Menschen *sabodé* gibt. Sie sind sehr selten, dennoch hat jede Horde (orda) so einen.

..."[75] Auch die Nganasan-Samojeden kennen bestimmte Personen, die nicht als Schamanen gelten, zum Beispiel *d<učily*, die die Fähigkeit haben, Träume zu verstehen und zu deuten: sie kennen die Welt der Geister und das Verhalten von deren Bewohnern. Im Unterschied zu den Schamanen aber haben sie keine Tracht, keine Trommel, keine Schutz- bzw. Hilfsgeister und können die menschenfeindlichen Wesen weder bekämpfen noch abwehren; sie führen auch keine Blutszeremonien durch.[76] Ähnlich ist wohl auch die Bemerkung von Vdovin über die Čukčen zu verstehen: „Die Čukčen kannten auch Schamanen, zum Beispiel die *rétyangangyl'yn*-Schamanen, die im Schlaf handelten, es sind Traumdeuter."[77] „Es gab Schamanen, die noch enger spezialisiert waren: *égréngéngyl'yn* - Schamanen, Heiler mittels Stechen".[78] Ein anderer Forscher, I.M. Suslov, unterscheidet bei den Čukčen zwischen gewöhnlichen und Haupt-Schamanen. Von dem letzteren hängt das Meereswetter ab.[79] Bei den Golden unterscheidet I.M.Suslov drei verschiedene im religiösen Bereich wirkende Personen, von denen aber nur einer „Großer Schamane", *kasati saman*, ist, nämlich derjenige, der „... die Seelen der Verstorbenen in die jenseitige Welt begleitet." „Manche Schamanen verbringen ihr ganzes Leben, ohne daß sie es schaffen, *kasati saman* zu werden."[80]

Als Schamanen wurden allem Anschein nach irreführenderweise auch jene religiösen Personen bezeichnet, die im Verständnis der betreffenden Ethnien keine Schamanen in dem oben definierten Sinne sind. In diesem Zusammenhang sollen die sog. Helfer der Schamanen erwähnt werden, die bei Zeremonien bestimmte Aufgaben durchzuführen haben. Nach außen hin, für einen Fremden aber konnten sie ohne weiteres als Schamanen erscheinen. Bei den Nganasan-Samojeden gibt es die sog. *toptogusi* (toptusi), deren Aufgabe darin besteht, während der Schamanen-Zeremonie die Geistersprache zu deuten und sie den Zuhörern verständlich zu machen (das heißt zu „übersetzen"). Zu seinen Aufgaben gehört auch, darauf zu achten, daß der Schamane bei einer Jenseitsreise rechtzeitig auf die Erde zurückkehrt oder in Trance nicht von den Geistern verschleppt wird.[81] Nach Informationen von Tubjaku Kosterkin kann keine Jenseitsreise-Zeremonie ohne einen Helfer durchgeführt werden, der darauf achtet, daß die Geister den Schamanen nicht ins Jenseits verschleppen, bzw. daß dieser zu schwach wird, ins Diesseits zurückzukommen.[82] Wie wichtig der Helfer bei einer Schamanenzeremonie ist, zeigt die Mitteilung von S.M. Širokogorof über die Tungusen: „Wahrscheinlich kennt und erinnert sich der Schamane während der Zeremonie selbst an ihre Reihenfolge (seiner Hilfsgeister - I.K.) nicht, dennoch kennt er die übliche Ordnung des

Eindringens der Geister in den Schamanen, zumindest von seinen eigenen Helfern kann er dies erfahren. Wenn diese Ordnung zerstört wird, so bringt dies die Helfer in eine schwierige Situation und stört den Schamanen sehr ...“[83]

Berichte über Helfer des Schamanen haben wir auch aus anderen Gebieten Nordasiens, so zum Beispiel von G.N. Potanin aus der Zentral-Mongolei,[84] Šaškov von den Burjaten,[85] Jochelson von den Korjaken.[86]

Die über ein riesiges Areal und über einen Zeitraum von mehr als 100 Jahren verstreut gefundenen Belege über Schamanen, die ihre Wirksamkeit nicht nur für, sondern vor allem auch durch ihre blutsverwandtschaftlich definierte soziale Gemeinschaft entfalten, können selbstverständlich nur einen Anhaltspunkt dafür bieten, daß diese Idee des „Sippen-Schamanen“ einmal eine sehr große Verbreitung in Sibirien gehabt hat. Offensichtlich hatte ursprünglich nur der teilweise auch „großer“ Schamane genannte „Sippen-Schamane“ eine Tracht und eine Trommel, wie die Belege vermuten lassen; offensichtlich wurde auch nur er während seiner visionären Initiation zerstückelt, wobei seine Sippe während dieser Prozedur auseinanderbrach;[87] offensichtlich hatte nur er Hilfsgeister zur Verfügung und erhielt nur er seine Schamanenfähigkeit durch Vererbung. Der Frage nach der Bedeutung und Funktion anderer in der Literatur erwähnter Schamanen oder Personen mit Aufgaben im religiösen bzw. irrealen Bereich kann dagegen sinnvoll nur von Fall zu Fall an konkreten Beispielen genauer untersuchten Gruppen nachgegangen werden.

Anmerkungen

1 Kortt 1984
2 Eliade 1957: 17; vgl. Lehtisalo 1937: 3; Vajda 1959: 467
3 Georgi 1777: 377
4 Lankenau v. 1872: 272; vgl. Klemm 1844: 105
5 Šaškov 1864: 85
6 Širokogorof 1919: 54f; vgl. D'jakonova 1981: 153
7 Fond Simčenko (Archiv Instituta Ethnografii AN SSSR)
8 Spicyn 1899: 167; vgl. a. Pekarskij und Vasil'ev 1910: 93f; Chomič 1981: 10, 19; Gračeva 1981: 78f
9 Gračeva 1981: 86
10 vgl. z.B. Diószegi 1963: 148-178; Eliade 1957: 148-161, Kortt 1984 passim, Vajda 1959: 473f; vgl.a. Pekarskij und Vasil'ev (1910); Vasil'ev (1909); Suslov 1931: 104; D'jakonova 1981: 136ff; Harva 1922 passim; Sandžeev 1930: 59f; Prokof'eva 1971; D'jakonova 1981: 144
11 Lopatin 1922: 65

12 s. Kortt und Simčenko 1985: 87
13 Gračeva 1981: 78; vgl. Tadyev,P.E. 1955: 25
14 Popov 1936: 101, vgl. a. 104
15 ebenda: 106; vgl. Prokof'eva 1981: 62
16 Gračeva 1981: 86
17 Es gibt sehr wenige Zeremonien, an denen Frauen teilnehmen dürfen - vgl. Changalov 1890: 116, 127; Chomič 1981: 25f; Ksenofontov 1928: 54
18 Chomič 1981: 26; vgl. Šaškov 1864: 102; Anučin 1914: 29; Popov 1936: 101
19 Šaškov 1864: 63; vgl. Širokogorof 1919: 49
20 Širokogorof 1919: 43
21 ebenda: 44
22 vgl. Šaškov 1864: 86; Dyrenkova 1949: 113; Potapov 1947: 178; Prokof'eva 1981: 52
23 Potapov 1947: 175
24 ebenda; vgl. a. S. 171, 176; vgl. Šaškov 1864: 87
25 Potapov 1949: 198
26 ders. 1947: 161, 177, 181
27 Prokof'ev 1930: 366
28 Popov 1947: 289; Troščanskij 1902: 123
29 Bogoraz 1910: 7
30 Iochelson 1904: 47
31 Dyrenkova 1949: 114
32 ebenda: 115
33 Potapov 1947: 161, 168f, 181
34 ebenda: 176, vgl. a. 163, 169, 170, 181; vgl. Podgorbunskij 1923: 220
36 nach Potapov 1947: 161
37 Dyrenkova 1949: 186
38 ebenda
39 Potapov 1947: 162
40 Popov 1947: 293; vgl. a. ders. 1984: 94f
41 ebenda: 293; vgl. ders. 1981: 253, 258, 260
42 Potapov: 1947: 161
43 ebenda: 172
44 Dyrenkova 1949: 109, vgl. a. S. 111; vgl. Popova 1981: 242; Prokof'eva 1981: 44; D'jakonova 1981: 132, 134, 142; D'jakonova 1981: 150
45 Širokogorof 1919: 46f, vgl. a. 43ff
46 Im Rahmen dieser Arbeit soll nicht auf die Erbfolge eingegangen werden. Dies soll weiteren Untersuchungen des Schamanenproblems vorbehalten bleiben. Im allgemeinen sprechen die meisten Belege dafür, daß nicht vom Vater auf den Sohn, sondern vom Großvater auf den Enkel oder Enkelin, von der Großmutter auf die Enkelin oder den Enkel, aber auch auf andere Verwandtschaftsgrade vererbt wird
47 Fond Simčenko 1978
48 Potapov 1947: 168
49 Sandžeev 1939: 56; vgl. a. Zelenin 1935: 725, 736, 740; ders. 1936: 363, 373, 376; Anučin 1914: 23; Zelenin 1936: 363, 373, 376; Levin 1931: passim; Ksenofontov 1928: 56; Popov: 1936: 98; Prokof'eva 1951: 44; Djakonova 1981: 132, 134, 142, 158; Georgi 1777: 377; Klemenc und Changalov 1910: 149; Šaškov 1864: 82; Širokogorof 1919: 43-46, 50, 53f, 56, 61; Bogoraz 1910: 7

50 vgl. Dolotov 1930: 49; Simkevič 1896: 8; Šternberg 1936: 45-47, 141f; Tadyev 1955: 16; Suslov 1931: 103; Potanin 1881: 48; Popov 1984: 94, 95
51 Gračeva 1981: 71
52 Bauermann 1934: 75
53 Ksenfontov 1928: 32f
54 Chomič 1981: 36
55 Vasilv'ev 1909: 270
56 Ksenofontov 1928: 32; vgl. S.81
57 ebenda: 33
58 Popov 1963: 150
59 Gračeva 1981: 86
60 Chomič 1981: 16
61 mündliche Mitteilung des Nganasan-Samojeden Alexander Momde
62 Suslov 1931: 115; vgl. Potapov 1947: 168, 176
63 Širokogorof 1919: 45
64 Potapov 1947: 161
65 ebenda: 162; vgl. S. 172
66 Širokogorof: 50; vgl. S. 52f
67 vgl. z.B. Eliade 1958; Harva 1938; Lehtisalo 1937
68 Chomič 1981: 14
69 Alekseenko 1981: 124; s. a. S. 121; vgl. Prokof'eva 1981: 49
70 D'jakonova 1981: 155
71 Potanin 1883: 57
72 D'jaknova 1981: 158; vgl. Vdovin 1981: 190
73 Olsuf'ev 1896: 117; vgl. a. Sverdrup, G.U. 1930, S. 300f.
74 vgl. Kortt 1984
75 Dolgich 1962: 76
76 Kortt und Simčenko 1990: 41, s.a. Tabelle
77 Vdovin 1981: 188
78 ebenda: 190; vgl. Bogoraz 1910: 21
79 Suslov 1932: 18
80 ders. 1931: 120
81 s. Kortt und Simčenko 1990: 117
82 Fond Simčenko 1978
83 Širokogorof 1919: 42
84 Potanin 1893: 367f
85 Šaškov 1864: 88
86 Jochelson 1908:193
87 Kortt 1984

Literatur

Alekseenko,E.D.: Šamanstvo u ketov. In: Problelmy istorii obščestvennogo soznanija aborigenov Sibiri, Leningrad 1981 S. 90-128
Anisimov, A.F.: Religija évenkov v istoriko-genetičeskom izučenii i Problemy proischoždenija pervobytnych verovanij. Moskva-Leningrad 1958
Anučin, V.I.: Očerk šamanstva u enisejskich ostjakov. Sb. Muzeja Antropologii i Étnografii pri Imperatorskoj Akademii Nauk. Bd. II, 2. St. Petersburg 1914
Bauermann,K: Sledy totemičeskogo rodovogo ustrojstva u parenskich korjakov. Sovetskij Sever 1934, Bd. 2, S.70-78
Bjuler, F.A.: Očerki Vostočnoj Sibiri. Lamaism i šamanstvo.Oteč. Zapiski. 1855 B. CXXV, Otd. I
Bogoraz, V.G.: „K psichologii šamanstva u narodov Severo-vostočnoj Azii.“ In: Étnografičeskoe Obozrenie 1.2.Kn. LXXXIV-LXXXV, S. 1-36. Moskva 1910
Changalov, M.N.: Novye materialy o šamanstve u burjat. Zapiski Vostočno-Sibirskogo Otdela Imperatoskago Russkago Geografičeskago Obščestva po Étnografii, Bd. II, vyp. 1-j. Irkutsk 1890
Chomič, L.V.: Šamany u nencev. In: Problemy istorii obščestvennogo soznanija u aborigenov Sibiri. Leningrad 1981
D'jakonova, V.P.: „Tuvinskie šamany i ich social'naja rol' v obščestve.“ In: Problemy istorii obščestvennogo soznanija aborigenov Sibiri, Leningrad 1981, S. 129-164
Diószegi, V.: Denkmäler der somojedischen Kultur im Schamanismus der ostjakischen Völker. In: Acta Ethnografica XII, 1963, S. 139-178
Dolgich, B.O.: Bytovye rasskazy éncev (Trudy Instituta Étnografii im. N.N. Miklucho Maklaja. Novaja Serija, Bd. LXXV). Moskva 1962
Dolotov, A.: Šamanskaja vera. Moskva 1930
Dyrenkova, N.P.: Materialy po šamanstvu u teleutov.. In: Sbornik Muzea Antropologii i Étnografii, Bd. X, Moskva-Leningrad 1949, S. 107-190
Eliade, M: Schamanismus und archaische Ekstasetechnik. Zürich-Stuttgart 1957
Georgi, J.G.: Beschreibung aller Nationen des russischen Reiches, ihrer Lebensart, Religion, Gebräuche, Wohnungen, Kleidung und übrigen Merkwürdigkeiten. (3.Ausg., mandschurische und östliche sibirische Nationen) St.- Petersburg 1777
Gračeva, G.N.: „Šamany u nganasan.“ In: Problemy istorii i obščestvennogo soznanija aborigenov Sibiri, Leningrad 1981, S. 69-89.
Harva, U.: Die religiösen Vorstellungen der altaischen Völker (Folklore Fellow's Communications 125). Helsinki 1938
Iochelson, V.I.: Korjaki. Étnografičeskij Obzor, Bd. I. Moskva 1904
ders.: The Koryak. The Jesup North Pacific Expedition (Memoir of the American Museum of Natural History, vol. VI). New York 1908
Klemenc, D.A. und Changalov, M.N.:Obščestvennyja ochoty u severnych burjat (Zégétéaba). Materialy po Étnografii Rossii, Bd. I, St. Petersburg 1910, S. 117-154
Klemm, G.: Allgemeine Kulturgeschichte der Menschheit. Bd.III, 1844. Leipzig 1844
Kortt, I.R.: „The Shaman as Social Representative in the World Beyond.“ In: Mihály Hoppál (Hrsg.) Shamanism in Euroasie. Göttingen 1984, S. 289-306
Kortt, I.R. und Simčenko, Ju.B.: Wörterverzeichnis der nganasanischen Sprache. Teil 1: Nganasan-Deutsch-Russisches Glossar. Berlin 1985

dies.: Materialien zur geistigen und dinglichen Kultur der Nganasan-Samojeden. Berlin 1990
Ksenofontov, G.V.: Legendy i rasskazy o šamanach u jakutov, burjat i tungusov. č. I (Materialy k mifologii uralo-altaiskich plemen v Severnoj Azii) Irkutsk 1928
ders.: Kul't sumašestvija v uralo-altajskom šamanizme (K voprosu ob „umirajuščem i voskresajuščem boge"). Irkutsk 1929
ders.: Legedny i rasskazy o samanach u jakutov, burjat i tungusov. Izd. vtoroe dopolnennoe i pererabotannoe. Moskva 1930
Lankenau, H.v.: „Die Schamanen und das Schamanenwesen." In: Globus. Illustrierte Zeitschrift für Länder und Völkerkunde mit bes. Berücksichtigung der Anthropologie und Ethnologie. Bd. 20, 1872, S. 278-283.
Lehtisalo, T.: Entwurf einer Mythologie der Jurak-Samojeden. Mémoires de la Société Finno-Ougrienne LIII. Helsinki 1937
Levin, M.G. (e.v.Hrgs.): Religioznye verovanija narodov SSSR. Bd. I. Moskva - Leningrad 1931
Lopatin, I.A.: Gol'dy amurskie, ussurijskie i sungarijskie. Zapiski Obščestva po izučeniju Amurskogo kraja. Bd. XVII. Vladivostok 1922
Olsuf'ev, A.V.: Obščij očerk Anadyrskoj okrugi. St. Petersburg 1896
Paulson,I.: Die primitiven Seelenvorstellungen der nordasiatischen Völker (The Ethnographical Museum of Sweden. Monograph Series - Publication Nr.5). Stockholm 1958
Pekarskij, E.K. und Vasil'ev, V.N.: Plašč i buben jakutskogo šamana. Materialy po Étnografii Rossii. Bd. I, St. Petersburg 1910, S. 93-116
Podgorbunskij, V.: „Materialy dlja izučenija bubnov tuzemcev Sibiri." In: Sbornik Trudov professorov i prepodovatelej Gosudarstvennogo Irkutskogo Universiteta, vyp. 4. Irkutsk 1923
Popov, A.A.: Tavgijcy. Materialy po étnografii avamskich i vadeevskich tavgijcev. Leningrad-Moskva 1936
ders.: „Polučenie „šamanskogo dara" u viljujskich jakutov." In: Trudy Instituta Étnografii imeni N.N. Miklucho Maklaja. Novaja Serija, Moskva-Leningrad 1947, S. 282-293
ders.: Nganasany. Social'noe ustrojstvo i verovanija. Leningrad.1984
Popova, U.G.: Perežitki šamanizma u évenkov. Leningrad 1981
Potanin, G.N.: Očerki Severo-Zapadnoj Mongolii. Rezul'taty putesestvija, ispolnenogo v 1876-1877 godach po poručeniju Imperatorskago Russkago Geografičeskago Obščestva členom-sotrudnikom onago G.N. Potaninym. Vyp.I-II. St. Petersburg 1881
ders.: Očerki Severo-Zapadnoj Mongolii. Bd. IV. St. Petersburg 1883
ders.: Putešestvija G.N. Potanina po Mongolii, Tibetu i Kitaju. St. Petersburg 1883
ders.: Tangusko-Tibetskaja okraina Kitaja i central'naja Mongolija. Putešestvie G.N. Potanina 1884-1886. 1. Bd. St. Petersburg 1893
Potanina, A.: Razskazy o burjatach, ich vere i obyčajach. Moskva 1905
Potapov, L.P.: „Obrjad oživlenija bubna u turkojazycnych plemen Alataja." In: Trudy Instituta Étnografii. im.Miklucho Maklaja. Bd. I, S. 159-182. Moskva-Leningrad 1947
ders.: „Buben teleutskoj šamanki i ego risunki." In: Sbornik Muzea Antropologii i Étnografii, Bd. X, S. 191-200. Moskva-Leningrad 1949
Prokof'ev, G.N.: Ceremonija oživlenija bubna u ostjako-samojedov (Izvestija LGU, Bd. II). Leningrad 1930

Prokof'eva, E.D.: Éneckij šamanskij ks otjum. Sbornik Muzea Antropologii i Étnografii, Bd. XIII. Moskva-Leningrad 1951
dies.: E.D.: „Šamanskie kostjumy u narodov Sibiri." In: Sbornik Muzeaj Antropologii i Étnografii, Bd. XXVII, S. 5-100. Leningrad 1971
dies.: „Materialy po šamanstvu u sel'kupov." In: Problemy istorii obščestvennogo soznanija aborigenov Sibiri, S. 42-68. Moskva 1981
Sandžeev, G.D.: Darchaty. Étnografičeskij otčet o poezdke v Mongoliju v 1927 godu. Leningrad 1930
Šaškov, S.: „Šamanstvo v Sibiri." In: Zapiski Russkago, Imperatorskago Geografičeskago Obščestva II, S. 1-105. St. Petersburg 1864
Simčenko, Ju.B.: Fond Simčenko (Archiv Instituta Étnografii AN SSSR). Moskva 1978
Simkevič, P.P.: Materialy dlja izučenija šamanstva u goldov (Zapiski Priamurskago Otdela Russkago Geografičeskago Obščestva 1896)
Širokogorof, S.M.: Opyt izsledovanija osnov šamanstva u tungusov. Vladivostok 1919
ders.: Psychomental complex of the Tungus. London 1935
Spicyn, A.A.: „Šamanizm v otnošenii k russkoj archeologii." In: Zapiski Russkago Imperatorskago Archeologičeskago Obščestva. Bd. XI, vyp. I. S. 167-176
(Novaja Serija. Trudy otd. Slavjanskoj i Russkoj Archeologii, pod. red. Platonova, S.F., kn. IV). St. Petersburg 1899
Šternberg, L.Ja.: Pervobytnaja religija v svete étnografii. Leningrad 1936
ders.: Šamanizm kak tormoz sozialističeskogo stroitel'stva. Antireligioznik, 1932 Nr. 7-8
Sverdrup, G.U.: Plavanie na sudne „Mod" v vodach morej Laptevych i Vostočnogo-Sibirskogo. Leningrad 1930
Tadyev, P.E.: Reakcionnaja suščnost' šamanizma i burchanizma. Gorno-Altajskoe kn. Izd. 1955
Troščanskij, V.F.: Évoljucija černoj very (šamanstva) u jakutov. Kazan' 1902
Vajda, L.: „Zur phaseologischen Stellung des Schamanismus." In: Ural-Altaische Jahrbücher, Wiesbaden 1959, S. 456-486
Vasilevič, G.M.: Évenki. Istoriko-étnografičeskie očerki (XVIII-XIX v.) Leningrad 1969
Vasil'ev, V.N.: Kostjum i buben u jakutov. Sb. Muzeja po Antropologii i Etnografii pri Imperatorskoj Akademii Nauk, S. 1-47. St. Petersburg 1910
Vdovin, I.S.: „Čukotskie šamany i ich social'nye funkcii." In: Problemy istorii obščestvennogo soznanija aborigenov Sibiri, Leningrad 1981, S. 178-217
Zelenin, D.K.: Ideologija sibirskogo šamanstva. Izvestija Akademii Nauk SSSR. Classe des sciences sociales. O.O. 1935
ders.: Kul't ongonov v Sibiri. Perežitki totemizma v ideologii sibirskich narodov. Moskva-Leningrad 1936

Lawrence Krader

Ostsibirischer Schamanismus

(Čukčis und Burjaten)

I. Die Čukčis (Tschuktschen)

In dem vorliegenden Beitrag zum Schamanismus-Problem werden wir versuchen, die Ergebnisse zweier unserer vorhergehenden Untersuchungen zusammenzufassen. In einem Aufsatz (Krader 1966) haben wir den Schamanismus im Zusammenhang mit der Verdinglichungsproblematik bei den Čukčis im Nordosten Sibiriens dargelegt, und in zwei anderen Aufsätzen haben wir uns mit dem Schamanismus bei den Burjaten Südsibiriens auseinandergesetzt (Krader 1954, 1967, 1975, 1979). Ein Wort kann man so definieren wie man will. Einige Forscher haben den Schamanismus als ein weltweites religiöses Phänomen betrachtet, das bei fast allen Völkern der Erde, wenn nicht bei allen erscheint. So kann auch gesagt werden, der Schamanismus sei ein Aspekt der Weltreligionen. Auf die Vorteile und Unzulänglichkeiten dieser Schamanismus-Vorstellungen haben wir (Krader 1975, 1979) hingewiesen. Den Schamanismus so zu betrachten, scheint uns eher auf einem Argumentum per analogon begründet zu sein. Wir gehen davon aus, daß der Schamanismus in den religiösen Praktiken, Kulten und Vorstellungen der Völker Nord- und Ostasiens verwurzelt und entwickelt worden ist. Ähnliche Erscheinungen entstehen bei anderen Völkern, zunächst in der unmittelbaren Nachbarschaft dieser, und daraufhin in der weiteren Entfernung. Berührungspunkte durch den Verkehr zwischen Nachbarn haben diese Ähnlichkeit unterstrichen, die Unterschiede sind mit der weiteren Entfernung entstanden. Wir werden diesen Ausgangspunkt nicht beweisen, nur darauf verweisen, daß wir ihn andernorts ausführlicher behandelt haben.

Der Schamanismus ist zunächst als eine Weltanschauung, eine Lebensphilosophie, eine Religion und ein Heilsmittel bei den Völkern Sibiriens entwickelt worden. Der Religion entspricht ein Kult mit dessen Paraphernalia, Mänteln und Trommeln sowie Gesängen, Mythen und Erzählungen. Der Weltanschauung und Lebensphilosophie werden die Riten und Heilspraktiken des Schamanen angegliedert. Der Schamane ist ein Heilspraktiker, besonders in Bezug auf die psychogenetischen Krankheiten. Der Schamanismus kann also nicht einer einzigen Kategorie der menschlichen Tätigkeit zugeschrieben werden. Er ist nicht eine Naturreligion, sondern bietet die Besonderheiten und die unterschiedlichen Erscheinungsformen bei diesen Völkern dar. Die Völker Sibiriens sind nicht darüber einig, wie der Schamanismus, dessen Vorstellungen und Ritual aussehen soll; es gibt einen ursprünglichen, reinen Schamanismus, der viel eher in den unterschiedlichen Varianten erscheint. Ein jedes Volk im Osten Sibiriens, wie die Čukčis im Norden und die Burjaten im Süden, besitzt einen eigentümlichen und eigenständigen Ausdruck des Schamanismus. Doch haben die europäischen Forscher auf diesem Gebiet das Schamanentum als Forschungsgegenstand zu bewerten versucht, und einige davon sind zu dem Schluß gekommen, daß der Schamanismus bei den Burjaten harmonischer als bei den benachbarten Völkern gestaltet worden sei. Wir werden sehen, inwieweit diese Beurteilung zutrifft.

Der Schamanismus ist als ein Kult, eine Heilspraxis, also eine Wissenschaft und eine Lebensphilosophie einer gegebenen Gruppe der Völker Sibiriens zu betrachten. Das Schamanentum ist auf die Person und die Lage des Schamanen bezogen und verweist auf die Tätigkeit und das Verhältnis des Schamanen zu den anderen Mitgliedern des eigenen Volkes, zu den Schamanen-Instrumenten und zu den über- und unterirdischen Mächten.

Der Schamanismus als Weltanschauung, Lebensphilosophie, Religion und Heilsmittel konzentriert sich auf die Person des Schamanen. Es wird vermutet, daß das Wort auf das Sanskrit, *çramana*, etwa Mönch, zurückzuführen ist. Diese Etymologie kann man erwähnen, aber ihre Schwierigkeiten sind nicht überwunden. Sie zeigt vielleicht darauf, daß das Wort sehr früh in der geschriebenen Geschichte der Völker Asiens auftaucht. Die russische Literatur drückt den Unterschied zwischen der männlichen Form *šaman* und der weiblichen *šamanka* aus. Die Formen sind schwer zu übersetzen; Schamane und Schamanin sind nicht ganz überzeugend. Doch bei den Čukčis gibt es einen Unterschied, oder hat es einen solchen in der Vergangenheit gegeben in Bezug auf die Behandlungssphären der Schamanen, Frauen und Männer. So werden wir den Schamanismus der Čukčis darlegen.

Die Čukčis sind die Ureinwohner, zusammen mit den Nachbarn, den Yuit oder Eskimos, den Kamčadal, den Korjaken und den Jukagiren der Čukči-Halbinsel und der Bering-Straße im äußersten Nordosten Sibiriens. Der Name ist eine russifizierte Form eines Wortes, nicht der eigenen Sprache, sondern eine Zuschreibung der Nachbarn und bedeutet „das rentierreiche Volk“. Ihr eigener Name heißt Luorowetlani: Lye: echt, genuin, orowetlan: die mit der echten Sprache. Ihr Gebiet ist kalt, mit

Schnee bedeckt, das Leben verläuft dort gefährlich. Sie haben keine Häuptlinge, keine Übergeordneten, keinen König oder Herrscher und keine herrschende Klasse. Es gibt einen Unterschied zwischen Reichen und Armen, aber ein an Rentieren reicher Mann kann in einem Augenblick durch die Strenge der Natur, etwa durch einen Schneesturm, zu einem armen Lumpen werden.

Es wurde behauptet, daß fast alle oder viele Čukčis im Verlauf ihres Lebens die Schamanentrommel, wie die mittelalterlichen Bauern Europas den Pilgerstab, aufgenommen haben, doch haben viele die Trommel des einen wie den Stab des anderen daraufhin ruhen lassen.

Auf die Schamanentrommel wird geklopft und der Schamanengesang begleitet. Die Trommel erscheint als das Zentrum des Schamanenkults und der Heilspraktiken. Durch das Klopfen und Singen überführt sich der Schamane in einen ekstatischen geistigen Zustand. Der Schamane träumt, und der Geist wird auf eine Reise durch die Welten fortgeschickt. Die Trommel wird in ein Reittier umgewandelt, und der Schamane reitet ins Jenseits fort. In jener Welt begegnet er Geistern, Spuken und Seelen. Die Begegnungen sind zum Teil friedlich, aber hauptsächlich umstritten und gefährlich. Der Unterschied ist von dem psychischen Zustand des Schamanen abhängig. Der Schamane sucht etwas über die Herkunft und Ätiologie der Menschensorgen und -kümmernisse, Ängste und innigsten Gefühle herauszufinden. Nach der Rückkehr von der Reise, wenn sie ihm gelungen ist, versucht er, die Erlebnisse auf die Krankheit anzuwenden. Der Schamane wird in diesem Zusammenhang als der Leiter eines Kults betrachtet. Der Schamane hat Patienten und durch seine Erfahrungen in den über- und unterirdischen Welten wurde ihm die Ursache der Krankheiten bekanntgemacht. Die Bekanntmachung gleicht einer Offenbarung oder Apokalypse. Auf der höchsten Ebene und im besten Fall wird durch die schamanistische Tätigkeit die Krankheit der Patienten durch die Offenbarung geheilt. Die Heilskunde der Frau, der Schamanin, wird als die beste von allen anerkannt. Wir werden diese Beurteilung der Čukči erklären. Ein jedes Geschöpf, ein Mensch, ein Tier, eine Pflanze, oder Pilz, ein Fels oder ein Stein hat seinen oder ihren Geist, Spuk, Seele, anima, pneuma, daimon, und mit diesem können die Schamanengeister reden, kommunizieren, sich unterhalten. Wir haben gesagt, daß es männliche und weibliche Schamanen gibt, vielleicht in der Proportion von zwei Männern zu einer Frau. Die Čukčis sind der Auffassung, daß die schamanistische Wirkungskraft der Frauen besser, höher, strenger oder stärker ist als die der Männer in der Heilspraxis. In der Pneumatologie und Kosmologie dagegen hat der männliche Schamane die Welt der Seelen und des Jenseits ausführlicher erklärt. Beide Seiten, männlich und weiblich, Pneumatologie und Heilspraxis sowie Kult, Glauben, Gesänge, Trommeln, Lebensphilosophie werden im Schamanismus zusammengefaßt und machen ein Ganzes aus.

Fast alle Čukčis versuchen, und zwar mehrmals, Schamane zu werden, die schamanistischen Gesänge zu intonieren und auf die Trommel zu klopfen. Manchen, vielleicht einem Viertel der Bevölkerung, gelingt es, als Schamane durch die anderen anerkannt zu werden. Bei vielen dauert eine solche Anerkennung lebenslänglich, doch bei anderen nur eine kurze Weile. Fröhlich wird diese Rolle aufgegeben. Das Schamanentum wird von den Čukčis als eine Belastung oder eine schwerwiegende Bürde betrachtet. Ungern werden sie Schamanen. Die Mühe ist groß, die Wirkung auf den eigenen Geist betrüblich. Sie werden häufig gegen den eigenen Willen zu diesem geistigen Zustand, Schamane zu werden, gezwungen.

Der Schamanenkult hat eine eigene Weltanschauung. Die Welt wird in zwei Teile gespalten, diesseits und jenseits. Jenseits wohnen die Spukgestalten, Geister und Seelen der unterschiedlichen Arten, die wohlwollenden und die bösen. Sie werden überzeugt oder mit geistiger Gewalt dazu gezwungen, den Menschen behilflich zu sein. Der Schamane hat seine Patienten, Klienten oder Mandanten im buchstäblichen Sinne. Sie werden gebeten oder aufgefordert, auf Reise zu gehen. Der Reisende geht durch die Welten, ängstlich, besorgt. Wer kann im voraus wissen, ob er oder sie wiederkehren wird? Die Schamanen mit einem stärkeren Geist können die Geister, Spuke und Seelen des Jenseits bewältigen. Die Schwächeren werden besiegt und als Diener für die über- und unterirdischen Mächte übernommen und bewältigt.

Doch fühlt und betrachtet sich der Schamane, weiblich oder männlich, willig und unwillig, gezwungen, als Schamane zu dienen, die schamanistische Weltanschauung zu vertreten und sich als Heilspraktiker vorzustellen. Die Beziehungen des Schamanen zu der Praxis und dem Kult sind passiv. Er oder sie singt und trommelt nicht als eine Tätigkeit, sondern als eine symbolische Behandlungsart. Der Patient besucht den Schamanen und entdeckt in ihm oder in ihr die schamanistische Fähigkeit und Rolle. Die Čukčis passen im allgemeinen auf und erkennen die Gabe des Schamanentums in der Person, die sich als Schamane vorstellt.

Die Fähigkeit wird nicht beigebracht sondern entdeckt. Es ist nicht die Aufgabe des werdenden Schamanen, diese Gabe zu behaupten, sondern es liegt in der Anerkennung der anderen, die schamanistische Gabe zu bestätigen. Entweder hat er sie oder nicht. In welcher Stärke die Gabe erscheint, ist im weiteren zu entdecken. Die schamanistische Gabe ist also keine Erfindung des werdenden Schamanen, des Schamanen in statu nascendi, auch nicht das Ergebnis eines schamanistischen Studiengangs. Es gibt kein Diplom, keine Schamanenlizentiatura. Der Schamane erklärt nicht, „ich bin ein Schamane". Die Gabe des Schamanen wird durch die anderen, die Nicht-Schamanen entdeckt und anerkannt. Es handelt sich um drei Stufen der Behauptung in der schamanistischen Praxis: erstens die Existenzbedingung der schamanistischen Gabe, zweitens die Entdeckung derselben durch die anderen, und drittens die Anerkennung der Effektivität der Gabe und die Wirklichkeit der Entdeckung.

Wir haben gesehen, daß Schamanismus auf eine Gabe bezogen ist, die aus dem Inneren des Geistes hervorkommt und durch die anderen entdeckt und anerkannt wird. Die Gabe ist also keine individuelle sondern eine soziale-kommunale Erscheinung. Wer sind diese anderen? Sie sind nur die anderen Čukčis. Die Gabe eines Nachbarn, der Korjaken, Jukargiren usw. wird nicht in dieser Beziehung anerkannt. Die Čukčis der inneren Čukči-Halbinsel stehen allein, symbolisch isoliert, nennen sich das Volk mit der echten Sprache, das echte Volk, ihre Gebräuche und Mundart sind nicht ersetzbar oder übertragbar und ebensowenig ihre eigene schamanistische Gabe.

II. Die Burjaten

Im Gegensatz zu den Čukčis erscheinen die Burjaten als ein großes Volk. Sie haben ihr eigenes Schrifttum, eine relativ große Bevölkerungszahl im Vergleich zu den anderen Völkern Sibiriens, einen Kontakt zu den Hochkulturen Chinas und Indiens im Laufe der Jahrhunderte und eine traditionelle Klassengesellschaft. Sie haben die Viehzucht und den Ackerbau seit langem, ihre Hauptreligion sind zum Teil der Schamanismus und zum Teil der Buddhismus, den sie von den Indern und den Tibetern übernommen haben. Der Schamanismus der Burjaten ist durch den Kontakt zu den Weltreligionen geprägt. Die Forscher auf diesem Gebiet haben über die schamanistische Schule bei den nördlichen Burjaten geredet. Im Vergleich zu dem Schamanentum der anderen Völker Sibiriens ist die schamanistische Lehre der Burjaten durch die Schulung und durch die Kontakte nach außen im intellektuellen Sinne harmonisch und ohne die auffälligen Widersprüche, die man bei den Nachbarn, wie den Darxat und Tuwinen beobachtet hat.

Die einheimischen Berichte über den Schamanismus der Burjaten werden auf die früheren Jahrhunderte zurückgeführt, nicht nur auf das 19. sondern auch auf das 16. und 17. Jahrhundert, vor dem Kontakt mit den Russen und vor der Eroberung Sibiriens durch dieselben.

Die Schamanen der Burjaten sind Männer und Frauen und haben sozial-sekuläre sowie rituale Funktionen. Sie sind die Vermittler zwischen Menschen und Geistern, die Spezialisten in der Volksmedizin, die Vertreter der schamanistischen Philosophie, die Träger der Tradition; im Kultleben segnen sie die Unternehmungen sämtlicher Arten der Burjaten, vertreiben diejenigen Geister, welche die Krankheiten der Menschen verursachen und wehren Krankheiten und Raubtiere von den Haustieren ab.

Die Čukčis meinen, daß das Schamanentum in einer individuellen Neigung, einem Trieb oder Zwang begründet ist. Die Burjaten dagegen sehen das Schamanentum als die Sache eines Standes an, der genealogisch übertragen wird. Beide Völker reden von der Gabe, ein Schamane zu sein, die bei den Burjaten vererbt wird. Nicht jeder Burjate in der Deszendenzlinie der Schamanen erhält die Neigung oder übernimmt die Gabe des Schamanen. In manchen Fällen springt diese Gabe über eine oder mehrere Generationen und erscheint danach in der weiteren Abstammung. Jedoch ist diese Gabe mit der Abstammung, sodann mit dem Zwang oder Trieb eines Individuums in der Deszendenzlinie eines großen Schamanen, der oder die diese Linie begründet hat, verbunden.

Die Čukčis reden von der Gabe, die Burjaten von einer Begierde, Schamane zu sein. Die Erhaltung einer Gabe in den beiden Fällen ist dieselbe, nur der Weg, ob durch die individuellen Gefühle oder durch die Vererbung, scheint unterschiedlich bei diesen Völkern zu sein. Die schamanistische Gabe ist ein Ruf bei beiden, wie bei anderen Völkern und Völkerschaften Sibiriens auch, doch erscheint dieser Ruf als der eines Standes bei den Burjaten. Die schamanistische Gabe und der Ruf sind, wie gesagt, in der Erbschaft der Burjaten verwurzelt, doch erhält nicht jeder in der Linie diesen Ruf.

Daß das Schamanentum bei den Burjaten als ein Stand erscheint, bezieht sich nicht nur auf den schamanistischen Ruf. Es gilt dazu anzumerken, daß es schamanistische Schulen bei den Burjaten gibt. Die Schamanen der Burjaten erleben und erfahren die Gabe, fühlen den Ruf, und daraufhin besuchen sie die Schule eines erfahrenen Schamanen. Nicht alle tun das, aber es wurde so oft berichtet, so daß wir meinen, daß diese Schulung nicht ungewöhnlich ist. Der Stand des Schamanen wird also auf die Abstammung sowie auf die Schulung gegründet.

Wie bei den Čukčis werden auch bei den Burjaten die Gabe und der Ruf, ein Schamane zu sein, unwillig angenommen. Im Werdegang des Schamanen kommt der Zwang hinzu. Die Burjaten sind der Auffassung, daß die Schamanen unter ihnen die schlimmste Art der Menschen seien. Der Ruf ist anormal, die Gabe schrecklich, die Wirkung des Schamanen auf die anderen unheilvoll; die Schamanen vertreten also die untaugliche Seite des Menschenlebens. Sie scheinen unnatürlich zu sein.

In einer kleinen Gesellschaft ist ein jeder mit dem anderen eng verbunden, die täglichen Begegnungen sind unvermeidbar. Die Schamanen, Männer und Frauen, sind nervös, sie sind unruhige Seelen. Der unruhige, nervöse geistige Zustand des Schamanen ist ansteckend. Nach der Begegnung mit dem Schamanen auf dem Feld, auf der Straße oder zu Hause fühlt sich der normale Čukči oder Burjate beunruhigt, geängstigt, anormal, schaudert vor der geistigen Welt und erhält den Blick auf Gestalten, die er oder sie ungern sehen möchte.

Die beiden Arten des Schamanentums der Burjaten sind gefärbt, schwarz und weiß. Der weiße ist der gütige, wohlwollende, der schwarze ist der böse, erschreckende Schamane. Gefürchtet ist der schwarze Schamane, seine Kraft des Bösen ist schrecklich. Er vertritt die Wirkung der bösen Geister des Jenseits auf der Erde, die Krankheit, Pest, Gefahr, geistige Zerstörung gegen die Menschen wenden und durch Krankheiten und physische Zerstörung die Herden bedrohen. Ihre Anwesenheit in der friedlichen Gesellschaft ist nicht erwünscht, die Menschen eilen davon, wenn so ein Mann oder Frau unter ihnen erscheint. Der weiße Schamane dagegen bringt den Segen und das Heil mit. Die Kinder und Vererber des weißen Schamanentums vertreten die Auffassung, daß diese die Väter und Mütter, die Leiter und Segner des ganzen Volkes, ausmachen. Alles Gute bei den Burjaten, dieser Meinung nach, kommt von den weißen Schamanen. Selbstverständlich ist eine solche Auffassung eine interessierte. Nicht alle Burjaten sehen die Schamanen so an. Hauptsächlich interpretiert das Kind der weißen Schamanen den Stand seiner Eltern so.

Der Schamanismus der Burjaten hat seine Geschichte. In der Vergangenheit, vor der russischen Eroberung Sibiriens im 17. Jahrhundert waren die Schamanen der Burjaten große, angesehene Leute. Sie waren die Anleiter des Volkes und ihre Heilspraktiker. In den späteren Zeiten erscheinen sie als zweideutige Gestalten und die Fortsetzung desselben Zwiespalts, der eben erwähnt wurde. Die Ambivalenz der Schamanen bei den Burjaten in der Gegenwart wird auf die ferne Vergangenheit rückprojiziert.

Die Schamanen der Burjaten sind Männer und Frauen, und beide sind schwarz oder weiß, die Bringer des Bösen und des Todes auf der einen Seite und die Heilspraktiker auf der anderen. In manchen Fällen handelt es sich um ein Ehepaar; beide erscheinen als Praktiker des schwarzen Schamanentums, die den furchtbaren Tod eines unschuldigen Reisenden auf der Ursteppe Sibiriens geplant und durchgeführt hatten. Erst später wurde der unbegrabene Leib des Opfers unter dem offenen Himmel aufgefunden. Man wußte genau, wer diese Schreckenstat verübt hatte, aber die Täter kamen ungestraft davon. Man hat nicht gewagt, die beiden schwarzen Schamanen zu tadeln oder zu beurteilen.

Die Tätigkeiten der Schamanen sind jedoch nicht nur mit dem Inhalt der Boulevardzeitungen zu vergleichen. Es sieht so aus, daß manche Ethnologen und insbesondere diejenigen, welche das ethnographische Rohmaterial unkritisch behandeln, das Schamanentum als die Sache der Schlagzeilen anschauen, und zwar mit den Brillen der Irrationalität. Den Schamanismus so zu betrachten ist unwürdig. Er ist nicht eine Sache zum Schreien und Lachen oder zur Ausdehnung des Ichgefühls des abendländischen Verfassers.

Der Schamanismus ist wie die übrigen Tätigkeiten des Menschen zum Teil rational und zum Teil irrational, aus den unterschiedlichen Farben und Stoffen des Menschengeistes zusammengewebt. Er ist eine Lebensphilosophie und eine Weltanschauung; über den Kult und die Heilspraktiken der Schamanen haben wir schon etwas ausgesagt. Die Lebensphilosophie können wir aus der ambivalenten Haltung der Völker Sibiriens zu den Schamanen entnehmen, und dieselbe Ambivalenz ist mit dem Zwiespalt im Werdegang des Schamanen selbst verbunden. Haß und Liebe, Abhängigkeit und Vermeiden, Gut und Böse sind auf das Schamanentum bezogen.

Es versteht sich von selbst, daß der Schamanismus eng mit den sozialen Verhältnissen und der Organisation der Völker verbunden ist. Er drückt nicht nur die Beziehungen des Menschen zu der äußeren Natur, sondern die Beziehungen der Menschen in dem Gemeinwesen und in der Gesellschaft aus. Die Čukčis haben ein verhältnismäßig einfaches Leben im Norden Sibiriens. Ihr Leben ist von der Rentierzucht abhängig. An der Küste des Polarmeeres haben sie die Wale, Seerobben und andere Säugetiere des Ozeans gejagt. Ihre soziale Organisation ist eine einfache. Sie haben keine herrschende Klasse und keine Aristrokratie. Als die Russen im vergangenen Jahrhundert gefragt haben, wer ihr Häuptling sei, war diese Frage für die Čukčis unverständlich; sie hatten keinen. Der Ruf des Schamanen unter diesen gesellschaftlichen Bedingungen ist viel eher auf die Persönlichkeit und auf die Eigenschaften und Neigung des Individuums bezogen. Die Schamanen bei den Čukčis sind in der Mehrheit intelligent, scharfsinnig, nervös, nicht wohlerzogen, sondern unruhig.

Die Burjaten sind an der Bevölkerungszahl sechs- oder achtmal so groß wie die Čukčis, hatten eine Klassengesellschaft mit einer Art Aristokratie in traditionalen Zeiten. Sie haben Viehzucht - Schafe, Ziegen, Pferde und Kühe - sowie Ackerbau betrieben. Die Burjaten haben seit den schon längst vergessenen Zeiten die Genealogien aufgezeichnet und aufbewahrt. Sie haben einen langen Kontakt zu den Hochkulturen Asiens gepflegt. Der Buddhismus spielt an der Seite des Schamanismus eine wichtige Rolle bei den Burjaten. Die Genealogien und die Aufrechterhaltung des schamanistischen Standes sind nicht nur gegenwärtig sondern äußerst bedeutsam für die Burjaten, die schamanistische Schulung im formalen Sinn des Wortes ebensosehr.

Die Tätigkeit und die Praxis der Schamanen sind ebenso wichtige Bedingungen für die Čukčis, die Burjaten wie für die anderen Völker Sibiriens. Die Natur ist stark, gefährlich, streng, stürmisch. Auch wenn man daran gewöhnt ist, kommt man oft unwohl und unheil davon. Die Natur wird von diesen Völkern stets als eine Bedrohung bewertet. Sie ist tückisch und listig, und über Nacht wird ein reicher Mann durch einen Sturm in einen armen Schuft verwandelt. Die inneren Angelegenheiten der Gesellschaft spiegeln die äußeren Verhältnisse der Natur wieder. Die normalen Menschen werden oft durch die gesellschaftlichen sowie die äußeren Verhältnisse in einen nervösen und ängstlichen Zustand gebracht. Die Schamanen, Mann und Frau, stehen da als die Wehr vor der Dringlichkeit im Wintersturm, bei Flut, der Pest und den Widerwärtigkeiten des Geistes, der Neurose und Nervosität in der Menschen Gesellschaft.

Die Anwesenheit der Schamanen ist nicht nur erwünscht, sondern sogar eine notwendige Bedingung für das Menschenleben. Man kommt nicht aus ohne ihre Tätigkeit und Rolle. Doch ist diese schamanistische Tätigkeit die Ursache der Nervosität und des körperlichen Zitterns des Schamanen selbst und der Mitmenschen in der Gemeinschaft. Daraus entsteht die Polarisierung des Hasses und der Liebe, der Abhängigkeit und der Meidung des ganzen Volkes dem Schamanen gegenüber.

Vom Standpunkt des Schamanen aus wird das Schamanentum als ein Fluch betrachtet und übernommen. Die Reise in die Welt der Geister und der Spuke ist keine Angelegenheit des Vergnügens, sie enthält Gefahren für den Schamanengeist und Menschenkörper.

Diejenigen Forscher, welche den Schamanismus als ein weltweites Phänomen der Religion betrachtet haben, also einen Aspekt aller Kulte, nehmen nur einen Zug oder eine Seite des Schamanismus heraus. Wir werden diese Auffassungen als unausgewogen verwerfen. Der Schamanismus hat mit mehreren Aspekten des Lebens zu tun. Die Völker Sibiriens haben die Schamanen und ihre Tätigkeiten, Gedanken und Gefühle nicht nur in den Kult sondern auch in die Medizin, in die Psychologie, in die Philosophie und in die Wissenschaft einbezogen. Durch die Schamanengesänge und -erzählungen erklären sie, wie die Dinge zueinander stehen, wie die Sonne scheint und die Tiere wachsen, wie die Krankheit verursacht und geheilt wird. Durch die schamanistische Tätigkeit ist alles miteinander verbunden, ohne dieselbe geht alles auseinander und wird zerstört. Die Erklärungen der Schamanen geben dem Leben seinen Sinn, ohne diese kommt alles in einen chaotischen Zustand, und das Leben verliert seinen Sinn. Daher haben wir den Schamanismus nur als eine besondere und eigenartige Sache der Völker hauptsächlich Ostsibiriens, wo diese Verbindung stattgefunden hat, betrachtet.

Ähnliche Persönlichkeiten, Beziehungen zur Natur, zum Geist, zur Medizin, Metaphysik und Psychologie haben die unterschiedlichen Völker des Erdkreises entwickelt. Sämtliche Völker haben über den Ursprung, die Schöpfung, über Fortwähren und Wirkung der Welt des Guten und des Bösen, des Unheils und des Heils, der Erbarmungslosigkeit des Sturms und des Meeres nachgedacht. Über die anderen Völker werden wir nicht spekulieren. Wir haben eine ausgezeichnete ethnographische Literatur über die Völker Sibiriens, die einen besonderen Zugang zu ihrem Schamanismus und Schamanentum ermöglicht. Die Ähnlichkeiten zwischen dem sibirischen Schamanismus und den anderen Religionen und Philosophien sind augenfällig, aber gleichzeitig enttäuschend. Wir haben versucht, die Aufmerksamkeit des Lesers auf die Eigenarten des sibirischen Schamanismus zu lenken. Die Ekstase als religiöse Erscheinung macht einen Aspekt der unterschiedlichen Religionen aus. Sie kommt auch bei den Schamanen Sibiriens vor, doch hat sie eine besondere Rolle bei diesen Völkern, die nicht bei allen erscheint. Sie ist mit besonderen Naturverhältnissen und sozialen Beziehungen in Sibirien verbunden, die in ihrem Zusammenhang die Eigenart derselben prägt und bestimmt.

Literatur

Agapitov, N.N. & Xangalov, M.N.: Materialy dlja izučenija Šamanstva v Sibiri. Izv. Vost.-Sib. otd. Imper. Russk. Geograf. Obščestva. Irkutsk. Bd. 14, 1883. S. 1-61. (Materialien für die Erforschung des Schamanismus in Sibirien.)

Anisimov, A.F.: Kosmologičeskie predstalenija narodov severa. Moskva 1959. (Kosmologische Vorstellungen der nördlichen Völker)

Bogoraz, V.G.: The Chukchee. Leiden, New York 1904-1909.

Bogoraz, V.G.: K psikhologii šamanstva. Etnografičeskoe Obozrenie 1910. S. 1-36.

Krader, L.: Buryat Religion & Society. Southwestern Journal of Anthropology. Bd. 10, 1954. S. 322-351. (Repr.: J. Middleton, Hrsg. Gods & Rituals. New York 1967.)

Krader, L.: Reification in Chukchi Mythology. In: Diogenes. Bd. 56. 1966, S. 51-73.

Krader, L.: The Shamanistic Tradition of the Buryats. Anthropos. Bd. 70, 1975. S. 105-144. (Repr. Shamanism in Siberia. V. Diozegi, M. Hoppál, Hrsg. Budapest 1978. S. 181-236).

Sandschejew, G.: „Weltanschauung und Schamanismus der Alar-Burjaten." In: Anthropos. Bd. 23, 1928. S. 967-986.

Xangalov, M.N.: Söbrannje Sočinenij. Ulan Ude. 1958, 1959.

Zamcarano, L.: Ongony Aginskix Burjat. Zapsiki Imp. Russk. geogr. Obščestva po otd. ethnogr. Bd. 34. 1909. (Kultfiguren der Aga-Burjaten)

Erich Kasten

Schamanismus der Samen: Fragen zur Variation eines religiösen Vorstellungskomplexes

Einleitung

Die Samen vollzogen mit Hilfe des Schamanismus die rituelle Kommunikation mit den übernatürlichen Kräften zur Überwindung krisenhafter Situationen im Leben des Einzelnen, der Gemeinschaft oder im Hinblick auf ihr Verhältnis zur Außenwelt. Trotz grundlegender ideologischer Übereinstimmungen mit entsprechenden Vorstellungen bei anderen zirkumpolaren und zentralasiatischen Völkern weist der samische Schamanismus deutliche Besonderheiten auf. So unterscheidet sich der Schamanismus der Samen zur Zeit des 18. Jahrhunderts, aus der die hierzu letzten verläßlichen Angaben vorliegen, von dem anderer Völker u.a. dadurch, daß es nicht die Aufgabe des Schamanen war, die besonderen Übertragungsriten zur Heilung epidemischer Krankheiten sowie Schlachtopfer durchzuführen. Auch trat dieser bei den Samen in auffälliger Weise nicht im Jagdzeremoniell in Erscheinung. Darüber hinaus gibt es für die Samen keinerlei Hinweise auf die bei anderen Völkern so charakteristische Schamanentracht.

Diese Besonderheiten des samischen Schamanismus wurden bislang wenig überzeugend erklärt. So galten sie als Zeichen von „Kulturverlust", bedingt durch jahrhundertelange Kontakte mit benachbarten Völkern und deren Glaubensvorstellungen, wobei der christliche Einfluß von besonderer Bedeutung gewesen sein soll[1].

Solche Erklärungen sind allerdings von geringem heuristischen Aussagewert, da derartige Kulturkontakte ein allgemeines Phänomen sind und sehr unterschiedliche Auswirkungen haben können. So kann es in den erwähnten Kontaktsituationen nicht nur zur Übernahme fremder Vorstellungen bzw. zur Herausbildung entsprechender Synkretismen kommen, sondern ebenso zu deutlichen Transformationen traditionaler Konzepte angesichts sich verändernder innerer und äußerer Gegebenheiten. Deshalb ist es wichtig, sich die betreffende Situation in ihrer ganzen Komplexität vor Augen zu halten. Im folgenden soll untersucht werden, inwieweit bestimmte Variationen im Schamanismus der Samen als fortlaufende Modifikation eines offenbar auch bei anderen Völkern verbreiteten gemeinsamen Grundmotivs zu verstehen sind, und zwar gegen den Hintergrund schwerwiegender Veränderungen ihres Ökosystems bzw. im Hinblick auf die sich neu entwickelnden sozio-ökonomischen Bedingungen nach dem Übergang von der Jäger- und Fischerkultur zum Rentierhirtentum. Obgleich die zur Verfügung stehenden Quellen keine eindeutigen Antworten auf diese Fragen zulassen, so scheint es doch möglich, deutliche Anzeichen des religiösen Wandels bei den Samen aus einer anderen Perspektive zu beurteilen.

Die Quellen

Zu den frühesten Zeugnissen des Schamanismus im nördlichen Skandinavien zählen die Felsmalerein aus den ersten drei Jahrtausenden v. Chr.,[2] deren eindeutige ethnische Zuordnung allerdings nicht möglich ist.[3] Neben diesen Felsmalerein, die bis zur Zeit um Christi Geburt entstanden, sind bildliche Darstellungen schamanischer Motive erst wieder mit den Trommelbemalungen überliefert, die in den Missionarsberichten des 17. und 18. Jhs. ausführlich beschrieben werden. Die sogenannte Schamanentrommel der Samen weist deutliche Unterschiede in Typologie und Funktion auf.[4] Sie diente einzelnen Familienoberhäuptern als Divinationsinstrument und fand nur im engeren schamanistischen Kontext Verwendung als Exaltationsgegenstand, womit die übliche Bezeichnung *Schamanentrommel* wegen der vielfältigen Funktion der Trommel genau genommen nicht korrekt ist. Sie soll im folgenden aber beibehalten werden, da die Trommel hier vor allem im Zusammenhang mit der Tätigkeit des Schamanen berücksichtigt wird.[5] Es gibt zwei Arten von Bemalungen der Trommelmembran. Bei der einen sind die einzelnen Figuren um ein in der Mitte gelegenes Sonnensymbol gruppiert. Die andere läßt den vertikalen Aufbau der Welten mit ihren zwischen den einzelnen Schichten liegenden Öffnungen und den jeweils dort lebenden Wesen erkennen. Besonders der letztere Typ dürfte im engeren Zusammenhang mit der Jenseitsreise des Schamanen und den damit verbundenen kosmologischen Vorstellungen stehen, wobei ähnliche Bemalungen der Schamanentrommel auch aus anderen Teilen Nordasiens bekannt sind.[6]

Eine Interpretation dieser Darstellungen hinsichtlich ihrer damaligen Bedeutung für die Samen ist nicht unproblematisch.[7] Allerdings stehen uns mit den Gerichtsprotokollen im Zusammenhang mit der strafrechtlichen Verfolgung der samischen Religionsausübung gegen Ende des 17. Jhs. Dokumente zur Verfügung, in denen Samen selber ausführliche Erklärungen zum Gebrauch der Trommel und den dort dargestellten Motiven geben.[8] Dabei ist jedoch zu berücksichtigen, daß sie in einer Zwangssituation entstanden sind, in der die angeklagten Samen versucht haben dürften, die Bedeutung der Trommel so weit wie möglich zu verharmlosen. Daß eine gleichzeitige Darstellung von eigenen Geistern und Wesen aus der christlichen Vorstellungswelt sowie der schwedischen Obrigkeit aus „politischer Berechnung" erfolgt sei,[9] erscheint abwegig. Vielmehr war die Trommel offensichtlich Abbild samischer Welterfahrung, in der Vögte, Pfarrer, Geister und Gottheiten die gleiche Realität besaßen.

An schriftlichen Zeugnissen zum samischen Schamanismus besitzen wir neben den erwähnten Gerichtsprotokollen und vereinzelten mittelalterlichen Schilderungen von Reisenden und Kaufleuten die wertvollsten Informationen in den Missionarsberichten aus dem 17. und 18. Jh.. Die früheste überlieferte Beschreibung einer Schamanensitzung bei den Samen findet sich allerdings in dem Abschnitt *De finnis* in der *Historia Norvegiae*, die aus der zweiten Hälfte des 12. Jhs., bzw. vermutlich aus der Zeit um 1160 stammen dürfte. Die nüchterne, relativ unverfälschte Darstellung geht offenbar auf einen Bericht „christlicher Kaufleute" zurück, die unmittelbare Zeugen einer Schamanensitzung geworden waren.

Gut vierhundert Jahre später, im Jahre 1555, erschien das umfangreiche Geschichtswerk *Historia de gentibus septentrionalibus* des schwedischen Geistlichen Olaus Magnus. Seine Kenntnisse über die religiösen Vorstellungen der Samen beruhen weitgehend auf Informationen aus zweiter Hand, obwohl er auf seinen Reisen durch Schweden auch die nördlichsten Landesteile besucht hatte.[10] Ausdrücklich auf Olaus Magnus verweist auch der älteste Missionarsbericht, nämlich der von Olaus Petri Niurenius,[11] den er während seiner Amtszeit als Pfarrer in Umeå in den Jahren von 1619 bis 1645 abgefaßt hatte. Aus den 70er Jahren des 17. Jhs. steht uns eine Reihe weiterer detaillierter Beschreibungen der Verhältnisse bei den Samen für jede der einzelnen Lappmarken zur Verfügung. Sie entstanden auf Veranlassung des Landeshauptmanns Johan Graan, der von dem damaligen Reichskanzler Magnus Gabriel de la Gardie aufgefordert worden war, diesem genauere Auskünfte über die nördlichen Landesteile zu verschaffen. Das von de la Gardie zuvor gegründete *Antikvitetskollegiet* in Stockholm überließ dann diese Berichte dem aus Straßburg stammenden und seit 1648 als Professor in Uppsala tätigen Johannes Scheffer mit dem Auftrag, sie zu einem Buch zusammenzustellen. Dieses 1673 erschienene Werk *Lapponia* erregte sogleich erhebliches Aufsehen. Der lateinischen Ausgabe folgten innerhalb kürzester Zeit Übersetzungen ins Englische (1674), Deutsche (1675), Französische (1678) und Holländische (1688). Denn es waren die Jahre, als man vom Kontinent mit zunehmendem politischen Interesse nach Schweden blickte, und zwar nicht zuletzt wegen seiner militärischen Erfolge während des Dreißigjährigen Krieges. Da man meinte, diese seien u.a. durch die Zauberkraft von Samen zustande gekommen,[12] schien man der Sache auf den Grund gehen zu wollen. Auch außerhalb Skandinaviens war das Zauber- und Hexenwesen zur damaligen Zeit noch weit verbreitet. Eine entsprechend große Beachtung findet die Religionsausübung der Samen in Scheffers *Lapponia*, deren Darstellung sich ganz offensichtlich an dem besonderen Erkenntnisinteresse der Leserschaft jener Zeit orientierte. Das wird deutlich, wenn man die entsprechenden Originalberichte von Olaus Graan, Nils Lundius, Olaus Petri Niurenius, Samuel Rheen, Petrus Thurenius, Johannes Tornaeus und Gabriel Tuderus ihrer umgearbeiteten Fassung in der *Lapponia* gegenüberstellt.

Daß diese Berichte, auch wenn sie wie die von Lundius und Thurenius von Samen selber stammen, als Interpretationen der samischen Religionsausübung durch die betreffenden Ethnographen gegen den geistigen Hintergrund ihrer Zeit bzw. ihres kirchlichen Auftrags zu sehen sind, versteht sich von selbst. Dennoch überzeugen diese Beschreibungen durch ihr hohes Maß an Authentizität und die genaue Wiedergabe von Details, soweit sie überhaupt durch fremde Beobachter erfaßbar waren. Was diese Berichterstatter von vielen Ethnographen, die seitdem im nordeurasischen Raum tätig waren, unterscheidet, ist der Respekt, den sie dem Schamanismus entgegenbrachten, da das Wirken außermenschlicher Kräfte in Gestalt von Geistern für sie einen offenbar ebenso realen Charakter besaß wie für diejenigen, von denen sie von diesen Dingen erfuhren.

Die entsprechenden Quellen auf norwegischer Seite stammen aus den ersten Jahrzehnten des 18. Jhs.. Zu dieser Zeit setzte sich dort eine vom Pietismus getragene neue Missionslehre durch, deren Grundsatz, wie auch später in den schwedischen Lappmarken, die gewaltlose Bekehrung der Samen war. Die Missionsarbeit in der norwegischen Finnmark wurde in diesem Sinn von Thomas von Westen organisiert, der zwischen 1716 und 1722 mehrere Missionsreisen unternahm und dabei in engeren Kontakt mit den Samen kam. Die von Thomas von Westen gesammelten und aus 1276 Manuskriptseiten bestehenden Originalaufzeichnungen sind verloren gegangen, doch hatte zuvor Hans Skanke, von Westens Begleiter auf dessen

Missionsreisen, das umfangreiche Material nach dessen Tod zwischen 1728 und 1730 zu seinen *Epitomes historiae missionis lapponicae* verarbeitet. Jenes Werk enthält die wohl wertvollsten Informationen zum Schamanismus der Samen, die uns zur Verfügung stehen. Berichte anderer dänisch-norwegischer Missionare, wie die von Solander, Forbus und Sidenius[13] entstanden in Anlehnung an die Aufzeichnungen von Westens. Im Unterschied dazu lagen den Arbeiten von Jens Kildal offenbar eigene Beobachtungen zugrunde, da Thomas von Westen auf seiner dritten Missionsreise (1722-1723) es nur ihm erlaubt hatte, „Bekenntnisse" der Samen zu ihrer Religion aufzuzeichnen. Ein hohes Maß an Eigenständigkeit läßt auch die Schrift von Johan Randulf aus dem Jahre erkennen. Am unabhängigsten von Thomas von Westen scheint Isaac Olsen sein Material gesammelt und verarbeitet zu haben, welches er bereits 1717 direkt dem Missionskolleg in Kopenhagen zukommen ließ.

Ob schließlich die Erzähltradition in diesem Zusammenhang als zuverlässige Quelle angeführt werden kann, ist fraglich. Denn allzu häufig hat man es hierbei mit einer Verschmelzung von (Wander-) Motiven aus verschiedenen Traditionszusammenhängen zu tun, welche die eigentlich schamanistischen Inhalte überlagern können. Das kann zu Fehleinschätzungen führen, etwa wenn der Schamane lediglich als Zauberer, Hexer oder Wahrsager gesehen wird und seine weitaus umfassendere Bedeutung demgegenüber unberücksichtigt bleibt. Angesichts des größeren zeitlichen Abstands, der uns vom Schamanismus der Samen des 18. Jhs. als einem damals bei ihnen offensichtlich noch allgemein anerkannten und sozio-psychologisch bedeutsamen Phänomen trennt, meint man mitunter in den Bekenntnissen samischer Informanten zu Beginn dieses Jahrhunderts Angaben aus den weithin bekannten historischen Quellen wiederzuerkennen, die in einigen Fällen - so offenbar bei Johan Turi[14] - zuvor durch Vermittlung der betreffenden Ethnographen zu den Berichterstattern gelangt waren.[15]

Der Ablauf einer Schamanensitzung bei den Samen

In der samischen Sprache wird der Schamane als *noaidi* bezeichnet, was soviel bedeutet wie „jemand, der auf besondere Weise mit Göttern und Geistern in Kontakt treten kann".[16] Das Wort ist finno-ugrischen Ursprungs und kommt in ähnlicher Form auch in den verwandten Sprachen des Finnischen, Karelischen und Wogulischen vor, wo sich dessen Bedeutung jedoch auf die eines Hexers, Zauberers oder Wahrsagers beschränkt.[17] Aus den uns bekannten Quellen ist zu erfahren, daß verschiedene Personen über bestimmte Fähigkeiten der Einflußnahme auf außermenschliche Kräfte verfügten,[18] von denen aber nur einer in der Lage war, die visionäre Jenseitsreise durchzuführen.[19] Nur dieser konnte unmittelbar mit den Geistern kommunizieren, indem er die Trommel an sein Ohr hielt[20]. Von ihm nahm man an, daß er über besondere Hilfs- und Schutzgeister verfüge,[21] mit denen er sich auf die Jenseitsreise begab.

Eine Schamanensitzung verlief bei den Samen nach folgendem Grundmuster: Sie konnte erst stattfinden, wenn alle Männer und Frauen, alte und junge, sowie alle Verwandten zusammengerufen worden waren.[22] Sie begann in den Abendstunden[23], nachdem sich der Schamane einen Tag lang auf die Zeremonie vorbereitet[24] und auch alle übrigen Anwesenden bestimmte Reinigungsriten vollzogen hatten.[25] Vor allem die Trommel als das wichtigste Zeremonialinstrument des Schamanen bedurfte einer besonderen rituellen Behandlung und war von diesem durch die „heilige Hintertür"[26] ins Innere der Kote zu bringen.[27]

Der sakrale Charakter dieser Zusammenkunft kam in der Art der Kleidung zum Ausdruck. Nicht nur der Schamane, sondern auch alle übrigen Anwesenden trugen offenbar eine besondere Zeremonialkleidung, an der sich zusammen mit dem Silbergürtel Ringe und andere Metallgegenstände befanden.[28] Nähere Angaben zu einer besonderen Tracht des samischen Schamanen, wie man sie von anderen Völkern Nord- und Zentralasiens kennt, gibt es jedoch nicht. Allerdings deutet sein „verkehrt herum angezogenes Gewand"[29] darauf hin, daß ihn sein Auftrag in die jenseitige Welt führen würde, in der das Leben spiegelverkehrt zur diesseitigen verlief.[30] Ein solcher Gedanke könnte auch in dem bisweilen erwähnten Ablegen der Kleidung vor Antritt der Jenseitsreise [31] zum Ausdruck kommen. Zu den Vorbereitungen für die bevorstehende Jenseitsreise zählten weiterhin das Entfernen der Kopfbedeckung und das Öffnen des Gürtels sowie der Schuhbänder.[32] Was die besonderen Schamanenattribute anbetrifft, so dürften sie sich bei dem samischen Schamanen weniger an seiner Tracht, sondern vor allem an seiner Trommel befunden haben[33], so in Form jener bereits in der *Historia Norvegiae* erwähnten figürlichen Darstellungen seiner Hilfs- und Schutzgeister[34] oder als Abbildung auf der Trommelmembran.

Um jenen veränderten Bewußtseinszustand herbeizuführen, der ihm die gewünschte Kommunikation mit den jenseitigen Welten ermöglichte, nahm der Schamane besondere Trunkmischungen und Alkohol zu sich.[35] Der Fliegenpilz wird in diesem Zusammenhang erst in neuerer Zeit erwähnt[36], doch kann sein Gebrauch schon für frühere Zeiten angenommen werden, so wie er aus anderen Gebieten Nordasiens bekannt ist. Das Schlagen der Trommel und der Gesang des Schamanen, in den alle Anwesenden schließlich miteinstimmten, erzeugten eine zusätzliche akustische Stimulation.[37] Dabei handelte es sich um die besondere Art des Juoik-Gesangs[38], der in seiner ursprünglichen Form wie auch bei anderen Völkern Nordeurasiens[39] offenbar nachgeahmte Tierstimmen darstellt.

Auf diese Weise kündigten sich die Hilfs- und Schutzgeister an. Die besonderen anthropomorphen Geister des Schamanen, seine Ahnengeister (*Sájva-olmak* oder *Passevare-olmak*), wurden von einem hierzu ausgesandten Hilfsgeist in Vogelgestalt (*Sájva-leddie*) aus dem Heiligen Berg, in dem sie lebten, herbeigerufen.[40] Daß alle Anwesenden an dem Gesang teilnahmen, wird von den Beobachtern damit erklärt, daß der Ernst der Situation die Nähe auch *ihrer* Schutzgeister erforderte.[41] Im weiteren Verlauf der Zeremonie wurde er aber nur von bestimmten Personen fortgesetzt (s.u.). Die Bewegungen des Schamanen wurde nun immer lebhafter. Schließlich rutschte er auf den Knien auf dem Boden umher, nahm mit bloßen Händen Glutstücke aus dem Feuer und schleuderte diese um sich. Er schnitt sich mit einem Messer in Arme und Hände, ohne sich dabei zu verletzen, um damit sich und den Anwesenden zu beweisen, daß er für die Gefahren der unmittelbar bevorstehenden Jenseitsreise gewappnet sei.[42] Daraufhin fiel der Schamane plötzlich lang ausgestreckt zu Boden und blieb bis zu einer Stunde regungslos liegen, wie ein Schlafender[43] oder wie ein Toter[44]. Sein Körper färbte sich dunkel, und Schaum trat ihm vor den Mund.[45] Damit hatte der Schamane jenen Zustand tiefer Trance erreicht, in dem eine seiner Seelen den Körper verlassen und sich auf die Jenseitsreise begeben konnte. Das geschah mit Unterstützung eines Hilfsgeistes in Fisch- und Schlangengestalt (*Sájva-guelie*), auf dessen Rücken sich die Seele tragen ließ,[46] oder sie verwandelte sich selbst in einen Hilfsgeist, etwa in Gestalt eines Wales.[47]

Wenn - wie in den meisten Fällen - der Anlaß einer solchen Jenseitsreise die ernste Erkrankung eines Mitglieds der Gemeinschaft war, hatte der Schamane *Jámie-akka*, die Herrin des Totenreichs, aufzusuchen und mit ihr darüber zu verhandeln, welches Opfer sie verlange, damit sie die gefangen gehaltene Seele des Erkrankten wieder freigebe.[48] Dabei konnte der Schamane auf heftigen Widerstand stoßen, so daß er mitunter gezwungen war, mit Unterstützung seiner Hilfsgeister um die betreffende Seele zu kämpfen[49] oder sie mit List und Schnelligkeit wieder zu entführen.[50]

Nach Ausführung seines Auftrags kündigte sich die Rückkehr des Schamanen dadurch an, daß er wieder anfing zu atmen und sich zu bewegen.[51] Daraufhin berichtete er den Anwesenden vom Verlauf seiner Reise und von dem Opfer, das er der Herrin des Totenreichs für den Erhalt der Seele versprochen hatte.[52] Während der Jenseitsreise war der Schamane verschiedenen Gefahren ausgesetzt gewesen, und es sind viele Fälle bekannt, daß er nicht lebend von ihr zurückgekehrt ist.[53] Sein tierisches *Alter ego*, in der Regel in Rentiergestalt (*Sájva-sarva*), konnte im Kampf mit feindlichen Geistern unterliegen,[54] verletzt oder getötet werden.[55] Ebenso verhängnisvoll war es, wenn die Seele nach der Jenseitsreise nicht wieder in den Körper des Schamanen zurückfand oder von einem feindlich gesonnenen Geist daran gehindert wurde.[56] Auch war der zurückgebliebene Körper des Schamanen während der Abwesenheit seiner Schutzgeister fremden Einflüssen wehrlos ausgesetzt, so daß darauf zu achten war, daß er nicht berührt wurde.[57]

Der Juoik-Gesang und das Tragen der Zeremonialkleidung aller Anwesenden läßt darauf schließen, daß auch sie ihre persönlichen Schutzgeister herbeiriefen. Welche Rolle diese im weiteren Verlauf der Zeremonie spielten, läßt sich nicht eindeutig klären, da hierzu nur ungenaue und zum Teil widersprüchliche Angaben vorliegen. Einem Berichterstatter zufolge setzten *alle* Anwesenden ihren Gesang während der gesamten Dauer der Zeremonie fort.[58] Andere hingegen erwähnen den Gesang der Anwesenden einmal zur Eröffnung der Zeremonie und dann erst wieder bei der Rückkehr des Schamanen von seiner Jenseitsreise, wogegen dieser während seiner Abwesenheit verstummte.[59] In den dänisch-norwegischen Quellen wiederum ist ausdrücklich davon die Rede, daß während der Trance des Schamanen nur *eine* Person mit dem Gesang fortfuhr.[60] Dabei handelte es sich offenbar um einen hierzu besonders unterrichteten Schamanengehilfen[61] oder um einen anderen Schamanen[62], dem die wichtige Aufgabe zukam, die Seele des Schamanen nach der Verrichtung seines Auftrags im Jenseits wiederaufzufinden und zurückzugeleiten, da dieser ansonsten nicht wieder zum Leben erwachen würde.[63] Dieser Schamanengehilfe war meist eine unverheiratete junge Frau. Für die Wiederbelebung des Schamanen war offenbar der visionäre Geschlechtsverkehr, den sie unmittelbar vor seinem Wiedererwachen mit ihm hatte, von besonderer Bedeutung, denn gleich darauf stimmte er Lobgesänge auf ihre sexuellen Fähigkeiten an, nach Auskunft der Missionare auf das „Unanständigste und Unzüchtigste".[64] Eine vollständige Identifikation des Schamanengehilfen mit dem Schamanen während der Jenseitsreise mußte offenbar vermieden werden, um dessen Rückkehr zu ermöglichen. Zumindest ein Hilfsgeist des Schamanen hatte im Diesseits zu verbleiben und dies durch seinen Gesang zum Ausdruck zu bringen. Die übrigen Anwesenden konnten sich jedoch in Gestalt ihrer herbeigerufenen Geister zusammen mit dem Schamanen auf die Jenseitsreise begeben haben, womit deren zeitweiliges Verstummen und plötzliches Wiederauftreten zusammen mit der Rückkehr des Schamanen zu erklären wäre.[65]

Besondere Entwicklungen im Schamanismus der Samen

Die eingangs erwähnten Besonderheiten des samischen Schamanismus deuten auf religiöse Umorientierungen hin, die hier gegen den Hintergrund sich auffallend ändernder Ökosituationen untersucht werden. Im Mittelpunkt sollen zwei besonders kritische Perioden in der Geschichte der Samen stehen, in deren Verlauf es zu erheblichen Modifikationen des bestehenden Sinnsystems gekommen sein dürfte. Dabei handelt es sich einmal um die Zeit um 1350, als die Pest die nördlichen Teile des heutigen Norwegen und Schweden und die dort lebenden Samen heimgesucht hatte. Die andere hier näher zu untersuchende Periode ist die des dramatischen sozio-ökonomischen Umbruchs während des Übergangs von der Jäger- und Fischerkultur zum Rentierhirtentum zu Beginn des 17.Jhs.

Die Auswirkungen der Pest

Um 1350 hatte die Pest die nordnorwegische Küstenbevölkerung erreicht, zu der die Samen vor allem über den Pelzhandel enge Beziehungen unterhielten. Die verheerenden Folgen der Seuche hinterließen deutliche Spuren in der Mythologie der Samen, da diese - wie andere Krankheiten - von ihnen offenbar religiös interpretiert wurde. Daß die für die Bekämpfung von Krankheiten zur Verfügung stehenden rituellen Mittel jedoch so auffallend versagt hatten, mußte deren religiöses Sinnsystem schwerwiegend erschüttert haben, was sich in der Entstehung eines neuartigen Rituals[66] zur Bekämpfung derartiger Erkrankungen zeigt. Neben dem *Jámie-ájmuo*, das der Schamane bisher bei solchen Anlässen aufsuchte, glaubte man nunmehr an die Existenz eines weiteren, für ihn unerreichbaren Totenreiches, des *Rota-ájmuo*. Hier herrschte *Rota*, der Seuchendämon, dem man - wenn überhaupt - die Krankheit nur durch einen besonderen Übertragungsritus zurückschicken konnte, bei dem man ein von Fremden erworbenes Pferd in zeremonieller Weise vergrub. Derartige Riten zur Abwendung epidemischer Krankheiten sind ebenfalls von anderen Völkern Nordeurasiens bekannt.[67] Allerdings war es dort in der Regel der Schamane, der dieses Ritual ausführte[68], wogegen er im Zusammenhang mit dem noch bis zum 18. Jh. bei den Samen praktizierten Rota-Kult nicht erwähnt ist. Das deutet darauf hin, daß die Wirksamkeit des schamanistischen Rituals bei den Samen zumindest vorübergehend in Frage gestellt war, als dies in einer außergewöhnlichen Krisensituation den Anforderungen offensichtlich nicht mehr genügte.

Es wird hier vermutet, daß besondere Metallgegenstände, die bis dahin offenbar als Schamanenattribute gedient hatten, seitdem nicht mehr in rituellen Zusammenhängen auftraten. Bei diesen Gegenständen handelt es sich vor allem um Ringe, perforierte Münzen sowie um zumeist Tiere darstellende oder axtförmige Anhänger. Diese Gegenstände sind bisher unterschiedlich interpretiert worden, und zwar als Opfergegenstände[69], Handelsdepots von Nicht-Samen[70] oder als samische Metalldepots.[71] Fjellström ist der Auffassung, die einzig denkbare Verwendung dieser Gegenstände durch Samen sei die als Frauenschmuck gewesen, was ihr jedoch aufgrund der damals getragenen Fellkleidung zweifelhaft erscheint.[72] Zachrisson weist hingegen zurecht auf die vermutlich religiöse Bedeutung dieser Gegenstände hin, doch meint sie, daß deren Verwendung zu Opferzwecken sekundär war und sie somit nicht ursprünglich zu religiösen Zwecken erworben worden seien.[73] Die Form bzw. die Umarbeitung und daraus zu schließende kulturelle Integration dieser Gegenstände deuten jedoch darauf hin, daß sie bereits in rituellen Zusammenhängen auftraten, bevor sie vergraben wurden. Es ist anzunehmen, daß sie zur damaligen Zeit Bestandteil der Schamanentracht waren, so wie es von anderen zirkumpolaren Völkern bekannt ist. Zachrisson schließt diese Möglichkeit aus, da es aus späterer Zeit keine Hinweise auf eine besondere Tracht des Schamanen bei den Samen gibt[74], womit sie jedoch die Wahrscheinlichkeit gerade damals naheliegender religiöser Umorientierungen unberücksichtigt läßt.

Es ist nämlich auffallend, daß diese an verschiedenen Orten Schwedisch-Lapplands nachgewiesenen Gegenstände ziemlich exakt nicht bis über die Mitte des 14.Jhs. hinaus datiert sind. Das Aufhören dieser sogenannten Metalldepot-Tradition wurde damit erklärt, daß die Handelsbeziehungen mit den Norwegern nach dem Auftreten der Pest unterbrochen waren.[75] Die tatsächliche Ursache scheint jedoch eine andere gewesen zu sein, zumal der Handel der Samen zu jener Zeit bereits deutlich nach Osten orientiert war, von woher die besagten Metallgegenstände auch weiterhin hätten beschafft werden können. Was ihrem Erwerb ein so plötzliches Ende bereitet haben könnte, dürfte vielmehr deren Umwertung gewesen sein, nachdem sie angesichts der dramatischen Ereignisse in den bisherigen rituellen Zusammenhängen so auffällig versagt hatten und in ihnen von nun an keine Rolle mehr spielten. Hinzu kommt, daß man die Pest mit den Waren von Fremden und somit mit den Metallgegenständen in Verbindung brachte, wie man aus der samischen Erzähltradition weiß.[76] Sowohl der Verlust der religiösen Bedeutung jener offenbar bis dahin in schamanistischen Zusammenhängen verwendeten Metallgegenstände, als auch das Auftreten eines neuartigen Krisenkultes, in dem der Schamane keine Rolle mehr spielte, lassen darauf schließen, daß sich bei den Samen angesichts der krisenhaften Ereignisse zur damaligen Zeit deutliche Modifikationen ihres traditionalen religiösen Sinnsystems abzeichneten.

Der Übergang zum Rentierhirtentum

Während des 17. Jahrhunderts vollzog sich bei den Samen Schwedisch-Lapplands der Übergang von der Jäger- und Fischerkultur zum Rentierhirtentum mit den damit einhergehenden sozio-strukturellen Umgestaltungen und religiösen Neuorientierungen. Die Entwicklung des Rentierhirtentums war das Ergebnis einer erforderlich gewordenen neuen Umweltanpassung, nachdem das bisherige Ökosystem der Samen aus dem Gleichgewicht geraten war.[77] Nachdem Mehl als Handelsgut in größerem Umfang Eingang in den Wirtschaftskreislauf der Samen gefunden hatte, konnten zunächst Nahrungsversorgungsengpässe während des Spätwinters leichter überbrückt werden, womit sich das Verhältnis der Bevölkerung zu den dort vorhandenen Ressourcen allmählich zu verändern begann. Je mehr sich der Bevölkerungsanstieg im Laufe der Zeit beschleunigte, desto stärker wurde die Abhängigkeit der Samen vom Pelzhandel zur Finanzierung ihrer Nahrungsmittelimporte. Die Folge war ein fortschreitendes Überjagen der Wildbestände und damit schließlich auch der wilden Rentiere, nachdem diese nach dem Rückgang der Pelztierjagd zunehmend zu Handelszwecken und für Steuerzahlungen an die schwedische Krone benötigt wurden.

Diese historisch gut belegte, schwerwiegende Krise zu Beginn des 17.Jhs. infolge der sich drastisch verringernden Wildbestände[78], muß

Zweifel an der in Jäger- und Fischerkulturen üblicherweise praktizierten Jagdmagie geweckt und diesbezügliche Vorstellungen in Frage gestellt haben. Das mag erklären, weshalb der Schamane bei den Samen, im Gegensatz zu anderen zirkumpolaren Völkern, bei der rituellen Vorbereitung zur Jagd kaum in Erscheinung trat. Auch könnten entsprechende rituelle Praktiken zunehmend an Bedeutung verloren haben, seitdem unter den Bedingungen des Rentierhirtentums das Ausbleiben von Jagdwild keine solche existentielle Bedrohung mehr darstellte wie bei anderen Völkern, wo dies ein wichtiger Anlaß zum schamanistischen Ritual war. Davon zu unterscheiden sind jedoch die Versöhnungsriten *nach* der Jagd, wie das Bärenritual, da diese ohnehin nicht auf der ideologischen Grundlage des Schamanismus erfolgten und keine entsprechende visionäre Jenseitsreise erforderten.

Hatte der Schamane bei anderen zirkumpolaren Jäger- und Fischervölkern in einer wirtschaftlichen Krisensituation den jeweiligen *Herrn der Tiere* aufzusuchen[79], so mußten derartige Konzepte unter den Bedingungen des Rentierhirtentums ihren Sinn verlieren, wenn es sich um individuelle Besitzverhältnisse einzelner Rentierhalter an den Tieren der Herde handelte. Es ist jedoch interessant zu sehen, wie die Samen bisherige Vorstellungen vom *Herrn der Tiere* an die veränderten Bedingungen anzupassen versuchten. So konnte sich der samische Schamane auf die Jenseitsreise begeben, um im *Sájva-ájmuo* - wo seine Ahnengeister zusammen mit den *Herren der Tiere* lebten - [80] „Rentierhirten“ bzw. Schutzwesen für die Rentierherde zu gewinnen.[81] Von dem Berg aus, in dem ein solches Wesen seitdem auf Veranlassung des Schamanen lebte, konnte es mehrere Jahre oder solange es die erforderlichen Opfer erhielt, eine Schutzfunktion über die Rentierherde ausüben. Eine ähnliche Transformation traditionaler Konzepte unter den veränderten wirtschaftlichen Bedingungen zeigt sich in der Möglichkeit, bestimmte Schutz- und Hilfsgeister nunmehr auch käuflich erwerben zu können[82], was im deutlichen Gegensatz zu der allerdings weiterhin üblichen Art ihres Erwerbs durch besondere Visionserlebnisse, Kampf und Besessenheit steht.[83]

Es stellt sich die Frage, inwieweit die für die schamanistische Jenseitsreise erforderliche Anwesenheit der einzelnen Gruppenmitglieder (s.o.) nunmehr auf ähnliche Weise symbolisiert wurde, wie bei den Samen unter den Bedingungen des Rentierhirtentums das Hineinwachsen des Neugeborenen in die menschliche Gemeinschaft zum Ausdruck gebracht wurde. Das geschah nach dem Sichtbarwerden der ersten Zähne mit Hilfe einer rituellen Eigentumsübertragung, der Zahngabe.[84] Da der samische

Schamane den Berichten zufolge sein Amt nur ausüben konnte, insofern er alle seine Zähne besaß[85], liegt die Vermutung nahe, daß im samischen Schamanismus *Zähne* die einzelnen Mitglieder der Gruppe symbolisiert haben könnten, während dies bei anderen zirkumpolaren Völkern in erster Linie durch Knochen bzw. die charakteristische Skelettdarstellung auf der Schamanentracht geschah.[86] Es erscheint somit problematisch, wie Bäckman[87] allein das Fehlen einer Schamanentracht bei den Samen als Beweis dafür anzuführen, daß der Schamane dort bereits im 17.Jh. seine Bedeutung als „religiöser Führer" verloren hätte und zu einem gewöhnlichen Wahrsager degradiert worden sei. Vielmehr ist zu berücksichtigen, daß eine durch das Skelettmotiv dargestellte Grundidee im Schamanismus bei den einzelnen Völkern in kultur- und situationsspezifisch unterschiedlicher Weise zum Ausdruck gebracht werden kann.

Mit dem Rentierhirtentum und den damit verbundenen Fruchtbarkeitskulten im Hinblick auf ein schnelles Anwachsen der Herde sowie auf günstige Weidebedingungen gewannen kosmische Gottheiten wie *Veralden-radien* zunehmend an Bedeutung. Die rituelle Kommunikation mit diesen erfolgte u.a. mit Hilfe von Schlachtopfern. Welche Rolle der Schamane bei diesen Opferhandlungen spielte, läßt sich nicht eindeutig klären. Auch wenn er in den Quellen häufig in diesem Zusammenhang erwähnt wird, so scheint es, daß die Beobachter nicht deutlich genug zwischen denjenigen unterschieden haben, denen die Durchführung verschiedener Zeremonien oblag. Denn es gibt Hinweise darauf, daß mehrere Personen mit jeweils unterschiedlichen Aufgabenbereichen daran beteiligt waren, von denen eine die Art des angemessenen Opfers zu erkunden hatte, während eine andere dieses schließlich vollzog.[88] Auf jeden Fall scheint die Durchführung von Schlachtopfern nicht an das Amt des Schamanen gebunden gewesen zu sein.

Überhaupt beschränkten sich die Jenseitsreisen des Schamanen bei den Samen offenbar auf die unterirdischen Welten, da es in den frühen Quellen keinerlei Hinweise auf Begegnungen mit Himmels- bzw. kosmischen Wesen gibt. Entsprechende Andeutungen finden sich lediglich in der neueren Erzähltradition.[89] Bäckman schließt daraus, daß die bei anderen zirkumpolaren Völkern allgemein verbreitete Vorstellung schamanischer Himmelsreisen ursprünglich ebenfalls bei den Samen vorhanden gewesen und dort schließlich im Laufe der Zeit verloren gegangen sein soll.[90] Wahrscheinlicher ist jedoch, daß die Vorstellung visionärer Himmelsreisen - wenn überhaupt - erst in späterer Zeit als zusätzliches Element Eingang in den Schamanismus der Samen gefunden hat. Denn obgleich unter den Samen die Vorstellung eines Weltpfeilers verbreitet war[91], so bleibt dieser in Verbindung mit schamanischen Jenseitsreisen unerwähnt. Zwar wird häufig die besondere Beziehung des Schamanen zu einem bestimmten Baum betont, der ihm entweder als Zufluchtsort[92] dient, oder dessen Holz er für den Bau seiner Trommel verwendet.[93] Jedoch die bei anderen Völkern so verbreitete Symbolik des Besteigen des Weltbaums[94] ist im schamanistischen Ritual der Samen unbekannt. Zusammenfassend läßt sich sagen, daß es zu einer weitgehenden Integration der beiden Vorstellungskomplexe, des Schamanismus und des Himmelsopfers, bei den Samen offenbar nicht gekommen war, so wie es in anderen agrarischen bzw. Hirtenkulturen - insbesondere Zentralasiens - festzustellen ist.[95]

Schlußbemerkung

Die Unzulänglichkeit generalisierender Erklärungen der Variation schamanistischer Vorstellungen bei den Samen als Kulturverlust und Degeneration aufgrund christlicher Einflüsse dürfte aus dem vorangehenden deutlich geworden sein. Um die Besonderheiten des samischen Schamanismus gegenüber dem anderer Völker zu verstehen, ist zweierlei zu berücksichtigen: Zwar standen den Samen aufgrund des jahrhundertelangen intensiven Kulturkontakts mit den Skandinaviern umfangreiche „alternative" Vorstellungspotentiale zur Verfügung, mit denen bei Bedarf das bestehende religiöse Sinnsystem verändert oder erweitert werden konnte, wie es die deutlichen Synkretismen aus eigenen und altnordischen sowie christlichen Elementen zeigen. Doch dürfte es zu diesen religiösen Erweiterungen oder Umorientierungen nicht ohne konkreten Anlaß gekommen sein. Maßgeblich hierfür scheinen bestimmte krisenhafte Entwicklungen gewesen zu sein sowie die erforderlich gewordene Modifikation bisheriger religiöser Konzepte unter den veränderten sozioökonomischen Bedingungen des Rentierhirtentums.

Anmerkungen

1 Hultkrantz 1979: 55
2 Hallström 1960; Gjessing 1932; Taavitsainen 1978
3 Siikala (1984) vermutet in den Felsbildern auf finnischem Gebiet die Darstellung von bestimmten „Herren der Tiere" oder Schamanen. Vgl. auch Simonsen 1982.

4 Manker 1938,1950
5 Auch die von Manker (1938,1950) verwendete Bezeichnung *Zaubertrommel* bezieht sich nur auf eine begrenzte und dabei noch nicht einmal typisch schamanische Art der Verwendung derselben und ist deshalb irreführend.
6 Jankovics 1984
7 Mebius 1968: 13
8 I. Fellman 1910-1915(1): 384ff.; Bergman 1891: 209ff.
9 Bäckman 1975: 42
10 Der unmittelbare Kontakt mit Samen dürfte sich auf Begegnungen bei Markttagen beschränkt haben, so etwa in Torneå im Jahre 1519. (vgl. Olaus Magnus 1555: 699)
11 Niurenius 1905: 22
12 Kunze 1971
13 in: Reuterskiöld 1910
14 Turi 1982
15 Kasten 1983: 123
16 Bäckman in: Bäckman/Hultkrantz 1978: 69
17 Nesheim 1970: 10; Kannisto 1958: 403ff.
18 Historia Norvegiae in: Storm 1880: 85; Lundius 1905: 5ff.; Thurenius 1910: 389ff.; Olsen 1910: 49; Kildal 1945: 137; Skanke 1945: 192,208ff.; Randulf 1903: 22,43
19 Skanke 1945: 207f.
20 Lundius 1905: 6; Kildal 1945: 137
21 Kildal 1945: 137
22 Olsen 1910: 43; Skanke 1945: 195
23 Thurenius 1910: 396
24 Skanke 1945: 208
25 Thurenius 1910: 396
26 vgl. Ränk 1949
27 Thurenius 1910: 396
28 Olsen 1910: 43
29 Olsen 1910: 43
30 Zu Vorstellungen einer spiegelverkehrten jenseitigen Welt bei den Samen siehe Lundius (1905: 6), sowie im übrigen Nordeurasien Harva (1938: 347ff.)
31 Olsen 1910: 45
32 Leem 1767: 447
33 Olsen 1910: 43
34 Historia Norvegiae in: Storm 1980: 86
35 Kildal 1945: 140; Olsen 1910: 44,48f.
36 Itkonen 1946: 146
37 Rheen 1897: 33f.; Olsen 1910: 44; Skanke 1945: 195
38 Lüderwaldt 1976
39 Lehtisalo 1937: 24ff.
40 Kildal 1945: 138
41 Olsen 1910: 44
42 Lundius 1905: 8; Olsen 1910: 44f.; Kildal 1945: 140; Skanke 1945: 195
43 Rheen 1897: 33

44 Olsen 1910: 45
45 Historia Norvegiae in: Storm 1880: 86
46 Skanke 1945: 195
47 Historia Norvegiae in: Storm 1880: 86
48 Kildal 1945: 140; Skanke 1945: 194ff.
49 Skanke 1945: 195
50 Kildal 1945: 140
51 Kildal 1945: 140
52 Skanke 1945: 195; Kildal 1945: 140; Rheen 1897: 33; Lundius 1905: 6
53 Historia Norvegiae in: Storm 1880: 86; Olsen 1910: 46
54 Kildal 1945: 139
55 Historia Norvegiae in: Storm 1880: 86
56 Olsen 1910: 46
57 Niurenius 1905: 21f.
58 Rheen 1897: 33
59 Tuderus 1905: 15; Thurenius 1910: 396
60 Kildal 1945: 140; Skanke 1945: 195; Olsen 1910: 45f.
61 Olsen 1910: 45; Kildal 1945: 140
62 Skanke 1945: 195
63 Olsen 1910: 45; Kildal 1945: 140
64 Olsen 1910: 46
65 Zur möglichen Teilnahme der Mitglieder der Gemeinschaft an der Jenseitsreise des Schamanen bei einem anderen zirkumpolaren Volk, den Nganasanen, siehe Kortt (1984: 298).
66 Ränk 1981: 24ff.
67 Ränk 1981: 26ff.
68 Ränk 1981: 64ff.
69 Serning 1956
70 Fjellström 1962: 243
71 Zachrisson 1984: 88
72 Fjellström 1962: 250
73 Zachrisson 1984: 88
74 Zachrisson 1984: 89
75 Zachrisson 1984: 96
76 J. Fellman 1906(2): 131
77 Kasten 1983
78 Kasten 1983: 59ff.
79 Paulson 1962: 83ff.; Rasmussen 1929: 123ff.
80 Zum damit verbundenen *Seite*-Kult siehe: Karsten (1955), Pettersson (1957), Ränk (1954) und Honko (1968).
81 Skanke 1945: 194
82 Skanke 1945: 192
83 Lundius 1905: 7; Olsen 1910: 51f.
84 Rheen 1897: 10; Tornaeus 1900: 44
85 Skanke 1945: 209
86 Rasmussen 1929: 114; Ksenofontov in: Friedrich/Buddruss 1955: 137; Kortt 1984: 298

87 Bäckman in: Bäckman/Hultkrantz 1978: 79
88 Skanke 1945: 202
89 J. Fellman 1906: 214
90 Bäckman in: Bäckman/Hultkrantz 1978: 81
91 Harva 1922: 16
92 Johansson 1975: 33; Lundmark 1982: 123
93 Lundius 1905: 8; Rheen 1897: 29
94 Harva 1938: 50; Karjalainen 1922: 42,264,318; Bogoras 1907: 331
95 vgl. Radloff 1884: 20; Czaplicka 1914: 191; Harva 1938: 483

Literatur

Bäckman, L. and Hultkrantz, Å.: Studies in Lapp Shamanism. Acta Universitatis Stockholmiensis/Stockholm Studies in Comparative Religion 16. Stockholm 1978
Bergman, E. W.: „Anteckningar om Lappmarken, särskilt med hänseende till kristendomens införande därstädes.“ In:(Svensk) Historisk Tidskrift, 1891, 11:209-233
Bogoras, V.: The Chukchee, Part 2: Religion. Memoirs of the American Museum of Natural History 7:2. New York 1907
Czaplicka, M. A.: Aboriginal Siberia. Oxford 1914
Fellman, I.: Handlingar och uppsatser angående Finska Lappmarken och Lapparna (1-4). Helsingfors 1910-1915
Fellman, J.: Anteckningar under min vistelse i Lappmarken (1-4). Helsingfors 1906
Fjellström, P.: Lapskt silver. Skrifter utgivna genom Landsmåls- och Folkminnesarkivet i Uppsala, Ser.C:3. Uppsala 1962
Friedrich, A. und G. Buddruss (Hrsg.): Schamanengeschichten aus Sibirien. München 1955
Gjessing, G.: Arktiske Helleristninger i Nord-Norge. Oslo 1932
Hallström, G.: Monumental Art of Northern Sweden from the Stone Age. Stockholm 1960
Harva, U.: Der Baum des Lebens. Helsinki 1922
ders.: „Die religiösen Vorstellungen der altaischen Völker.“ In: Folklore Fellows Communications (FFC) 125. Helsinki 1938
Honko, L.: „De finsk-ugriske folks religion.“ In: J.P. Asmundsen/J. Læssø (Hrsg.), Illustreret Religionshistorie Bd.1, København 1968
Hultkrantz, Å.: „Lapp Shamanism from a Comparative Point of View.“ In: Fenno-Ugrica Suecana 2:45-58, 1979
Itkonen, T. I.: Heidnische Religionen und später Aberglaube bei den finnischen Lappen. Helsinki 1946
Jankovics, M.: „Cosmic Models and Siberian Shaman drums.“ In: Mihály Hoppál (Hrsg.), Shamanism in Eurasia. Göttingen 1984
Johansson, C.: Fjällbygdens människor berättar: Anteckningar från nordöstra Norrbotten och Enontekiö. Luleå 1975
Kannisto, A.: Materialien zur Mythologie der Wogulen. JSFOu 113, 1958
Karjalainen, K. F.: Die Religion der Jugra-Völker (2). FFC 44, Helsinki 1944

Karsten, R.: The Religion of the Samek. Leiden 1955
Kasten, E.: Kulturwandel bei den Samen. Eine ethnohistorische Untersuchung zum Kulturkontakt in Schwedisch-Lappland. Berlin 1983
Kildal, J.: Afguderiets Dempelse. Nordnorske Samlingar 5. Oslo 1945
Kortt, I. R.: „The Shaman as Social Representative in the World Beyond." In: Mihály Hoppál (Hrsg.), Shamanism in Eurasia. Göttingen 1984
Kunze, E.: „Lappen oder Finnen in den deutschen Flugschriften des 30-jährigen Krieges?" In: Ural-Altaische Jahrbücher 43: 65-78, 1971
Leem, K.: Beskrivelse over Finnmarkens lapper, deras tungemaal, levemaade og forrige afguddyrkelse. København 1767
Lehtisalo, T.: „Beobachtungen über die Jodler." In: JSFOu 48.2:1-35, 1937
Lüderwaldt, A.: Joiken aus Norwegen. Studien zur Charakteristik und gesellschaftlichen Bedeutung des lappischen Gesanges. Übersee-Museum. Bremen 1976
Lundius, N.: „Descriptio Lapponiae. Förhållendena i Ume Lappmark." In: Svenska Landsmål 17.5, 1905
Lundmark, B.: Baei'vi mánno nástit. Sol- och månkult samt astrala och celesta föreställningar bland samerna. Acta Bothniensia Occidentalis. Skrifter i Västerbottnisk Kulturhistoria 5. Umeå 1982
Manker, E.: Die Lappische Zaubertrommel (1). Die Trommel als Denkmal materieller Kultur. Acta Lapponica 1. Stockholm 1938
ders.: Die Lappische Zaubertrommel (2). Die Trommel als Urkunde geistigen Lebens. Acta Lapponica 6. Stockholm 1950
Mebius, H.: Värro. Studier i samernas förkristna offerriter. Skrifter utgivna av Religionshistoriska Institutionen i Uppsala 5. Uppsala 1968
Nesheim, A.: Samisk trolldom. Kulturhistorisk Leksikon for Nordisk Middelalder 15, 1970
Niurenius, O. P.: „Lappland eller beskrivning över den nordiska trakt, som lapperne bebo i de avlägsnaste delarne av Skandien eller Sverige." In: Svenska Landsmål 17.4, 1905
Olaus M.: Historia de gentibus septentrionalibus. Rom 1555
Olsen, I.: „Om Lappernas Vildfarelser och Overtro." In: J.K. Qvigstad (Hrsg.) 1910, Kildeskrifter till den lappiske mytologi (2). Det Kgl. Norske Videnskabers Selskabs Skrifter. Trondheim 1910
Paulson, I.: „Die Religionen der nordasiatischen (sibirischen) Völker." In: Ivar Paulson/ Åke Hultkrantz/Karl Jettmar, Die Religionen Nordeurasiens und der amerikanischen Arktis. Stuttgart 1962
Pettersson, O.: Jabmek and Jabmeaimo. A Comparative Study of the Dead and the Realm of the Dead in Lappish Religion. Lunds Universitets Årsskrift N.F. Avd.1 Bd. 52, No. 6, Lund 1957
Qvigstad, J. K.(Hrsg.): Kildeskrifter till den lappiske mytologi (1). Det Kgl. Norske Videnskabers Selskabs Skrifter. Trondheim 1903
ders.: Kildeskrifter till den lappiske mytologi (2). Det Kgl. Norske Videnskabers Selskabs Skrifter. Trondheim 1910
Radloff, W.: Aus Sibirien. 2 Bde. Leipzig 1884
Randulf, J.: „Relation Anlangende Find-Lappernis [...]." In: J.K. Qvigstad (Hrsg.) 1903, Kildeskrifter till den lappiske mytologi (1). Det Kgl. Norske Videnskabers Selskabs Skrifter. Trondheim 1903

Ränk, G.: Zum Problem des Sippenkults bei den Lappen. Archiv für Völkerkunde Bd.9. Wien 1954
ders.: Die heilige Hinterecke im Hauskult der Völker Nordosteuropas und Nordasiens. FFC 137, 1949
ders.: Der mystische Ruto in der samischen Mythologie. Eine religionshistorische Untersuchung. Acta Universitatis Stockholmiensis/Stockholm Studies in Comparative Religion 21. Stockholm 1981
Rasmussen, K.: Intellectual Culture of the Iglulik Eskimos. Report of the 5th Thule Expedition 7.1. Copenhagen 1929
Reuterskiöld, E. (Hrsg.): Källskrifter till lappernas mytologi. Bidrag till vår odlings häfder 10. Stockholm 1910
Rheen, S.: „En kortt Relation om Lapparnes Lefwarne och Sedher, wijdskiepellsser, sampt i många Stycken Grofwe wildfarellsser.“ In: Svenska Landsmål 17.1, 1897
Serning, I.: Lapska offerplatsfynd från järnålder och medeltid i de Svenska Lappmarkerna, Acta Lapponica 11. Nordiska Museet. Stockholm 1956
Siikala, A.-L.: „Finnish Rock Art: Animal Ceremonialism and Shamanic Wordview.“ In : Mihály Hoppál (Hrsg.), Shamanism in Eurasia. Göttingen 1984
Simonsen, P.: The Rock Art of the Huntsmen in Troms. In: Åke Hultkrantz/Ørnulf Vorren (Hrsg.), The Hunters: Their Culture and Way of Life. Tromsø 1982
Skanke, H.: Epitomes historiae missionis lapponicae. Pars Prima. Nordnorske Samlingar 5.2, 1945
Storm, G. (Hrsg.): Monumenta Historica Norvegiae. Christiania 1880
Taavitsainen, J.P.: Hällmålningarna: En ny synvinkel på Finlands förhistoria. Suomen antropologi/Antropologi i Finland 4. Helsinki 1978
Tornaeus, J.: „Berättelse om Lappmarkerna och deras Tillstånd.“ In: Svenska Landsmål 17.3, 1900
Thurenius, P.: „En kort berättelse om the widskeppelser som uthi Åhrsilla lapmark ännu äro i bruk.“ In: I. Fellman 1910-1915, Handlingar och uppsatser angående Finska Lappmarken och Lapparna, Bd. 1. Helsingfors 1910
Tuderus, G.: En kort underättelse om the Österbothniske Lappar som under Kiemi Gebiet lyda. In: Svenska Landsmål 17.6, 1905
Turi, J.: Erzählung von dem Leben der Lappen. Helsinki/Stuttgart 1982
Zachrisson, I.: De samiska metalldepåerna år 1000-1350. Archaeology and Environment 3, University of Umeå. Umeå 1984

Michael Oppitz

Die magische Trommel rẽ

für Mireille Helffer

Auf den nachfolgenden Seiten möchte ich eine magische Trommel namens *rẽ* vorstellen. Dieser Trommeltyp ist auf einem verhältnismäßig kleinen Raum im nepalesischen Himalaya zu Hause. Epizentrum seiner Verbreitung ist das Wohngebiet der Nördlichen Magar, einer Population im Südwesten des Dhaulagiri-Massivs. Als verbindende Merkmale dieser ansonsten kaum als einheitliche Ethnie anzusprechenden Bevölkerung können geltend gemacht werden: eine gemeinsame Sprache, nämlich Kham, weshalb man mitunter die Leute, die sie sprechen, von außen als „*Kham Magar*" bezeichnet; ein einheitliches Allianzsystem (vom Typ der matrilateralen Kreuzkusinen-Heirat); und gemeinsame religiöse Praktiken, die selbst nach strengen, das heißt sibirischen Maßstäben als schamanistisch zu kennzeichnen sind. Die Offizianten dieser lokalen Religion - die Schamanen der Nördlichen Magar - haben eine einheitliche Berufskleidung und einheitliche Paraphernalien, von denen das wichtigste die magische Trommel *rẽ* ist. Sie ist ihr eigentliches professionelles Markenzeichen.

Im ersten Teil der Betrachtung soll die Schamanentrommel *rẽ* nach ihren äußeren Merkmalen beschrieben werden: ihren morphologischen Eigenheiten, ihren verschiedenen Bestandteilen, deren Materialien und Namen, ihren Maßen. Daraus ergibt sich ihre typologische Bestimmung. Ist sie als Typus einmal umrissen, so kann die Trommel *rẽ* mit anderen Trommeltypen verglichen werden: mit anderen Arten von Trommeln innerhalb ein- und derselben Kultur, also auf innerdörflichem Niveau; mit anderen Schamanentrommeln des Himalaya, also auf interethnischem und überregionalem Niveau; und mit Trommeln aus den entfernten Gebieten des klassischen Schamanismus in Nordasien. Bei diesen gestuften Vergleichen wird sich die *rẽ*-Trommel eines ums andere Mal als vollkommen eigenständig behaupten: vor den anderen Trommelarten des Dorfes, sowohl in Gestalt wie in ihren genau umrissenen Funktionen; vor den anderen Schamanentrommeln des Himalaya als einem von zwei elementaren und untereinander grundverschiedenen Typen; und vor den „sibirischen" Schamanentrommeln als einer einmaligen Unterkategorie eines gemeinsamen Typs. Dies nimmt bereits ein Resultat der morphologischen Untersuchung vorweg: die himalayische Schamanentrommel vom Typ *rẽ* ist mit den tausende von Kilometern entfernten Schamanentrommeln Nordasiens verwandter als mit den Trommeln der magischen Heiler oder *jhãkri* des restlichen Himalaya.

In dem an die typologische Untersuchung anschließenden Teil werde ich das Schicksal einer *rẽ*-Trommel durch die Zeit verfolgen, ihren Lebenslauf sozusagen: ihr Vorleben in den Visionen ihres künftigen Besitzers, die Phasen ihrer Herstellung, ihre Konsekration, ihre Reparatur und ihre Zerstörung nach dem Tod des Halters. Dieser zweite Teil wird seinen Stoff aus meinen eigenen ethnographischen Beobachtungen beziehen. Diese wiederum können verglichen werden mit den mythischen Anweisungen und Deskriptionen der einheimischen Ursprungsgeschichten zur Entstehung der ersten Trommel.

Der dritte und abschließende Teil wendet sich einigen der zahlreichen Funktionen der Schamanentrommel *rẽ* im Rahmen der religiösen und sozialen Praxis der Magar zu: ihrer Funktion als Begleitinstrument in Versen vorgetragener Mythen; als Begleitinstrument schamanischer Tänze; der Trommel als eines Mittels, helfende Geister herbeizurufen; negative Kräfte dagegen zu vertreiben, sie festzunageln und ihre Angriffe abzuwehren; der Trommel als eines Vehikels ritueller Reisen und als eines Mittels der Ekstase; als einer Projektionsleinwand kosmologischer Vorstellungen; als eines Divinationsinstruments und Spiegels vergangener und künftiger Ereignisse. An der Beschreibung solcher Funktionen läßt sich die metaphysische Kraft der Schamanentrommel *rẽ* ablesen. Für diejenigen, die sie bauen und spielen, ist sie eben nicht nur ein Musikinstrument, ein Membranophon und Perkussionsinstrument, vielmehr ist sie ein mächtiges transzendentales Medium, um mit den übernatürlichen Kräften in Kontakt zu treten, sie je nach deren Vorzeichen zu Hilfeleistungen zu animieren oder sie auszuschalten. Kurz, zugunsten normaler sterblicher Wirkungen zu erzielen, die diese aus eigener Kraft niemals hervorrufen könnten. Erst unter Berücksichtigung dieser magischen und religiösen Dimensionen der Schamanentrommel ist es möglich, ihr in einer museographischen Bestandsaufnahme gerecht zu werden. Die Anregung, den vorliegenden Artikel zu schreiben, geht auf Drängen von Mireille Helffer zurück, die bereits vor Jahren den außergewöhnlichen Charakter der *rẽ*-Trommel erahnte. Die Vermutungen dieser Kennerin himalayischer Musik und ihrer Instrumente haben sich mehr als bestätigt: Ihr sei daher die nachstehende Arbeit gewidmet.

Namen der Trommel

In Kham, der Muttersprache der Nördlichen Magar, bezeichnet das Wort *rẽ* die einseitig bespannte Rahmentrommel der Schamanen. Dieses Wort findet sich wieder in der Sprache der zentralnepalischen Chepang; dort heißt die - ebenfalls einseitig bespannte - Rahmentrommel der örtlichen Heiler *ring*. Neben *rẽ* hört man auch den binominalen Terminus *rẽgor*. Er steht im eigentlichen Sinn nur für den „Rahmen der Trommel", bezeichnet doch der zweite Bestandteil *-gor*, der wiederum mit dem Tibetanischen *khor* = „Kreis", „Umkreis", „Rund", „Reifen" verwandt ist, einen „Kreis" oder „kreisförmigen Rahmen". Als „Trommelrahmen" vertritt *rẽgor* jedoch bisweilen die Trommel als Ganzes.

Sowohl in der Umgangssprache wie in der rituellen Sprache der mythischen Gesänge ist neben *rẽ* und *rẽgor* bei den Magar ein anderes Wort zur Bezeichnung der schamanischen Trommel geläufig, das in ganz Nepal verbreitete *dḥyāngro*, und zwar in den Varianten *dhãgori*, *dhãgorio*, *dãngora* und *dãkura*. Im Nepali gibt es den lautmalerischen Ausdruck *dḥyāng*, der einen „explosiven Klang" reproduziert und bezeichnet, einen „Perkussionslaut", und es liegt nahe, diesen mit dem Namen der Trommel etymologisch zu verknüpfen. Zugleich ist es verlockend, die Ableitung des Wortes *dḥyāngro* in einen größeren Rahmen zu stellen und es mit den in Sibirien und der Mongolei verbreiteten Termini wie *Tüngür, düngür, Důnůr*, etc. für „Schamanen-Trommel" in Verbindung zu bringen. Es wird sich zeigen, daß dies gerade bezüglich der Trommel vom Typ *rẽ* schon aus rein morphologischen Gesichtspunkten sinnvoll wäre.

Bestandteile der Trommel und ihre Materialien

Die Schamanentrommel *rẽ, rẽgor* oder *dhãgoro* setzt sich aus einer Reihe genau benannter Elemente zusammen, die aus Werkstoffen gefertigt sind, welche von der mythischen Überlieferung vorgeschrieben werden. Es sind folgende Bestandteile und Materialien:

- ein Rahmen oder *rẽgor*; gefertigt aus der gebogenen Holzlatte einer Stacheleiche oder „prickly leafed oak", kham: *gui* oder *guipāl*. Aufgrund des Werkholzes wird der Rahmen auch als *guipāl rẽgor* angesprochen. In der oralen Tradition begegnet man neben diesem Ausdruck mitunter auch der Bezeichnung *sāndhan rẽgor*. Dabei könnte das Beiwort *sāndhan* durchaus eine Materialangabe beinhalten; in der

Schreibung *sãdan* bedeutet es nämlich im Nepali „Sandelholz"; und genau aus diesem Werkholz werden im tibetischen Himalaya bekanntlich Trommeln hergestellt.[1] Da bei den Magar heutzutage die Rahmen schamanischer Trommeln einzig aus der Stacheleiche geschnitten werden, ist die Erwähnung von Sandelholz bestenfalls die sprachliche Reminiszenz an ein vielleicht früher einmal verwendetes Material.[2] Daneben erwähnt die mündliche Überlieferung der schamanischen Gesänge an einer Stelle eine Trommel aus Kupfer, *tāmbãe dhãgoro*. Tatsächlich habe ich in einem der khamsprachigen Magardörfer im Flußtal des Uttar Ganga, in Rangsi, selbst einen Schamanen praktizieren sehen, der sich einer Trommel bediente, deren Rahmen aus Kupfer war. Dieses Instrument gilt als Rarität. In der besagten Gegend waren vor etwa hundert Jahren für eine gewisse Zeitspanne einige Kupferminen eröffnet worden. Es handelt sich bei den kupfernen Schamanentrommeln deshalb wohl um eine passagère Angelegenheit;

- eine Membran oder *syelo* (*sye* = „Tier" und *lo* = „Matte", also „Tiermatte" = „Tierfell"), die aus dem Fell der himalayischen Wildziege *ghoral* (Nemorhaedus goral), auf Kham: *sahr*, gefertigt ist;
- eine Anzahl von Lederschnüren, *tānā*, welche die Membran über den Rahmen spannen. (Das Wort *tānā* bedeutet: „Webstuhl", „Häuserzeile", „Schnur", „Beziehungen".) Diese Lederschnüre sind aus Rindsleder zurechtgeschnitten;
- eine Anzahl eingebrannter Löcher, *ḍulo*, nahe der offenen Rimme des Rahmens, durch welche die Lederschnüre zum Spannen der Membran strammgezogen werden;
- ein Zargenreifen, *yel*, aus dehnbarer Flechse oder Sehne, der den Rahmen am Fellrand umspannt und das Verrutschen der Lederschnüre auf der Zarge verhindern soll;
- einige Nietnägel, *killi*, sowie einige rechteckige Nietplatten aus Eisen, *ṭās*, welche, in Querreihen gehämmert, die zugeschürfte Überblattung der gebogenen Rahmenlatte an den beiden Blattenden zusammenhalten;
- zwei überkreuzte Bambusgriffe, *hāṭāsso*, die in Form eines steilen X an kurzen Eisenketten lose im Innern des Trommelrahmens hängen;
- vier zwei- oder dreigliedrige Eisenketten, *sāngal*, welche die durchlöcherten Enden der Bambusgriffe mit dem Rahmen verbinden;
- ein aus *māke*-Holz geschnittener Trommelstock, *gajā*, der wegen seines Materials in der Mythologie auch als *māke dabli*, als „Holzlöffel aus *māke*-Holz" angesprochen wird.

Zu den genannten Grundbestandteilen der Trommel läßt sich noch ein länglicher Flechtkorb aus Bambus mit Deckel, *pẽ*, hinzufügen, in dem das Instrument zusammen mit anderem schamanischen Zubehör verstaut und aufbewahrt wird; sowie eine Hanftasche mit Tragriemen, *zaĩ*, in welcher der ganze Paraphernalienkasten von einem Gehilfen, verhüllt mit einer wollenen Decke, vom Haus des Schamanen zum Ort der Séance transportiert wird. Die Schamanentrommel der Magar ist also, wenn nicht gerade in Aktion, den Blicken der Menschen entzogen, ganz im Gegensatz zu entsprechenden Trommeln in anderen Gebieten des Himalaya, wo sie bei Bedarf ostentativ und unbedeckt ins Haus der Séance getragen werden. Außer Betrieb hängen sie im Haus ihrer Besitzer offen an einer Aufhängeschnur an der Wand. Die *rẽ*-Trommel entbehrt eines solchen Aufhängers; entweder hat sie der praktizierende Schamane in der Hand, oder sie ruht im Paraphernalienkasten.

Einem jeden konstitutiven Element der Trommel ist ein eigener mythischer Gesang gewidmet, der von der urzeitlichen Suche nach dem jeweils angemessenen Werkmaterial und dessen korrekter Verarbeitung berichtet. Dies bedeutet: ein jedes Bestandteil der Trommel hat seinen eigenen Ursprungsmythos. So gibt es ein „Lied des Trommelrahmens", *rẽgor kheti*, ein „Lied der Eisennieten", *ṭãs kheti*, ein Lied der urzeitlichen „Trommelfellsuche", *syelo khimne kheti*, ein Lied von der „Suche nach den Zargenreifen", *yel khimne kheti*, und ein „Lied des ersten Bieres", *chokorā kheti*, mit dem die fertige Trommel konsekriert wird. (In meinen Tonbandaufzeichnungen fehlten ein Lied vom Ursprung der Trommelgriffe und eines der Eisenketten im Innern der Trommel; am Ort meiner ethnographischen Erhebungen war die Erinnerung daran verblaßt.)

Die mythischen Gesänge vom Ursprung der einzelnen Trommelelemente werden pauschal unter dem Namen *dhāgori murine kheti* geführt, „Lieder vom Bespannen der Trommel mit Fell". Es ist genau dieser Anlaß, der Tag der Bespannung einer neuen oder reparaturbedürftigen Trommel, an dem sie nacheinander von einem erfahrenen Sänger und Meisterschamanen vorgetragen werden. In ihrer Länge variieren die mythischen Gesänge zu den einzelnen Bestandteilen der Trommel zwischen ca. dreißig und hundert Verszeilen. Gemessen an den großen Schöpfungsmythen zum Ursprung der Welt, der Naturerscheinungen und der gesellschaftlichen Institutionen, sind sie auffallend kurz (ca. 10%). Ihre Funktion ist weniger, eine intrigenreiche Geschichte zu erzählen, als Anweisung für die rechte Herstellung einer jeden Trommel zu geben. Es sind Anweisungsgesänge. Sie besingen den vorzeitlichen Prototyp aller Trommeln und erheben ihn zum Modell. In ihrem metrischen Aufbau und in ihrem musikalischen Vortrag sind die Auxialiargesänge zur urzeitlichen Fabrikation der Trommel indessen mit den narrativ reichhaltigen Schöpfungsmythen identisch.

Die Formen und Maße der *rẽ*-Trommeln variieren. An Formen gibt es approximativ drei Typen: „runde“, „ovale“ und „herzförmige“ (das heißt runde, die an einer Stelle spitz zulaufen), s. Abb. 1. Die jeweilige Form einer Trommel ergibt sich weniger aus der Absicht eines Entwurfs, als aus der Beschaffenheit des Werkholzes und den Zufällen beim Biegen der Rahmenlatte. Die unterschiedlichen Formen gelten als gleichwertig, auch wenn ich eine gewisse ästhetische Bevorzugung der Herzform habe feststellen können.

Die Maße der Trommeln bewegen sich zwischen 35 cm und 50 cm Höhe, zwischen 30 cm und 45 cm Breite und zwischen 105 cm und 150 cm Umfang des Rahmens. Die hier abgebildete *rẽ*-Trommel hat folgende Maße: Höhe: 38 cm; Breite: 34 cm; Kreisumfang: 115 cm; Tiefe des Rahmens: 10 cm; Dicke des Rahmens: 0,7 cm; Länge der Überblattung: 24 cm; Größe der rechteckigen Nietenplatten an den Überblattungen: 2 x 1,5 cm; Länge des Zargenreifens: 115 cm; Dicke des Zargenreifens: 1-2 cm; Breite der Lederschnüre: 0,3 cm; Durchmesser der Rahmenlöcher: 0,7 cm; Länge der Bambusgriffe: 28 cm; Durchmesser der Eisenringe 2-4 cm; Durchmesser der Ösen: 1 cm; Länge des Trommelstocks: 40 cm; Länge des Trommelstockgriffs: 13 cm. Bringt man die vorangegangenen Bemerkungen zu den äußeren Merkmalen der *rẽ*-Trommel auf einen Nenner, so läßt sie sich unter Berücksichtigung der typologischen Kriterien Mankers[3], auf folgende Weise charakterisieren: Die himalayische Schamanentrommel *rẽ* ist eine einseitig bespannte Rahmentrommel vom Untertyp der überblatteten Spantrommel mit einer einzelnen Hauptmembran auf der Oberseite, ohne Boden und mit zwei in Form eines steilen X überkreuzten, lose im Innern des Rahmens hängenden Griffen. Die Rahmenlatte ist aus Eichenholz, die Membran aus der Haut einer Wildziege, die Verschnürungen sind aus Rindsleder, die Griffe aus Bambus und die Vernietungen und Ketten aus Eisen.

Die *rẽ*-Trommel im Vergleich

Neben der schamanischen Trommel *rẽ* gibt es in den Dörfern der Nördlichen Magar noch zwei weitere Arten von Trommeln, die *dāmāye* und die *mādal*. Beides sind nicht-schamanische Membranonophone. Alle drei unterscheiden sich voneinander in jederlei Hinsicht: im Material, im Bau, im Klang, in den Anlässen ihres Spiels, in ihren Funktionen und in der gesellschaftlichen Position ihrer Spieler.

Hat die einseitig bespannte Schamanentrommel *rẽ* einen verhältnismäßig flachen, aus einer Latte zu einem Kreis gebogenen Holzrahmen, so besteht die zweiseitig bespannte *mādal* aus einem etwa 40 cm langen Holzzylinder mit Durchmessern von ca. 15 cm an beiden Enden. Der Hohlraum des Zylinders ist an beiden Kreisöffnungen mit einer Tiermembran überzogen. Der Körper der *dāmāye* ist dagegen ein kupferner Kessel, der sich nach oben hin in fast halbkugelförmiger Wölbung weitet. Am Boden beträgt der Durchmesser des Trommelkessels etwa 10 cm, am oberen Rand, über den die Membran gespannt wird, etwa 35 cm, während sich die Höhe des Kessels auf ca. 30 cm beläuft.

Wird die Rahmentrommel *rẽ* mit einem einzigen, fast geraden Trommelstock aus Holz meist in vertikaler Position angeschlagen, so verwendet man für das Spiel der Kesseltrommel *dāmāya*, je nach Weise, einen oder zwei an den Enden leicht gebogene Stöcke, die von oben nach unten auf die Membran schlagen. Beim Spiel mit festem Standort hockt der Musikant vor dem auf den Boden gestellten Instrument, bei ambulantem Spiel trägt er es nach Art eines marschierenden Tambouren an einem Tragehalter vor sich her. Die Zylindertrommel *mādal* wird stets beidseitig mit den bloßen Fingern bespielt, wobei der Zylinder in waagerechter Position in Hüfthöhe an einer Trage vor dem Spieler hängt. Das Spiel auf der Rahmentrommel *rẽ* ist den berufenen Schamanen oder *rammā* vorbehalten, und zwar während der großen Heilungsséancen und bei Initiationen für angehende Heiler; die Kesseltrommel *dāmāye* ist ein Kasteninstrument: nur Angehörigen der hinduistischen Musikanten- und Schneiderkaste der *dāmāi*, nach denen sie ihren Namen hat, ist ihre Benutzung gestattet; die Zylindertrommel *mādal* kann von jeder beliebigen Person gespielt werden.

Stellt der Klang der Schamanentrommel einen Kontakt mit der Welt der Übernatürlichen her, so ist das Spiel auf der *mādal* ganz und gar diesseitig: sie begleitet Volkslieder und -tänze an kalendarischen Festen; sie ist des

Nachts in abgelegenen oder leerstehenden Häusern zu hören, wo sich Jugendliche beiderlei Geschlechts zu erotisch gefärbten Rendezvous zusammenfinden; sie begleitet das Liebeslied; und sie ist das Instrument der Tanzbünde, die zwischen gleichgeschlechtlichen und gleichaltrigen Jugendlichen geschlossen werden und das ganze Leben hindurch bestehen bleiben. Die *mãdal* verhilft einem individuellen Lebensgefühl zum Ausdruck, und sie ist das Vergnügungsinstrument par excellence.

Die Trommel der Schneider wiederum, die *dāmãye*, markiert einschneidende Übergänge im Leben: vom ledigen in den verheirateten Stand, vom Leben in den Tod und von der wohnhaften in die nomadisierende Phase der jahreszeitlichen Veränderungen. Sie ist das Musikinstrument der Hochzeiten, der Begräbnisse und des Fortgangs der Transhumanten mit den Schafherden. Auf der *dāmãye* ertönt ein *son de passage*. Ist die Rahmentrommel *rë* auf schamanische Funktionen und Anlässe begrenzt, so haben auch die Kesseltrommel, *dāmãya*, und die Zylindertrommel, *mãdal*, jeweils fest umrissene Funktionsfelder. Überschneidungen sind ausgeschlossen. Die beiden nicht-schamanischen, in den Magardörfern verwendeten Trommeln sind im übrigen pan-nepalische Instrumente. Dies läßt sich nicht von der *rẽ*-Trommel sagen. Ihr Verbreitungsgebiet ist weitaus eingeschränkter. Grob gesagt, beschreibt es einen Halbkreis von ca. 90 km in westlicher, südlicher und östlicher Ausdehnung um das Dhaulagiri-Massiv. Außer in den khamsprachigen Magardörfern, die sich weitgehend auf die Täler des Uttar Ganga, des Pelma-, Sisne-, Lukum-, Thabang- und Uwa-Khola verteilen, findet sich der Typus der *rẽ*-Trommel des weiteren bei der aus Magar und Kami gemischten Bevölkerung des Bhuji- und Nishi-Khola im Süden, bei den Chantel des Ath Hajar Parbat unmittelbar südlich des Dhaulagiri und in einigen Kami-Dörfern des Jajarkot-Distriktes im Westen. Varianten des gleiches Typs werden auch von den *pujyu* verwendet, einer Kategorie von Geistermedien der Gurung südöstlich des Dhaula-Massivs. Selbst die Trommeln der *pande* und der *drom*, Geistermedien respektive der Chepang, wohnhaft in der Mahabharat-Range, und der Thakali, wohnhaft im Gebiet des Kali Gandaki, können noch als entfernte Verwandte der *rẽ*-Trommel klassifiziert werden - die eine aufgrund ihres ähnlichen Rahmens, die andere aufgrund der steil überkreuzten Griffe im Innern und beide als einseitig bespannte Rahmentrommeln.

Damit aber ist das Feld direkter und indirekter typologischer Ähnlichkeiten vollkommen abgesteckt. Wo immer sonst im nepalischen Himalaya religiöse Praktiken mit schamanistischer Prägung registriert werden mögen, bedienen sich ihre Ausübenden, wenn sie trommeln, eines zweiten elementaren Typs: der *rnga*-Trommel der *jhākri* (überregionaler Ausdruck für schamanische Offizianten). Dieser zweite Grundtyp von himalayischer Schamanentrommel hat, von lokalen Abweichungen abgesehen, folgende verbindliche Kennzeichen: Es handelt sich statt um eine einseitig, um eine zweiseitig mit Tierhaut bespannte Rahmentrommel, deren Rahmen eine Kreisform beschreibt. Da sie an keiner der Seiten offen ist, befindet sich ihr Haltegriff nicht im Innern des Rahmens, sondern an seiner unteren Außenseite. Der Griff steht senkrecht vom Rahmen ab und endet in einer spitzen, dreiseitigen Pyramide. In den meisten Fällen hat dieser geschnitzte Griff das Aussehen eines *phurbu*, eines tibetischen Zauberdolches. Diese Trommel wird in der Regel mit einem Bambusstock angeschlagen, der S-förmig gebogen ist, (statt mit einem geraden Holzschlegel wie die *rẽ*). Die beiden Grundtypen himalayischer Schamanentrommeln sind also organologisch/morphologisch diametral entgegengesetzt.

Wenn ich den zweiten Typ als *rnga*-Trommel kennzeichne, so deshalb, weil in ihrer Gestalt eine unleugbare Verwandtschaft zur tibetischen *rnga*-Trommel erkennbar ist. Diese ebenfalls zweiseitig bespannte und mit einem vertikalen Außengriff aus Holz versehene Rahmentrommel genießt im buddhistischen Tibet und den lamaisierten Nachbarländern eine immense Verbreitung mit einer vielfältigen, die Grenzen einzelner religiöser Richtungen überschreitenden Verwendung. Sie ist ein vorrangiges Schlaginstrument bei buddhistischen Tempelzeremonien; bei Cham-Tänzen und Theateraufführungen; und sie ist für tibetische Geistermedien *dpa' bo* und *lhapa* ein unabkömmliches Utensil bei ekstatischen Sitzungen.[4]

Als auffälligste Unterschiede zwischen der *rnga*-Trommel des buddhistischen Tibet und der *jhākri*-Trommel des zentralen östlichen Nepal seien genannt: der Rahmen der tibetischen *rnga* ist an der Außenfläche meist leicht gewölbt und bisweilen mit Lack bemalt, während dies bei den *jhākri*-Trommeln ähnlicher Bauart nicht der Fall ist; diese sind roher; die tibetische *rnga* ist in der Regel größer als die entsprechende Schamanentrommel, zum Teil wohl deshalb weil sie in geringerem Maße ambulant eingesetzt wird; ihr Haltegriff ist länger und repräsentiert gewöhnlich eine stilisierte Lotusblume, während die typenverwandte *jhākri*-Trommel einen Ritualdolch wiedergibt, das heißt, einem Griff mit friedfertiger steht ein Griff mit streitbarer Intention und Symbolik gegenüber. Gleichwohl gehören beide Arten von Rahmentrommeln mit doppelseitiger Membranhaut zu einem gemeinsamen Ensemble von Varianten. Diese Feststellung behält sich jedes Urteil darüber vor, welche aus welcher hervorgegangen sein könnte.

Die *jhākri*-Trommel vom *rnga*-ähnlichen Typ ist in Nepal bei folgenden schamanischen Spezialisten und den entsprechenden Populationen anzutreffen: bei den *bombo* der westlichen und östlichen Tamang; den *bomba* der Thami; den *puimbo* der Sunwar; den *yumā* der Limbu; den *bijuwā* oder *mangpa* der verschiedenen Rai-Gruppen; und den *dhāmi* der Kamikaste im Osten des Landes.

Bis hierher läßt sich festhalten, daß die Ausführenden unterschiedlicher schamanischer Praktiken im Himalaya sich zweier grundlegend verschiedenen Trommeltypen bedienen, von denen der eine, östliche Typ, eine Formen-Verwandtschaft zur *rnga*-Trommel der tibetischen Kultur unterhält. Mit Fug läßt sich fragen, ob nicht auch für den zweiten, westlichen Typ ein entsprechender formenmäßiger Verwandter zu finden sei.

Die Antwort klingt stattlich: Eine gestaltmäßige Entsprechung zur westnepalischen *rẽ* bilden die Schamanen-Trommeln Nordasiens. Um vor Mißverständnissen zu schützen, bedarf diese allgemeine Aussage einiger Spezifizierungen. Es liegt auf der Hand, daß in einem so unermeßlichen Raum wie dem des klassischen „sibirischen" Schamanismus, der von Lappland bis zur Behringstraße und vom nördlichen Eismeer bis zu den zentralasiatischen Wüsten reicht, eine strenge Einheitlichkeit unter den Schamanentrommeln nicht zu erwarten sein kann. Dennoch gibt es, von einigen geringfügigen Ausnahmen abgesehen, für dieses transkontinentale Areal gemeinsame Merkmale von grundlegender Bedeutung: Die Schamanentrommeln Nordeurasiens sind einseitig bespannte Rahmentrommeln mit einem im Innern des Rahmens installierten Griff - genau wie die *rẽ* der Magar. Ausnahmen hinsichtlich des zweiten Teils dieser Feststellung (die Griffe betreffend) sind: die Schamanentrommel der Chukchen vom nordöstlichen Zipfel Asiens ist mit einem kurzen Stielgriff versehen, der, an der Außenseite des Rahmens angebracht, senkrecht von ihm absteht. Diese Trommel ist mit jener der Eskimos nachweislich verwandt. Beide ähneln am ehesten der „Halbtrommel", *phyed-rnga*, der tibetischen Bonpo. Unter Berufung auf Geschichten aus der Folklore wird angenommen, daß sich die „Halbtrommel" der Bonpo aus der vertikalen Halbierung der doppelseitigen tibetischen *rnga* ergeben habe.[5] Auch vereinzelte Exemplare mongolischer und mandschurischer Schamanentrommeln weisen Griffe auf, die außen am Rahmen angebracht sind. Griffe wie Rahmenreifen sind hier vorzugsweise aus Eisen.[6]

Bei der überwältigenden Mehrzahl der „sibirischen" Schamanentrommeln jedoch sind die Griffe im Innern des Rahmens angebracht. Zwei Prinzipien der Griffinstallierung mit jeweils zahlreichen Varianten lassen sich voneinander unterscheiden: fest im Rahmen sitzende Griffe mit harten Werkmaterialien (Holz, Eisen, Horn) und lose im Trommelinnern hängende Griffe mit einer Kombination aus harten und elastischen Materialien (Holz, Eisen und Leder, Rinde, Nesselfasern). Ich erwähne die augenfälligsten Varianten beider Arten, um an ihnen die Originalität der *rẽ*-Lösung zu ermessen.

An Trommelgriffen, die fest im Innern des Holzrahmens installiert sind, lassen sich folgende Varianten konstatieren:

- ein einfacher, ungeglätteter Holzstab als fester Vertikalgriff (bei den Lappen);
- ein einfacher, ornamentierter Vertikalstab mit indentiertem Haltegriff in der Mitte (Shor);
- ein einfacher, unbearbeiteter Vertikalstab aus Holz mit einer eisernen Querstange (Lappen, Tuwa, Soyoten, Teleuten);
- ein einfacher Vertikalstab mit zwei oder mehreren eisernen Querstangen (Selkupen, Keten);
- ein bearbeiteter Vertikalstab aus Holz mit indentiertem Haltegriff und einer gewölbten Querstange aus Eisen (Katchinzen);
- zwei unbearbeitete, im rechten Winkel überkreuzte Holzstäbe (Khalkha);
- ein breiter, ornamentierter Vertikalstab mit rechteckig ausgeschnittenen Griffschlitzen und einem einfachen Querholz, bestehend aus zwei Einzelstücken als Spannholz (Lappen);
- ein ornamentierter Vertikalstab mit indentiertem Haltegriff und doppelten Querhölzern, bestehend aus vier Einzelstücken als Spannhölzern (Tofe, Karagassen, Lappen);
- ein breites, gewölbtes Vertikalholz mit Grat und zwei ovalen Ausschnitten in der Mitte als Griffschlitzen; mit bogenförmiger Querstange aus Eisen (Abakan-Tataren, Sagai);
- ein Vertikalstab mit geschnitztem Pferdekopf oben, rechtwinklig gekreuzt von einem hölzernen Querstab und in das Kreuz eingesetztem, gespanntem Bogen (Darkhat);
- ein Vertikalstab aus Holz mit geschnitztem Menschenkopf oben und einer Querstange aus Eisen (Tubalaren, Altai Kizhi, Kummandin);
- ein Vertikalstab aus Holz mit geschnitztem Menschenkopf oben und einem im rechten Winkel überkreuzten Querholz als ausgestreckten Armen (Tuwa);
- ein anthropomorpher Vertikalgriff mit Kopf, Beinen und Querstange aus Eisen (Barabin, Altaier);

- ein anthropomorpher Vertikalgriff mit Kopf, Beinen und Schultern aus Holz und einer Querstange aus Eisen (Kalmücken);
- ein Vertikalstab mit je einem geschnitzten Menschenkopf an beiden Enden und einer Querstange aus Eisen (Chelkan);
- ein Vertikalstab mit je einem geschnitzten Menschenkopf an beiden Enden inklusive Schultern und einer Querstange aus Eisen (Chelkan);
- ein Griff in Form eines Y, bestehend aus einer Holzgabel oder zwei Holzstäben (Ostjaken);
- ein gegabelter Holzgriff in Form eines Y mit zwei Querstäben aus Eisen (Selkupen, Obugrier);
- ein Griff aus Horn in Form eines Y aus einem gegabelten Geweih (Ostjaken, Wogulen).

An Trommelgriffen, die lose im Innern des Rahmens hängen, lassen sich die nachfolgenden Arten unterscheiden; zunächst einmal drei Grundtypen, solche mit elastischen Materialien an den Rändern und einem harten Kreuz in der Mitte; mit elastischen Materialien an den Rändern und einem harten Ring in der Mitte; und solche nur aus elastischen Materialien:

- ein als Griff hängendes Kreuz aus Holz in der Mitte, gehalten und am Rahmen an allen vier Seiten mit Lederschnüren befestigt (Yakuten);
- ein hängendes Kreuz aus Eisen in der Mitte, gehalten und am Rahmen mit Lederschnüren befestigt (Yakuten, Tungusen);
- ein hängendes und umwickeltes Kreuz aus Eisen in der Mitte, gehalten und am Rahmen mit Lederschnüren befestigt (Dolganen, Tungusen, Yakuten);
- ein hängendes Kreuz aus Eisen in der Mitte, gehalten und am Rahmen mit Eisendrähten befestigt und mit gebogenen Querstangen aus Eisen versehen (Selkupen, Keten);
- ein hängendes Kreuz, im Zentrum mit einem Ring verstärkt, beide aus Eisen, mit Lederschnüren am Rahmen befestigt (Selkupen, Yakuten);
- ein hängender Eisenring als Griff in der Mitte, gehalten und am Rahmen befestigt mit einer gezwirbelten Schnur (Nanay);
- ein hängender Eisenring in der Mitte, gehalten von Lederriemen und am Rahmen mit Bastschnüren befestigt (Golden, Gilyaken);
- ein hängender Eisenring in der Mitte, gehalten und befestigt mit strahlenförmig vom Zentrum zum Rahmen verlaufenden Kordeln (Solonen, Tungusen, Manchu);

- zwei nebeneinander plazierte, hängende Eisenringe, gehalten und am Rahmen mit Lederschnüren befestigt (Solonen, Numinchen, Daguren);
- ein hängendes Kreuz aus Schnüren und Rinde, gehalten und am Rahmen befestigt mit Rindenschnüren (Ainu);
- vier Schnüre aus Nesselfieber, am Rahmen befestigt und in der Mitte verknotet (Koryaken).

Diese Griffarten bei nordeurasiatischen Schamanentrommeln verteilen sich, grob gesagt, räumlich in westöstlicher Abfolge: im Westen die Trommeln mit fest installierten Griffen aus harten Werkstoffen, im Osten die Trommeln mit lose hängenden Griffen aus harten und elastischen Stoffen und ganz an der östlichen Peripherie solche nur mit elastischen Griffbändern.

Das Überschneidungsgebiet zwischen festen und losen Griffen verläuft approximativ zwischen dem 80. und 90. Längengrad. Wendet man die voranstehenden Kriterien der Klassifizierung von Innengriffen bei Rahmentrommeln auf die himalayische *rẽ* an, so ergibt sich folgendes Bild. In Hinsicht auf die verwendeten Materialien, Eisenketten und Bambusstöcke, gehören ihre Griffe zum westlichen Typ mit harten Werkstoffen. Hinsichtlich ihrer Installation jedoch - die überkreuzten Bambusstöcke hängen an den Eisenketten locker im Rahmen - tendieren die Griffe der *rẽ*-Trommel zum östlichen Typ mit lose hängenden Griffen. Mit anderen Worten: die *rẽ* vermischt die beiden Prinzipien. Nepal liegt, wenn auch erheblich weiter südlich, zwischen dem als Überschneidungsgebiet gekennzeichneten 80. und 90. Längengrad. Es ist wohl diese südliche Lage, die dafür verantwortlich ist, daß bei der himalayischen Trommel ein Werkstoff auftaucht, der bei den nordasiatischen Griffen vollkommen fehlt, der Bambus. Ebenso einmalig ist darüber hinaus in technischer Hinsicht die Überkreuzung dieses Materials: die Bambusstöcke des Griffes bilden kein starres, rechtwinkliges Kreuz wie bei den hölzernen oder eisernen Griffen der „sibirischen" Trommel, sondern ein lockeres, steiles X. Diese Bauweise macht die Trommel zu einem doppelten Schlagzeug: außen auf der vom Trommelstock angeschlagenen Membran und innen mittels der aufeinanderschlagenden Bambusgriffe.

Ein Blick ins Innere der Rahmentrommel der Magar hat also gezeigt, daß sie im Vergleich zu den „Innereien" der nordeurasiatischen Trommeln eine vollkommen ingeniöse Instrumentenschöpfung ist, auch wenn sie von außen der „sibirischen", einseitig bespannten Rahmentrommel typologisch verwandt ist. Dieses Resultat, das ihrer Einmaligkeit, wurde bereits im Vergleich mit anderen himalayischen *jhãkri*-Trommeln und den profanen Trommeln des Dorfes nahegelegt.

Biographie der Trommel

In den Augen der Magar ist die Trommel *rẽ* nicht ein totes Objekt, sie lebt. Ihr Leben und ihr Lebenslauf sind indessen abhängig von der professionellen Biographie des Schamanen, dem sie gehört. Ohne ihn würde sie als Instrument nie „geboren", das heißt von einem Eichenbaum in einen Trommelrahmen verwandelt werden. Ihre Entstehung ist mit der „Geburt", das heißt der Initiation eines angehenden Heilers eng verbunden. Das Finden des Trommelbaums und die erfolgreiche Fabrikation seiner Trommel sind selbst wesentliche Etappen im Initiationsprozeß. Ohne vorherige Geburt und Konsekration seiner Trommel keine Geburt eines Neophyten. Ist er einmal in den Stand der Auserwählten erhoben, wird sie ihn durch sein ganzes professionelles Leben hindurch begleiten: bei Heilungsséancen, den Initiationen Anderer, auf Jamborées, am Grabe von Kollegen und - an seinem eigenen.

Ist ein Schamane gestorben, so errichten ihm seine Berufskollegen außerhalb des Dorfes einen Grabhügel, unter dem der Verstorbene aufrecht sitzend begraben wird. Aus seinem Schoß ragt der Wipfel einer Konifere, sein Lebensbaum, aus dem Grabkegel empor, in dessen Äste man Paraphernalien des Toten hängt: die Schamanenkrone aus Fasanenfedern, eiserne Anhänger und Glocken seiner Rüstung und seiner Trommel, deren Membran man zuvor zerschlagen hat, s. Abb. 8. Wenn er verstummt, soll auch sein Lebensbegleiter, die Trommel, verstummen.[7] Neun Tage lang läßt man die zerschmetterte Trommel über dem Haupt des Toten im Nadelbaum hängen, ehe seine Angehörigen sie abnehmen und solange aufbewahren, bis sein wiedergeborener Nachfolger sie für sich beansprucht. Dies bedeutet: die Trommel wird, im Gefolge ihres Besitzers, in das Konzept der Reinkarnation mit einbezogen. Auch sie kann wiedergeboren werden. Dies gilt in der Praxis jedoch nur, wenn der Trommelrahmen eines verstorbenen Heilers noch gut verwendbar ist. Unabhängig davon, ob eine Trommel weitervererbt wird oder nicht, erhält jeder Neophyt eine eigene neue.

Die Lebenserwartung einer Trommel beträgt ca. zehn bis fünfzehn Jahre, die einer Membran drei bis fünf Jahre. Danach müssen sie erneuert werden. Ausbesserungen und Erneuerung von Trommeln sind Vorgänge, die den analogen Handlungen bei der Herstellung einer neuen Trommel gleichen. Der Verschleiß einer Trommel, zum Beispiel das Reißen einer Membran, provoziert nicht den Tod ihres Besitzers, wie dies etwa bei den Evenken angenommen wird.[8] Dies wäre auch eine recht seltsame Vorstellung, liegt doch die statistische Lebenserwartung einer Trommel erheblich niedriger als die eines Schamanen. Aus diesem Unterschied in der voraussichtlichen Lebenszeit von Trommel und Heiler läßt sich überdies ableiten, daß die eine nicht im strengen Sinn des Wortes als Alter Ego oder Doppelgänger des anderen angesprochen werden kann: Ein Schamane kann in seinem Leben mehrere Trommeln haben. Immerhin ist sie sein treuester Weggenosse auf einer Strecke seiner professionellen Laufbahn.

Die Herstellung der Trommel *rẽ* vollzieht sich in drei Stufen, die räumlich und zeitlich voneinander getrennt sind: 1. die Suche nach dem Trommelbaum und die Fabrikation des Rahmens; 2. die Vernietung des Rahmens und das Anbringen der Trommelgriffe; 3. das Bespannen des Rahmens mit einer Tierhaut und die Konsekration der fertigen Trommel. Die erste der drei Phasen hat zum hauptsächlichen Schauplatz einen Ort in der Wildnis, hoch im Gebirge und fernab jeder menschlichen Behausung gelegen; die zweite Phase spielt sich in der Werkstatt eines Dorfschmiedes ab; und die dritte an einer wenig frequentierten Wegkreuzung außerhalb der Ortschaft, an der Grenze zwischen Wildnis und Zivilisation. Schon während des Vorgangs ihrer Herstellung oszilliert die Trommel also zwischen menschlichem und außermenschlichem Bereich.

Die Periode vor der Initiation ist für den angehenden Schamanen gekennzeichnet durch psychische Störungen und Traumvisionen. In einer von diesen sieht er den Baum, aus dem seine künftige Trommel geschnitten werden soll. Der Baum steht in der Regel in einem Hochwald, etliche Stunden vom Dorf entfernt. An einem geeigneten Vollmondtag nach der Vision zieht eine kleine Expedition, bestehend aus dem Initianden, zwei Schamanen und sieben Gehilfen, ins Gebirge, um dort den Trommelbaum ausfindig zu machen. Vor einer Quelle legt sich der Novize, nachdem er seinen Ahnengeist um Beistand angerufen hat, wie zum Schlafe nieder und erkennt in visionärer Sicht erneut den für ihn vorgesehenen Baum. Im Zustand der Trance tastet er sich alsdann durchs Dickicht zu ihm vor, umspringt, vom Affenhilfsgeist besessen, in mehreren Affensätzen den Stamm und legt sich abermals wie im Schlafe vor ihm nieder. Nachdem am erwählten Baum, einer Stacheleiche, Opfergaben deponiert worden sind, Hefe, Wermut, Weihrauch, Stoffwimpel und Reis, machen sich die Gehilfen ans Fällen mit einer Axt. Man achtet darauf, daß der Baum in Richtung Osten fällt, der Seite von Geburt und Leben.[9] Die gefällte Eiche wird an Ort und Stelle entästet und ihr Stamm von den Gehilfen zum Hauptpfad „geritten", das heißt zwischen den Beinen abtransportiert. Das hierfür verwendete Verb *chebne* = „reiten" ist mit der tibetischen Wurzel *chibs* = „Pferd" verwandt und verweist auf die spätere Funktion der Trommel als ein Mittel der Fortbewegung, als „Pferd", als Gefährt.

Am Weg wird der Stamm mit Hilfe von Holzkeilen, einem Holzhammer und einer Axt der Länge nach gezweiteilt und jede der Hälften zu einer Latte abgespant. An acht weiteren Halteplätzen werden die beiden Latten weiter abgespleißt, s. Abb. 2. Unterwegs läßt man den Novizen die Eisenaxt tragen, der ansonsten an keiner der manuellen Tätigkeiten aktiven Anteil hat.

An der neunten und letzten Station, einer Alm 600 m über dem Dorf, hebt einer der Gehilfen ein kreisrundes Loch in der Erde aus. In dieses Loch werden, auf einem etwas engeren Radius, neun Holzpflöcke kreisförmig in die Erde gerammt, bis sie nur wenig über die Bodenfläche hinausragen. Mittlerweile erhitzt einer der Schamanen eine der beiden Latten über der Glut eines Feuers, um sie biegsam zu machen. Hat sie die gewünschte Elastizität erreicht, so machen sich die Helfer daran, sie in das Erdloch zu biegen, genau zwischen den Erdrand und das Rund der Holzpflöcke.[10] Dies ist der kritischste Moment im ganzen Prozess der Trommelherstellung. Falls die erste Latte dabei anknackst oder bricht, bedient man sich der zweiten Latte als Ersatz. Gelingt der Versuch, so umwickelt man den erfolgreich zurechtgebogenen Rahmen an der Überblattung mit Bambusstreifen, eine vorläufige Hilfsmaßnahme, bis der Rahmen später auf Dauer vernietet wird. Liegt die gerundete Latte einmal im Erdloch, so bringt der die Expedition anführende Schamane dem Erdgott *bhume* ein Opfer dar, indem er Trommelrahmen und Erdloch mit *mạdạ*-Schnaps und Kükenblut beträufelt. Jeder der Helfer spricht, sichtlich erfreut über den guten Ausgang des Rahmenbiegens, einen eigenen Toast auf die künftige Trommel aus: „Alle werden dich rufen." „Man wartet schon mit fetten Widdern auf dich." „Du wirst den Novizen berühmt und wohlhabend machen." „Geh für ihn in die Unterwelt, Trommel."

Vor Sonnenuntergang kehren die Ausflügler mit dem neuen Rahmen an den Rand des Heimatdorfes zurück, wo sie schon vom Oberschamanen erwartet werden. Hier ist bereits ein zweites Erdloch ausgegraben worden, in das auf den letzten Metern der Strecke der neue Rahmen „gerollt" wird, s. Abb. 3. Dieses Rollen ist von der Mythologie her vorgeschrieben. Es deutet in sinnfälliger Weise die Reisebewegungen der zukünftigen Trommel an, jenes Vehikels transzendentaler Trips. Der ins Erdloch gerollte Rahmen wird mit Erde zugeschüttet und für eine Nacht allein gelassen. Dieses Vergraben des Trommelrahmens vor dem Dorf versinnbildlicht die erste Unterweltsreise der neuen Trommel, eine Aufgabe, die ihr in den späteren Heilungsséancen gewohnheitsmäßig zufallen wird.

Am nächsten Morgen wird der Rahmen wieder ausgegraben, aus der Unterwelt sozusagen angeliftet, und in Anwesenheit des obersten Schamanen, des Novizen und einiger Gehilfen zu einer Dorfschmiede getragen. Dort bohrt der Schmied zunächst mit einem erhitzten Eisennagel eine Anzahl von Löchern in das Holz des Rahmens, solche für die Lederriemen zum Spannen der Membran, solche für die Überblattungsnieten und solche für die eisernen Ösen der Griffe. Während der Vernietung wird die Überblattung von einem Adjutanten mit einer Eisenzange festgehalten. Am Ende der äußeren Überblattung werden mit einem Hammer in einer Querreihe drei Nietplatten breit geschlagen, am inneren Ende zwei. Diese Nietplatten, pyramidal erhöhte Rechtecke aus Eisen mit je einem Auge in der Mitte, sind auf der fertigen Trommel bedeutsame Gefahren- und Divinationspunkte. Sie vorschriftsmäßig anzubringen, ist daher eine Aufgabe, die vom Schmied höchste Aufmerksamkeit erfordert. Nach der Vernietung werden vier Ösen und Eisenketten für die Trommelgriffe auf der Innenseite der Zarge angebracht.

Nachdem an ihren Enden ebenfalls Löcher ins Rohr gebrannt worden sind, werden die beiden überkreuzten Bambusgriffe in die Ketten eingehängt. Alle seine handwerklichen Verrichtungen vollzieht der Schmied an diesem Tag als der mythische Schmied der Unterwelt, als Tiko Kami. Als solcher wird er auch von den anderen angesprochen. Nach vollendeter Schmiedearbeit trägt er die Trommel, von Zuschauern und Gehilfen gefolgt, mit ostentativem Stolz ins Haus des Novizen. Dort wird er für seine Arbeit verköstigt und mit einer 5-Rupien-Note und einem neuen, weißen Turban entlohnt. Beim Verlassen der Schmiede addressiert ihn der Oberschamane mit folgenden Worten: „Älterer Bruder, Tiko Kami, Schmied der Unterwelt, deine Arbeit am Trommelrahmen ist erfolgreich beendet." Und aus dem Repertoire der mythischen Gesänge singt er die Zeilen:

Mit Hilfe der neun Assistenten / heben wir die Trommel aus der Unterwelt an //
Heben wir die Seelen an / aus der Unterwelt //
Sortieren wir die Engpässe aus / sortieren wir die Gefahren aus //
Älterer Bruder, Tiko Kami / mit dem *sāndhan*-Rahmen der Trommel //

Dazu schlägt ein Laiengehilfe mit einem Stock im Rhythmus der Gesänge auf den Rahmen der noch unbespannten Trommel. Die Bespannung des Trommelrahmens mit einem Wildziegenfell ist auf einen Vollmondtag anberaumt, genau wie die Suche nach dem Trommelrahmen einen Monat zuvor. Der Besitzer der Trommel, einige Laiengehilfen und ein initiierter Schamane als Zeremonienmeister treffen sich für diesen Akt an einer ruhigen Wegkreuzung vor dem Dorf. Handelt es sich um eine Reparatur, statt um eine Erstbespannung, so wird als erstes die defekte Membran vom Rahmen getrennt, zu einem flachen Bündel zusammengeschnürt und von einem Gehilfen mit Diskretion an einem geheimen Ort versteckt. Gleich einem verendeten Tier gilt eine ausgediente Membran als unrein, *juṭho*, und der Anblick eines solchen „Kadavers" provoziert nach Ansicht der Magar metaphysische Engpässe.

Wie bei anderen Ethnien des Himalaya wird für die Bespannung der Schamanentrommel ein Fell der *ghoral*-Wildziege vorgeschrieben.[11] Das Fell stiften Laien, die es einem Schamanen oder Novizen aus dem Gebirge als Geschenk mitgebracht haben.[12] Ehe es als Membran verarbeitet werden kann, wird das Fell für einige Wochen zum Trocknen in einem Haus aufgehängt.

Die Bespannung beginnt mit dem Zuschnitt des Fells auf eine dem Trommelrahmen entsprechende Größe. Mittels Rinderschnüren, die zuvor in einem Kupfergefäß gewässert haben, zieht man es sodann auf den Rahmen auf. Die Schnüre werden mit Aalen und Pincetten aus Bambus durch die beim Schmied gestoßenen Löcher gezogen, in einer Weise, daß sie auf der Zarge eine Zickzacklinie bilden. Während der Fellbespannung verzehren die Anwesenden eine in kleine Stücke geschnittene Büffelschwarte, die sie angeblich vor Gefährdungen bewahren soll, wie später die Trommelhaut die Klienten.

Nach einer Siesta machen sich die Gehilfen daran, das auf den Rahmen gespannte Fell zu enthaaren, s. Abb. 4. Zu diesem Zweck wird es über einem Feuer erhitzt, bis die Öffnung der Poren ein Ausrupfen der Fellhaare erlaubt. Mit entschlossenen Zupfgriffen werden sie Büschel um Büschel ausgerissen. Lediglich an den Rändern läßt man einige Fellhaare stehen, um an den tierischen Ursprung der Membran zu erinnern. Sind die Rupfarbeiten beendet, so wird die Haut mit einem Kurzmesser nachrasiert. Die Fleischseite der Fellhaut, die stets auf die innere Seite der Trommel weist, wird während des Bespannungsritus überhaupt nicht bearbeitet. Etwaige Fleischreste sind bereits viel früher beseitigt worden.

Simultan zur Enthaarung des Fells werden kleine Modellbrote gebakken, die, in einem ausgehobenen Erdloch gehortet, mit der enthaarten Trommel zugedeckt werden. Sie sind den Gottheiten des unbebauten Landes, *sepā* und *serõ* zugedacht. Anschließend verteilt sie der leitende Schamane unter den Anwesenden zum Verzehr.

Ist die Trommeloberfläche von Haaren befreit, wird sie mit weißer Dachkreide, die in einer Schale mit Wasser aufgelöst worden ist, erstmals bemalt. Als Malutensil werden die bloßen, in die Kreide getauchten Finger benutzt. Die Motive können variieren: Es gibt astrale und kosmologische Trommelzeichnungen; rein figürliche wie Fische, Trommeln oder ejakulierende Geschlechtsorgane; geometrische mit Triangeln, Rhomben, Pentagonen und Kreisen; und vollkommen abstrakte Improvisationen mit pollock-artigen Farbspuren.[13]

Nachdem die manuellen Tätigkeiten der Bespannung beendet sind, von denen eine jede durch einen entsprechenden mythischen Gesang verbal begleitet worden ist, erhebt sich der vorsingende Schamane und beginnt zum Spiel seiner eigenen Trommel einen Tanz. Ein Laiengehilfe greift zur neu bespannten Trommel und tut es ihm gleich. Wiederum ist es also nicht der Besitzer der Trommel oder ein anderer Schamane, der sie einweiht, sondern eine Person aus dem Laienvolk.[14]

Nach Beendigung des Trommeltanzes wird das neue Instrument mit einer magischen Mischung aus Getreidekörnern, Asche, Kupferschlacke und Feuerstein bestreut und mit magischen mantras besprochen, ehe ein letzter Tanz die Zeremonie vor dem Dorf abrundet. Diesmal tanzt der leitende Schamane im Kreis, mal im Urzeiger-, mal im Gegensinn, den Richtungen des Lebens und des Todes. Die neue Trommel wird nun von den Laiengehilfen über den Boden gerollt, ebenfalls im Kreis, genau den Bewegungen des Tänzers folgend. Die Trommel, Vehikel der Schamanenreise, legt im letzten Akt ihrer Herstellung selbst eine symbolische Wegstrecke zurück. Dasselbe wiederholt sich noch einmal nahe dem Haus des Trommelbesitzers. Hier jedoch ist er es selbst, der seine Trommel über den Boden rollt. Kurz vor der Türschwelle läßt er sie sogar los, und sie rollt von alleine zum Eingang - geradewegs in die Hände seiner Gattin, die sie auffängt und mit Hefe bestreut, entsprechend dem mythischen Vorbild. Im Innern des Hauses wird als letzter Akt der Konsekration ein Küken geschlachtet, dessen Blut der Schamane über den neuen Trommelrahmen träufelt.

Damit ist die Herstellung der Trommel abgeschlossen. Sie ist eingeweiht und einsatzfähig. Im sibirischen Zusammenhang spricht man bei der

Konsekration einer neuen Trommel gern von ihrer „Belebung“. Für den Kontext der Magar ist diese Bezeichnung eher irreführend. Ein vorrangiger Zweck der Weihe besteht im Gegenteil darin, die allzugroße Vitalität und überaus belebte Wildheit der neuen Trommel zu zähmen, sie zu befrieden und ihr ekstatisches Potential unter Kontrolle zu bekommen, ähnlich dem eines neuen, noch unerfahrenen Schamanen. Die Weihe der Trommel dient hier nicht ihrer „Belebung“, sondern ihrer „Besänftigung“ und partiellen „Domestizierung“.

Funktionen der Trommel

Die Trommel *rẽ* ist ein magisches Gerät und als solchem wohnen ihr Kräfte inne, die anderen Musikinstrumenten abgehen. Diese - meist übernatürlichen - Kräfte treten zutage, wenn man die Trommel hinsichtlich ihrer verschiedenen rituellen Funktionen betrachtet. Unter den vielseitigen Funktionen der *rẽ* ist die auffälligste die Begleitung beim Vortrag der mündlichen Überlieferungen der Schamanen. Wenn immer in einer Séance oder anläßlich einer Initiation ein in Verse gefaßter Ursprungsmythos oder ein rituelles Anweisungslied ansteht, so ist es die Trommel, welche die Sänger rhythmisch begleitet. Bei den Mythen aus der Urzeit sind es gewöhnlich zwei Vortragende, ein Vorsänger und erfahrener Meister und sein Schüler, der den Vortrag des Meisters Zeile um Zeile wiederholt, und dabei im Laufe der Jahre das gewaltige Repertoire der oralen Tradition im Gedächtnis speichert. Beide sind initierte Schamanen und beide spielen auf ihrer Trommel. Der Vorsänger nimmt bei den handlungsreichen Mythen oftmals eine seinem Publikum zugewandte Erzählerpose ein, während dem Schüler die Aufgabe zufällt, in Passagen, die dies vorsehen, in Trance zu fallen.

Der Trommelrhythmus ist für alle Mythen und großenteils auch für die rituellen Auxiliargesänge gleichbleibend. Er paßt sich dem, ebenfalls gleichbleibenden, Metrum der Verszeilen an. Die pro gesungener Verszeile gemachten Trommelanschläge lassen sich folgendermaßen notieren:

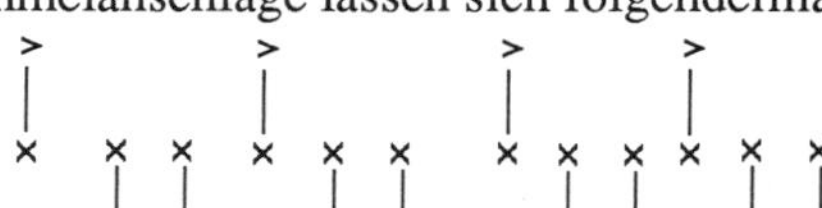

(Hierbei bezeichnet einen festen, taktbestimmenden Schlag und zwei leichte Nebenschläge. Die Zeichen / und // stehen für Zäsuren am Ende einer Halb- und Ganzzeile.) Um auch den Gesang, den die Trommel begleitet, modellhaft zu skizzieren, sei aus einem der

Ursprungslieder der Trommelherstellung eine Zeile als Beispiel vorgestellt:

Auf meinem sandhan-Trommelrahmen / brachte er die Eisennieten an //.

Im gewählten Beispiel fallen die taktbestimmenden Trommelschläge (x) auf die Silben: *sān-*, *rẽ-*, *tās-* und *le-*. Die in Klammern gesetzten Stimmlaute (ā) zu Beginn und (ā-hmm) am Ende der Zeile sind stilistische Mittel des Vortrags. Es sind An- und Aushaucher der Zeile ohne eigenen semantischen Wert.

Die vorgestellte Kombination von Trommelschlag und Stimme, Beat und Metrum, ist das bestimmende Muster für etwa 10.000 unterschiedliche Verse der oralen Tradition der Magarschamanen. Für die gegenwärtigen Ritualhandlungen liefern die urzeitlichen Gesänge den mythischen Prototyp, und die Trommel hämmert ihn mit nomothetischen Schlägen fest. Die Trommel begleitet nicht nur den singenden, sondern auch den tanzenden Schamanen. Getanzt wird bei allen rituellen Anlässen, an denen die Heiler ihre Rüstungen anlegen. Besonders spektakuläre Tanzvorführungen finden am Haupttag der Initiation statt. Neun Tanzrunden vom Haus des Novizen zu seinem, außerhalb des Dorfes errichteten Lebensbaum müssen die geladenen Heiler absolvieren, ehe er auf dem Baum rituell geboren wird. Bei diesen Tanzrunden bildet sich eine lange Kette von Tänzern, bis zu dreißig an Zahl, die im Unisono auf ihre Trommeln einschlagen und ihre Rüstungen rasseln lassen. Die Tanzschritte werden dabei vom Rhythmus der Trommelschläge vorgegeben.

Die Abfolge der Grundschläge beim Tanz ist ebenso standardisiert wie jene beim Vortrag der Gesänge und zwar in genauer Inversion:

Dieser Grundschlag ist auch für die Tänze im Verlauf der großen Heilungsséancen verbindlich. Bei diesen führt die Tanzstrecke vom Innern des Patientenhauses über eine neunstufige Treppe, welche die kosmische Leiter in die Unterwelt repräsentiert, auf das flache Dach eines Nachbarhauses, auf dem unter einer umgestülpten Kiepe die „Weltenmatte“ ausgebreitet liegt. Diese umtanzt der amtierende Heiler neunmal, als Sinnbild einer Reise an die Grenzen der Welt, wohin er der flüchtigen Seele seines Klienten gefolgt ist. Die Trommel führt den Schamanen also im Tanz auf eine rituelle Reise.

Diese Funktion der Trommel kehrt auch in anderer Gestalt wieder. Die zum Zeichen ihrer räumlichen Fortbewegung über den Boden „gerollte" Trommel und die als Vehikel der Reise „gerittene" Trommel waren bereits weiter oben vorgestellt worden. Darüber hinaus gibt es in den nächtlichen Heilungsséancen wiederholt rituelle Akte, deren Thema eine symbolische Reise des Schamanen ist. Diese Gedankenreisen tragen unterschiedliche Namen und sind von unterschiedlicher Länge. Eine davon, eine Seelensuchreise, ist Gegenstand eines Gesanges mit der Bezeichnung „Weglied", *dāwāta*. Darin verfolgt der Schamane die flüchtige Seele seines Patienten bis zu einem Jenseitspaß an der östlichen Peripherie des Stammesgebiets. Die zahlreichen, aufgezählten Stationen dieses Wegs werden vom Rhythmus der Trommel skandiert. Ab und an hält der reisende Schamane inne und blickt ins Innere der Trommel, um darin, wie in einem magischen Spiegel, die Fußspuren der Seele zu erkennen und so den weiteren Verlauf der Route zu bestimmen.

Die Reise mit seiner Trommel birgt für den Heiler von Seiten negativer Mächte Gefahren. Um sich gegen sie zu wappnen, trägt er seine Rüstung. Zuvor aber ruft er, wieder mit seiner Trommel, die Auxiliargeister um Beistand an. Es sind dies der Geist seines verstorbenen Vorgängers und eine Anzahl von Tiergeistern. Die „Anrufung des Ahnengeists", *piṭṭr khulne*, ist ein eigenständiger Gesang im Repertoire der Schamanen und wird im Verlauf einer Séance mehrmals wiederholt. Der Gesang beginnt in der Melodienführung und im Rhythmus wie einer der Ursprungsmythen, auch wenn er inhaltlich von professionellen Vorgängern und der Schar der theriomorphen Hilfsgeister handelt. Sobald einer von diesen in den Sänger eingekehrt ist, verwirrt sich der Taktschlag auf der Trommel, ehe er gänzlich abbricht und der vom Hilfsgeist Besessene das Instrument von sich wirft, Tierlaute ausstößt und die charakteristischen Bewegungen des Geistes nachahmt, der von ihm Besitz ergriffen hat. Mag die Niederkunft der Hilfsgeister dem Schamanen auch sichtliche Anstrengung bereiten, ablesbar an seinem verzerrten Gesichtsausdruck, und ihn in eine Ekstase versetzen, so ist er erst dank ihrer Inkorporation imstande, den Attacken der negativen Mächte zu trotzen.

Vermag die Trommel gute Geister zu rufen, so steht es ebenfalls in ihrer Macht, böse Geister abzuwehren. Dies geschieht einmal über den kosmischen Lärm, den sie erzeugt, wenn sie von tanzenden Schamanen gespielt wird. Dieser Lärm schüchtert die Feinde des Heilers ein. Sodann ist es möglich, mit Hilfe von Trommel und Trommelstock negative Kräfte, insbesondere Hexen, in die Erde zu hämmern und an Ort und Stelle festzunageln. Der Trommelstock fungiert dabei in den Mythen wechselweise als Metapher für einen Hammer, der auf die Trommel wie auf einen Amboß niedersaust, und als Metapher für einen Nagel, der die Feinde festheftet. Mitunter ist er sogar eine Offensiv-Waffe, mit der die mythischen Hexenschwestern den Berg hinabgestoßen und vernichtet werden.

Die Trommel kann ihrerseits als Defensiv-Waffe Einsatz finden: als Schild gegen unsichtbare magische Pfeile, von Hexen, Jagd- und Waldgeistern abgeschossen; oder als Schild gegen magische Tricks böswilliger Berufskollegen, s. Abb. 5. So sandte zum Beispiel einmal, lokalen Erzählungen zufolge, einem Schamanen, der sich gerade für einen Klienten auf ritueller Reise befand, ein feindlicher Kollege aus einem Nachbardorf einen Blitz entgegen, um ihn zu töten. Der Heiler sah den Blitz aus den Augenwinkeln heraus heranfliegen und konnte ihn mit der Trommel abwehren. Der Rahmen wurde dabei in zwei Stücke gespalten. Er selbst blieb unversehrt. Eine schützende Funktion hat die Trommel auch, wenn mit ihr Opfergaben und rituelle Speisen zugedeckt werden: gegen den besitzergreifenden Blick nicht geladener Geister.

Auf manchen seiner rituellen Reisen besucht der Schamane die (mit dem südlichen Tiefland identifizierte) Unterwelt, *tãnje wãnje*. Dort angekommen, verwandelt er sich in den hilfreichen Wildschweingeist, *galdevīr*. In dieser Verwandlung verfällt er in einen magischen Schlaf, *sata*. Von gelegentlichen Zuckungen abgesehen, liegt er ruhig auf dem Boden, den Kopf auf die nach oben hin geöffnete Trommel gebettet. Sie ist gewissermaßen zur Unterwelt hin, nach unten, verschlossen und zur Oberwelt hin zugänglich, s. Abb. 6.

Gebettet auf seine Trommel, kann der Heiler in seinem schlafenden Zustand die entfleuchte Seele seines Patienten „sehen“. Hat er sie einmal ausfindig gemacht, springt er auf und kniet auf allen Vieren vor dem am Zentralpfosten des Hauses angebundenen Lebensbaum seines Patienten nieder und hebt, noch immer als Wildschweingeist, mit einem Ruck den auf seinen Rücken geladenen Patienten an. Dieses Anliften bedeutet die Rückführung der Klientenseele aus der Unterwelt und heißt *galsine* = „wildschweinen“. Der zweite, in dieser Szene anwesende Schamane schlägt seinerseits seine eigene Trommel über dem Klienten mehrmals mit kurzen Schlägen an, um die zurückkehrende Seele sinnfällig im Körper ihres Besitzers wieder zu verankern. Die Trommel ist also hier in kurzer Aufeinanderfolge ein Mittel der Reise, der Ekstase, der Clairvoyance und des Seelengeleits.

Als ein Mittel der Divination kann die Schamanentrommel *rẽ* in zweifacher Weise verwendet werden, entsprechend den beiden lokalen Grundkategorien von Vorhersage. Beim ersten Typus von Weissagung steht der Schamane unter dem Einfluß eines Hilfsgeistes. Er befindet sich in Trance und seine, die Zukunft betreffenden Äußerungen verlassen seinen Mund im Idiom einer Geistersprache, *lāmā kham*, eines fiktiven Tibetisch, das nur von Eingeweihten verstanden und dem Laienvolk übersetzt wird. Diese Art ekstatischer Prognostik nennen die Leute *paĩsine*. Beispiele hierfür sind das „Erkennen" der Fußspuren der Seele aus dem Innern der Trommel im Zustand einer leichten Trance und das „Sehen" ihres Aufenthaltsortes im Zustand des magischen Schlafs auf der offenen Seite der Trommel.

Der zweite Typus von Vorhersage besteht im nüchternen Prüfen eines Objekts: dem Weissagen aus den Eingeweiden von Tieren, dem Loswerfen mit Tellern, Trommeln und brennenden Scheiten, der Interpretation von Rabenstimmen und dem Lauf von Stoffkügelchen über die flache Trommel. Diese Art der Vorhersage nennt man pārche, ein Begriff der mit dem Sanskrit *parīkṣā* verwandt ist und soviel bedeutet wie „Prüfung", „Test", „Auslegung", „Traumdeutung".

In diese Kategorie fällt eine Form der Divination mit der Trommel, die in jeder größeren Heilungsséance fester Bestandteil des Rituals ist. Sie heißt *rī ranne*, „die Unratskugel betrachten" oder *rī khelne*, „die Unratskugel laufen lassen". Das Substantiv *rī* bedeutet eigentlich „Schmutz", „Unrat"; im vorliegenden Zusammenhang steht es für ein aus den Kleidern des Patienten herausgeschnittenes Stückchen Stoff, das zusammen mit Partikeln der purifikatorischen *tī*-Wurzel und eines Wermutblattes zu einer kleinen Kugel zusammengerollt und auf die horizontal gehaltene Trommel gelegt wird. Mit leichten Trommelschlägen bringt nun der Schamane die Membran in Schwingung, und das Kügelchen beginnt auf der Trommelfläche zu hüpfen, bis es an einer bestimmten Stelle liegenbleibt oder über den Rand des Rahmens hinausspringt, s. Abb. 7. Da jeder Punkt an der Zargenrimme ein positives oder negatives Vorzeichen trägt, hat auch jeder Sprung der *rī*-Kugel von der Trommel einen eigenen prognostischen Wert. Am günstigsten ist es, wenn sie auf der Membran liegenbleibt. Das Kugelspiel wird dreimal hintereinander vollzogen, denn auch die Kombinationen tragen prognostische Bedeutung. Fällt die Kugel dreimal an den gleichen Punkt, so wird dies als ein gutes Omen gedeutet, egal welchen Eigenwert die

Stelle hat. Fällt sie einmal an einer Eisenniete ab, - stets einem Gefahrenpunkt, - einmal an einem Lederstreifen und einmal an einem, von den Schnüren gebildeten, offenen Dreieck, so ist dies ein sehr schlechtes Vorzeichen. Nach Abschluß der drei Divinationsrunden ruft der Schamane: „höi" und klopft, wie beim Abschluß eines Gesanges, mit ein paar kurzen Stockschlägen auf den Holzrahmen seiner Trommel.

Die Trommeldivination mittels Objekten, die durch Vibration über die waagerecht gehaltene Membran der Trommel laufen, ist auch aus anderen Regionen des Himalaya belegt. Bei den Tamang sind es Reiskörner[15] statt Stoffkügelchen, welche die Zukunft weisen und bei den Tibetern Weizen- oder Gerstenkörner. In Tibet hat die Kunst der Trommeldivination, *rnga-mo*, ein hohes Niveau schematischer Verfeinerung erreicht.[16] Die berühmteste Form schamanistischer Prognose auf der flachen Trommel dürfte hingegen die der alten Lappen sein. Zu diesem Zweck wurde die lappische Trommel mit einem T-förmigen Doppelhammer aus Horn angeschlagen, der einen „Zeiger" aus Messing, Holz oder Rentierhorn über die Membran bewegte.[17]

In den vorangegangenen Abschnitten wurden einige der vorrangigen Verwendungsweisen der *rẽ*-Trommel vorgestellt: als Begleitinstrument der mythischen Gesänge und als Schrittmacher der schamanischen Tänze, die als mimetische Jenseitsreisen gedeutet werden können; als Mittler der Ekstase und jener rituellen Reisen, welche mit der Seelensuche verknüpft sind; als ein Instrument der Kommunikation mit den Ahnen- und Hilfsgeistern und der Anti-Kommunikation mit den negativen Mächten, welche die Trommel abwehrt, festnagelt oder vernichtet; als ein Mittel der Zurückführung verlorengegangener Seelen, also der religiösen Heilung; und als ein Instrument der Zukunftsvorhersage. Dem ließe sich noch die Funktion der Trommel als Projektionsfläche kosmologischer Vorstellungen in Form von Malereien hinzufügen. Es handelt sich also in allen Fällen um Aufgaben, welche die eines normalen Gegenstandes oder bloßen Musikinstrumentes überschreiten. Die Trommel *rẽ* ist ein transzendierendes Instrument mit magischen Kräften. Dies ist nicht verwunderlich, wenn man bedenkt, daß sie als vorrangiges Utensil jener berufenen Person dient, die der Vermittler par excellence zwischen der menschlichen und außermenschlichen Welt ist, dem Schamanen.

Vor etlichen Jahren wurde mir von einem Heiler der Magar eine *rẽ*-Trommel als Abschiedsgeschenk überreicht. Geraume Zeit stand sie in einem der Zimmer meines Hauses in Kathmandu. Eines Tages bemerkte ich, daß es in diesem Raum immer staubiger wurde. Ich fragte Kanchi, meine Putzfrau, ob sie ihn versehentlich übergangen habe. Sie gab zur Antwort daß sie einen Raum, in dem ein solch mächtiges Instrument stehe, nicht betreten könne. Als Gurung-Frau stammte sie selbst aus den Bergen und wußte um die metaphysische Kraft der Schamanentrommeln.

Anmerkungen

Eine gekürzte Fassung der vorliegenden Arbeit erschien 1990 in der Zeitschrift Cahiers de musiques traditionelles, Nr. 3, 79-95, unter dem Titel: Le tambour rẽ et son pouvoir. Da darin weder die Übersetzung den angestrebten Ton traf, noch einige der Streichungen vom Verfasser autorisiert waren, ist die deutsche Version als die gültige anzusehen.

1 Helffer, M.: „Observations concernant le tambour tibétain rgna et son usage“, in: Selected Reports in Ethnomusicology, no spécial en hommage de Peter Crossley - Holland 1983; S. 68.

2 Der literarische Verweis auf Sandelholz als Werkmaterial für den Trommelrahmen ist bei den Heilern (*jhākri*) der Schmiedekaste im Jarjarkot-Distrikt ethnographische Wirklichkeit. Nach Angaben von Gregory Maskarinec werden die dortigen Schamanentrommeln, die typologisch den hier beschriebenen Trommeln gleichen, entweder aus *sādan*- oder aus *tusaro*-Holz gefertigt.

3 Manker, E. Die lappische Zaubertrommel, Acta Lapponica I. Stockholm, 1938, S. 83.

4 Helffer, M.: op. cit., S. 83; Berglie, P.A.: „Preliminary Remarks on Some Tibetan „Spirit Mediums“ in Nepal“, in: Kailash, IV, no 1, 1976, S. 94.

5 Hoffmann, H.: Quellen zur Geschichte der tibetischen Bon-Religion, Mainz 1950, S. 201-3 und Lot-Falck, E.: „A propos d'un tambour de chaman toungouse“, in: L'Homme, I, fasc. 2, 1961, S. 26-27.

6 Haslund-Christensen, H.: Mongolske Troldmaend, in: Fra Nationalmuseets Arbejdsmark, Kopenhagen 1944, S. 13-15 und Heissig, W.: „Schamanen und Geisterbeschwörer im Küriye-Banner“, in: Folklore Studies, 3, 1933, S. 46 f. und Abb. 1, 4a, b, 5.

7 Bei den Teleuten Sibiriens wird nach dem Tod eines Schamanen die Membran seiner Trommel ebenfalls eingeschlagen und der Rahmen nahe dem Grab in einen Baum gehängt. Zweck dieser Maßnahme ist es, den Verstorbenen endgültig auszuschalten, ihn daran zu hindern, zu den Lebenden zurückzukehren und weiterhin des Nachts durch Trommelspiel die Geister in die menschliche Umgebung herbeizurufen. Vergleiche Lot-Falck, E.: A propos, p. 49 nach Potapov, L.P.: „Buben teleutskoi chamanki: i ego risunki“, in: Sborn. Muz Antr. in Etnogr. X, 1949, S. 199-200.

8 Delaby, L.: Chamanes Toungouses, Paris 1976, S. 111.

9 Ein gleiches Verfahren ist von den Shor und den Tawgy-Samojeden überliefert. Dort wird der Trommelbaum so gefällt, daß er nach Sonnenaufgang zu liegen kommt, siehe Potapov, L.P.: „Die Herstellung der Schamanentrommel bei den Sor“, in: Mitteilungen des Seminars für Orientalische Sprachen zu Berlin, Nr. 37, 1934, S. 70 und Emsheimer, E.: „Schamanentrommel und Trommelbaum“, in: Ethnos, 11, 1946, S. 169.

10 Identische Techniken des Biegens von Trommelrahmen hat Diószegi für die sibirischen Tofa beschrieben, s. Diószegi, V.: „The Problem of the Ethnic Homogeneity of Tofa (Karagas) Shamanism", in: Popular Beliefs and Folklore Tradition in Sibiria, Hg. V. Diószegi, Bloomington 1968, S. 274-276.

11 So bei den Tamang (s. Höfer, A.: „Is the bombo an Ecstatic? Some Ritual Techniques of Tamang Shamanism", in: Contributions to the Anthropology of Nepal, Hg. Chr. v. Fürer-Haimendorf, London 1974, S. 170); bei den Chantal, (s. Michl, W.: „Shamanism among the Chantel of the Dhaulagiri Zone", in: Contributions ..., S. 228); und bei den Chepang (s. de Nebesky-Wojkowitz, R.: „Kusunda and Chepang", in: Bulletin of the International Comittee of Urgent Anthropological and Ethnological Research, 2, 1959, p. 83).

12 Bei den Tofa erhält der Schamane das Fell für seine Trommel von Jägern - ohne Entgelt, s. Diószegi, V., op. cit. S. 272.

13 Eine detaillierte Untersuchung der Trommelmalereien erscheint in der amerikanischen Zeitschrift res. Journal of Anthropology and Aesthetics unter dem Titel: „Drawings on Shamanic Drums."

14 Eine Entsprechung hierzu findet sich bei den Jakuten Sibiriens: Vor der Weihe mußte die neue Trommel von Laiengehilfen ausprobiert werden; später war ihr Gebrauch den Schamanen vorbehalten, s. Lot-Falck, E.: „L' animation d'un tambour", in: Journal Asiatique 249, 1961, S. 215. Auch bei den Soyoten wurden die ersten Schläge auf einer neuen Trommel von Laiengehilfen abgegeben; ihr Besitzer war bei der Einweihung des Instrumentes nicht einmal anwesend, s. Vajnstein, S.I.: „The Tuvan (Soyot) Shaman's Drum and the Ceremony of its 'Enlivening'", in: Popular Beliefs and Folklore of the Siberian Peoples, Hg. v. Diószegi, Bloomington 1968, S. 336.

15 Mastromattei, R.: La terra reale, Rom 1988 bietet ein Foto (Nr. 16) der Trommeldivination bei den Tamang.

16 de Nebesky-Wojkowitz, R.: „Tibetan Drum Divination, „Ngamo"", in: Ethnos, Nr. 17, 1952, pp. 149-157.

17 Manker, E.: Die lappische Zaubertrommel, Acta Lapponica I, Stockholm 1938, pp. 300-433.

Fotonachweis: Alle Abbildungen von M. Oppitz.

Abb. 1: Schamane mit "herzförmiger" Trommel in Trance

Abb. 2: Abspannen des Trommelbaums zu zwei Rahmenlatten

Abb. 3: Rollen des Trommelrahmens in ein Erdloch, die erste Unterweltreise

Abb. 4: Enthaaren des Trommelfells

Abb. 5: Trommel als Abwehrschild

Abb. 6: Schamane im magischen Schlaf, Kopf auf der Trommel

Abb. 7: Divination mit Unratskugeln auf der waagerecht angeschlagenen Trommel

Abb. 8: Zerschlagene Trommel auf dem Grab ihres Besitzers

Michael Mühlich

Der *dhami* als Vorbild. Ein Kommentar zu Campbells „... Oracular Religion ... in Hindu Jumla"

Ein Problem der Interpretation von Schamanismus, die Stellung von Volksheilern in der Gesellschaft, wurde bislang aus verschiedenen Richtungen angegangen. Dabei sind vor allem die religiöse Dimension (Eliade), die soziale Dimension (Lewis 1971) und die psychosoziale Dimension (Turner, Douglas, Lévi-Strauss) betrachtet worden (vgl. Campbell 1975-76). Hier soll eine phänomenologische Betrachtung der psychosozialen Dimension vorgetragen werden, soweit das Material Campbells über Nepal dazu Aufschluß gibt. Es soll nach dem Bewußtsein der Jumla-Gesellschaft über ihr Verhältnis zum *dhami* als Vermittler in psychosozialen Konflikten gefragt werden. Weil der *dhami* als ein Volksheiler auftritt, ergibt sich in diesem Rahmen auch die Möglichkeit seine Stellung gegenüber seinen Konsultanten mit der unseres modernen Volksheilers, dem Psychoanalytiker, zu vergleichen. Hierdurch können bestimmte Bereiche, wie Status des *dhami* und die Bedeutung seines Spezialwissens für die Allgemeinheit reinterpretiert werden. Zuvor wird jedoch ein anderer Bereich, das Verhältnis der Menschen zum Übernatürlichen, genauer besehen. Erst dann kann überhaupt von einer Äquivalenz von Psychoanalytiker und *dhami* gesprochen werden, wenn nachweisbar ist, daß auch der *dhami* an einer analytischen Art des Diskurses teilhat und die mit ihm verbundenen Vorstellungen nicht auf den gegenständlichen Glauben an übernatürliche Kräfte reduzierbar sind.

Der *dhami* als Volksheiler vertritt eine der Clan-Gottheiten *Masta*[1], um vor allem auch soziale Spannungen zu lösen, die bei Konsultationen an ihn herantragen werden. Insofern steht er in Parallelität zu unserer Auffassung vom Psychoanalytiker, der als Vorbild für die Reflexion von starren und konfliktverursachenden Identitätsmustern gilt. Ebenso wie der Psychoanalytiker, der uns in der Ausübung seines Berufes Anonymität und Kompetenz verspricht, übernimmt der *dhami* diese Funktionen in den lokalen Gemeinschaften bei den hindu-nepalesischen Kasten in West-Nepal. Und ebenso wie bei uns, wird in ihrer Gesellschaft das Spezialwissen oder die Art des Diskurses thematische Zusammenhänge herzustellen. Probleme zu besprechen etc. von der Öffentlichkeit ins Allgemeinwissen aufgenommen. Um diese Bedeutung des *dhami* als Vorbild für die Auseinandersetzung und Lösung psychosozialer Probleme zu verdeutlichen, wird es im Fortlauf auch einer Abgrenzung von anderen Interpretationen bedürfen - einer Abgrenzung, die sich letztlich auf die phänomenologischen Merkmale stützen kann. So meint auch die Vorbildstellung des *dhami* nicht ein im Rahmen sozialen Aufstiegs einsetzbares Muster, sondern das Vermögen die normative, *dharmische*[2] Ordnung zu transformieren, sie also auf eine alternative Weise zu interpretieren.

Das Bewußtsein der Jumlis über die Assoziation von *dhami* und *Masta*

Der *dhami* ist bei den hindu-nepalesischen Kasten in West-Nepal bekannt als ein Medium der Gottheit *Masta*, die das Medium besonders an den Vollmondfesten für alle sichtbar (das Medium öffnet seinen Haarturban, den *latta* oder *juni*) im Trance-Tanz inkarniert. Der *dhami* gilt deshalb nach der Definition Reinhardts (1976) im eigentlichen Sinn nicht als Schamane, der jederzeit und an jedem Ort in Trance fallen kann und mit Hilfe seiner Hilfsgeister eine „Reise" in die Himmels- oder Unterwelt unternimmt, sondern als ein Orakel, das von der Gottheit besessen wird, die anschließend auch durch ihn zu den Konsultanten spricht. Außerhalb dieser etwa viermal im Jahr stattfindenden Vollmondfeste (*Paith*) kann der *dhami* auch zu anderen „günstigen" Zeiten von der Gottheit besessen werden (Campbell 1978, S. 372). Dies geschieht vor allem dann, wenn soziale Probleme oder Naturereignisse dies notwendig machen.

Dabei soll festgestellt werden, ob sich durch den *dhami* eine gegenständliche Verbindung mit dem übernatürlichen oder mehr strukturelle Beziehungsmuster innerhalb einer Art analytischem Diskurs repräsentieren. Die Berufung zum *dhami* stellt schon das erste Problem zur Frage nach dem Bewußtsein der Jumla Hindus über die Assoziation von *dhami* und Gottheit. Die Berufung zum Orakel als ein Phänomen aufzufassen, das es nach Lewis These vor allem den gesellschaftlich Unterprivilegierten erlaubt soziale Anerkennung zu finden und damit den *Masta* Kult als einen peripheren Kult zu deuten, drängt sich zwar auf, kann jedoch an einem tieferen Verständnis des Phänomens vorbeiführen. Die Gründe, die dafür sprechen, stellen sich in Bezug auf die *Masta* Gottheiten in den durch den *dhami* in Trance gesprochenen *parheli* (Lebensgeschichten der Gottheiten) dar, die er am Vollmond-Fest nach dem Trance-Tanz vorträgt. Diese stellen auch den wichtigsten Beweis für die Berufung zum *dhami* dar. In den Lebensgeschichten treten die Gottheiten als Beschützer der Unterdrückten auf. Ihr Inhalt läßt sich aber nicht darauf reduzieren, sondern enthält auch noch andere Informationen, wie Wanderungen der Gottheiten oder auch über ihre Verwandtschaft mit den *dharmischen* Gottheiten, wie noch gezeigt wird. Dazu ein Auszug einer *parheli*, die von Unbescheid aufgenommen wurde.

> „An einem Freitag, aus einem spitzen Stein - Cyucu der Bhote, Sira die Bhoteni als Vater und Mutter - da habe ich mich verkörpert - 22 Kräfte, 22 Wissen, 22 Meditationen hab ich in mich aufgenommen - vom Bergkamm hab ich gerufen - zu dem Gargali Paß bin ich gegangen und nach Chipchipe Pani - die zwölf Neffen, die neun Schwestern hab ich getroffen - hab gesehen, wie sie sich verteilen - hab mich verkörpert und bin nach Chinne Dvara und Bara Karan gekommen - hab einer seit 12 Jahren unfruchtbaren Frau den Schoß geöffnet - kam zur Höhle von Bagre - in der Schlucht von Gabu saß ein Mann und weinte, ich ließ die Schafe durch, ich machte die Schlucht gangbar - bei Dhunge Dhara war das Reich eines Bhut (böser Geist), der hatte eine Steinfalle aufgestellt, die Falle hab ich zerstört, den Raksas unterworfen - emporgekommen war König Jalandhar und Königin Jhuma, eine Versammlung beriefen sie - da verkörperte ich mich, Gutes hatte ich getan, ´tue Schlechtes´, sprach der König, da ließ ich den Vijaya Mandir erzittern, die Tiger aufeinander losgehen - er schätzte mich trotzdem gering“ (Unbescheid 1986: 242).

Aus der Sicht der Aspiranten zum *dhami* steht ihre Berufung meist in Verbindung mit einer sozialen oder persönlichen Krise, so wenn etwa ein Sturmunglück die Gemeinschaft betroffen hat, oder wenn ein neues Orakel als Nachfolger gesucht wird (Winkler 1976: 248). Persönliche Krisen als Ursprung der Besessenheit werden vor allem aus Campbells Aufzeichnungen deutlich. So zum Beispiel aufgrund des Begehrens nach sozialer Akzeptanz, begleitet von der Erfüllung des Wohlbefindens im Trance-Tanz (361), oder zum Beispiel aufgrund der als beschützend empfundenen Macht der Gottheit, die wie der Betroffene annimmt das an ihm vollzogene Unrecht an seine Peiniger zurückwendet (362). Von Seiten der Öffentlichkeit wird den *dhami* häufig Respekt- und Reichtumssucht unterstellt. Dies darf aber nicht überbewertet werden, weil solche Unterstellungen sich auf jeden, nicht nur auf das Orakel beziehen können. Wie auch Campbell festhält, kann insgesamt betrachtet Lewis These (periphere Kulte als Ausdruck versteckter Aggression und verbunden mit dem Streben nach sozialer Anerkennung) nicht übertragen werden, weil die *dhami* aus allen sozialen Einheiten oder Kasten mit unterschiedlichen Status gleichermaßen hervorgehen. Auch weitere Bestimmungsfaktoren, wie Reichtumsunterschiede oder Geburtsrang, bilden keinen Grund für die Motivation ein Orakel zu werden. Von weitaus größerer Bedeutung für das Verständnis der Rolle der Jumla Orakel ist deshalb die Tatsache, daß die durch sie repräsentierten Wertvorstellungen von der ganzen Jumla-Gesellschaft geteilt werden (356). Das Teilhaben an dieser Wertorientierung ist fast wörtlich zu verstehen, denn, so der Glaube, auch einem Nicht-Orakel kann die Gottheit im Traum erscheinen. Jedoch nur das Orakel kann die Gottheit von einer Stummen zu einer ihre *parheli* Erzählenden und in Konsultationen Verhandelnden und von einer Verborgenen zu einer Sichtbaren verwandeln (342). Dennoch deutet sich hier schon an, daß das Bewußtsein der Jumlis über ihre Beziehung zur Assoziation von *dhami* und *Masta* nicht einfach auf eine Subjekt (Verehrer) - Objekt (Gottheit) Beziehung reduziert werden darf. Die Gottheiten repräsentieren neben ihrer gegenständlichen Form, identifiziert mit dem in Trance stehenden Orakel, und ihrer Assoziation mit bestimmten Gegenden, Landmarken etc. auch ein Netz von alternativen Interpretationen der *dharmischen* Ordnung. Dies wird deutlicher, wenn man die „verwandtschaftlichen" Beziehungen der *Masta*-Gottheiten zu den anderen, *dharmischen* Gottheiten heranzieht:[3]

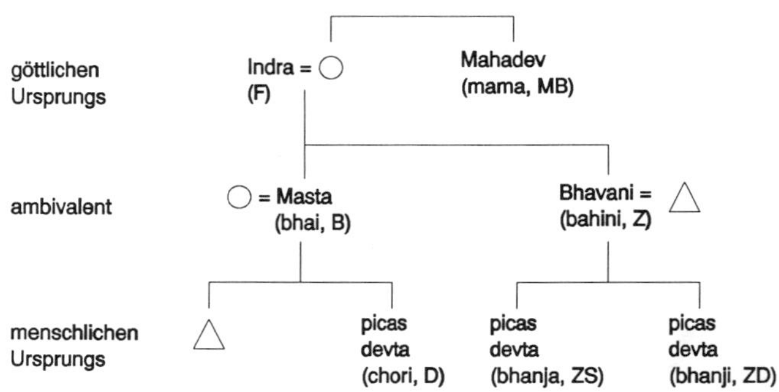

Diese „verwandtschaftlichen“ Verbindungen zwischen den *dharmischen*, hinter der Figur einer Gottheit „versteckten“ Gottheiten (*Indra*, *Mahadev* und die *Bhavani* - neun Schwestern) und den nicht-*dharmischen*, sich inkarnierenden Gottheiten (*Masta*, *picas devta*) zeigen zunächst, daß anders als im rein *dharmischen* System eine Unterscheidung zwischen älteren und jüngeren Geschwistern nicht beachtet wird; für beide Kategorien wird der üblicherweise den jüngeren Geschwistern zugeordnete Term gebraucht. Weiterhin fällt auf, daß einige Positionen nicht besetzt sind. Aus kultureller Sicht werden dabei die Werte der Matrilinearität gegenüber den sonst geltenden Werten der Patrilinearität bevorzugt. So in dem Verhältnis von Mutterbruder (MB) und Schwesterkindern (ZC). Aus psychosozialer Sicht ist diese Bevorzugung damit zu erklären, daß hierbei diejenigen verwandtschaftlichen Positionen ausgespart sind, die als mit möglichen Konflikten beladen zu sehen sind. So im Verhältnis von älterem und jüngeren Bruder, in dem Mißtrauens-Verhältnis zwischen den über die Heirat verbundenen Einheiten (das auch das Fehlen der Mutter in bestimmten Positionen impliziert), und in der Beziehung zwischen Vater und Sohn, in der es (anders als bei uns) nicht möglich ist Aggressionen gegenüber dem Vater aufkommen zu lassen (vgl. dazu Roland 1989). Dies kommt im „Verwandtschaftsdiagramm“ dadurch zum Ausdruck, daß einerseits die Beziehung *Masta* - „Sohn“ ausgespart ist, andererseits die zwischen *Indra* und *Masta* erwähnt wird. Dadurch wird eine idealisierende anstelle einer rein auf patriarchalischen Werten begründete Beziehung zwischen Vater und Sohn symbolisiert.

Die ambivalente Position der *Masta*-Gottheiten bildet einen zusätzlichen Grund dafür, die Interpretation weg von einer zu vergegenständlichten Vorstellung über diese Gottheiten zu führen. Einerseits leitet sich besonders die *Masta*-Gottheit *Lama* vom Vater der Gottheiten *Indra* ab (320), andererseits sind einige der *picas devta*, die als „Geister“ der eines gewaltsamen Todes gestorbenen Menschen gelten, auch zu *thulo deuta* (großen Gottheiten), also zu *Masta*-Gottheiten aufgestiegen (308).

Solche Widersprüche, die einer zu vergegenständlichten Vorstellung von den Gottheiten oder vom Übernatürlichen entgegenstehen, drücken sich auch im Verhältnis der Menschen zum Amt des *dhami* aus. Einerseits verkörpert das Orakel in Trance die Gottheit und kann dann auch deren den rein *dharmischen* Geboten widerstrebenden Gewohnheiten nachgehen, wie zum Beispiel Alkoholgenuß, andererseits verlangt die Gemeinschaft von ihm außerhalb dieser Trance eine strengere Einhaltung von Regeln von Reinheit als von jedem anderen Mitglied der Gemeinschaft. Er verkörpert also Rebellion gegen die *dharmische* Ordnung, aber auch Verschmelzung mit ihr (352). Aus kultureller Sicht beschreibt der *dhami* damit einen Weg zur Aufwertung des *Masta*-Kultes gegenüber dem Brahmanentum. Aus psychosozialer Sicht könnte seine außergewöhnliche Stellung aber zusätzlich damit begründet werden, daß seine Rolle als Vermittler und Ratgeber in Streitfällen und persönlichen Problemen der Auszeichnung des Stehens über den Problemen bedarf. Da er sich dabei aber den Regeln des *dharmischen* Systems angleicht, können Campbells weitere Erklärungen hierzu unterstützt werden. So hält er in Anlehnung an Bennett[4] fest, daß diese durch die Assoziation von *dhami* und *Masta* repräsentieren alternativen Strukturen als die der filiafokalen im Verhältnis zur patrifokalen Wertorientierung zu erklären sind (322). Das filiafokale Prinzip bezieht sich vor allem auf die Werte der Verehrung von jüngeren Geschwistern und Kindern der Schwester, das patrifokale Prinzip orientiert sich vor allem am Prinzip der Seniorität, beide Prinzipien orientieren sich aber auch an den Werten der Reinheit. Die Assoziation von *dhami* und *Masta* verkörpert diese Werte aber nur teilweise, da bestimmte Gewohnheiten der Gottheiten den Werten der Reinheit widersprechen.

Eine weitere Erklärung gibt Campbell in Anlehnung an Leachs „... Highland Burma“ (515). Hierbei sieht er dem vom Brahmanentum getragenen System der *dharmischen* Ordnung eine lose Kollektion alternativer Modelle gegenübergestellt, in die auch die Assoziation von *dhami* und *Masta* integriert ist. Diese Modelle sieht er teilweise in Abhängigkeit, teilweise im Gegensatz zu ihm definiert (514). Das vom Brahmanentum getragene System und die Kollektion alternativer Modelle stehen sich demnach gegenüber wie die von Leach beschriebenen „zwei polaren Typen - *gumlao* ‘Demokratie’ auf der einen Seite, *Shan* ‘Autokratie’ auf der anderen“ (Leach 1964: 9).

Es wäre natürlich möglich die gesamten Merkmale dieser Opposition im Sinne Campbells gegenüberzustellen. Für den Rahmen dieses Aufsatzes genügt es jedoch darauf hinzuweisen, daß die im Zusammenhang von *Masta* und *dhami* repräsentierten Vorstellungen nicht auf eine gegenständliche Beziehung von Subjekt (Verehrer) und Objekt (Gottheit) zu reduzieren sind, sondern daß sie vor allem auch eine analytische Art des Diskurses repräsentieren. In diesem Sinne ergibt sich eine Äquivalenz der durch den *dhami* repräsentierten Vorstellungen mit denen der Psychoanalyse bei uns, die, wie man sagen könnte, ein Instanzenmodell präsentiert, das sich aber im konkreten Sinn auf quantitative Prozesse bezieht.

Das „analytische" Wissen des *dhami* und seine Anwendung

Welches Wissen der *dhami* im konkreten Fall einsetzt, also die Art seines Diskurses Probleme zu bestimmen, thematische Beziehungen herzustellen und diese auszuhandeln, soll im Weiteren dargestellt werden. Die Konsultationen des Orakels finden meist im Anschluß an die *parheli* und die darauf folgenden Segnungen statt. Zu diesen *dhamelo basalne* (lit. das Erwirken des Niederlassens der Gottheit) setzt sich das Orakel auf eine Erdanhäufung oder eine hölzerne Plattform, die vor dem Haus der Gottheit errichtet ist. Die Konsultationen, die von einer halben bis zu sechs Stunden dauern können, gliedern sich analytisch betrachtet in drei Phasen: der Bestimmung des Grundes für den Besuch des Konsultanten, der Bestimmung der Ursache für sein Problem und dem Erreichen einer Lösung dafür.

Wie Campbell festhält, unterscheidet sich die Form der Kommunikation, die die Gottheit gebraucht, um durch ihr Orakel mit dem Konsultanten zu sprechen, in Stil und Vokabular von der normalen Sprache." Die meisten Orakel sprechen mit einer hohen Falsett-Stimme. Ihre Rede besteht meist aus kurzen Sätzen, die voneinander durch heftige Atempausen und charakteristische Silben, wie etwa „hu! hu!" oder „sun! sun!" (hört! hört!), getrennt sind. ... Das Vokabular der durch das Orakel sprechenden Gottheit besteht teilweise aus Wörtern mit Ursprung aus dem Sanskrit.[5] (zum Beispiel *naratokya* [anstelle von dem im Nepali gebräuchlichen *manche*, deutsch: Mensch], *putra* [anstelle von *choro*, Sohn], *kannya, cela, celi* [anstelle von *chori*, Tochter]), teilweise aus Wörtern, die anstelle des Namens die besonderen Merkmale eines Objektes veranschaulichen (zum Beispiel *lamisange*, „lange Hörner"; *matto*, „Erde" [anstelle von *khet*, Feld]; *chalo*, „Leder" [anstelle von *boko* oder *patho*, Zieglein]), Wörtern, die ähnlich wie die umgangssprachlichen klingen (zum Beispiel *gou* [zu *gaigoru*, Vieh], *tinka* [zu *ghanta*, Glocke]) und auch solchen, deren Herkunft nicht offensichtlich ist. Daß jedoch die meisten der Wörter leicht herleitbar und die Liste des Spezial-Vokabulars kurz ist, bedeutet, daß alle Jumlis die Sprache des Orakels ohne Schwierigkeiten verstehen. Einige Individuen verwenden das Spezial-Vokabular sogar selbst, wenn sie zur Gottheit sprechen. Gleichgültig ob dieses Vokabular gebraucht wird - alle Konsultanten müssen das Orakel mit ehrerweisenden Worten ansprechen. Diese Namen sind gewöhnlich solche, die für Visnu, Siva oder Bhagvan gebraucht werden und aus der brahmanischen Tradition stammen, unter ihnen sind aber auch säkulare. Folgende habe ich entweder einzeln oder in

Kombination mit anderen gehört: Gosai, Narayan, Parmeswar, Mahadev, Malik, Sahib, Bhagwan, Maharaj, und Iswar“ (394-396). Obgleich der *dhami* beziehungsweise die Gottheit mit verehrungswürdigen Namen angesprochen wird, also im Moment der Trance als über den Dingen stehend angesehen ist, muß er diese Überlegenheit auch demonstrieren. Daß er dazu nicht immer in der Lage ist, und daß außerhalb der Konsultationen auch Anekdoten über die Gottheiten erzählt werden, veranschaulicht auf eine andere Art die schon vermutete relative Abwesenheit von Distanz zwischen Menschen und orakularen Gottheiten (401).

In den von Campbell zur ersten Phase gegebenen Aufzeichnungen von Konsultationen zeigt sich, daß die Bestimmung des thematischen Rahmens eines Problems des Konsultanten einerseits eine Reihe psychologischer Tricks des *dhami* bedarf, andererseits aus der Sicht des Konsultanten eine sehr ambivalente Angelegenheit darstellt. Diese Seite kann nicht allein damit erklärt werden, wie Campbell sagt, daß es darum geht, die Überlegenheit des Orakels, seine „Seherfähigkeit“[6], zu testen, sondern impliziert auch, daß man nur ungern von sich aus das Problem benennt, also auch von dem Ethos geleitet ist „nicht das Gesicht zu verlieren“. Ein Beispiel soll dies verdeutlichen.

(...)

dhami: Hör zu, Oh Frau. Alles ist zum besten in deinem Haus. Ich sehe nichts auffälliges.

Frau: Was immer mit mir los ist, Du Narayan solltest es sehen. Wenn Du es sehen kannst, dann mußt Du Narayan sein. Wenn Du es nicht sehen kannst, dann bist Du für mich immer noch Narayan.

dhami: Was verwirrt Dich so? Ist es etwas, daß Du Dir nur einbildest und nicht in Worte fassen kannst?

Frau: Was soll ich sagen. Da Du allwissend bist, gibt es nichts, das ich Deinem Wissen hinzufügen könnte.

dhami: Da ist etwas im Zusammenhang mit dem Land und den Frauen[7]. Es sind höchstens drei und mindestens zwei Generationen vergangen seitdem. Ist das wahr oder nicht?

Frau: Ich weiß von nichts. Ich weiß nicht wieviel Generationen es her ist und woher der Ärger rührt. Vielleicht ist es etwas - eine Art Krankheit - das aus sich selbst entstanden ist.

dhami: Wenn Du alles weißt, warum tust Du dann so, als wenn Du von nichts wüßtest?

Frau: Dies ist als würde ich sagen: „Wenn Du mein neuer Ehemann wirst, dann werde ich mit Dir wegrennen“[8]. Wenn es etwas wäre, worüber ich Bescheid wüßte, was hätte es dann für einen Sinn Dich, eine Gottheit, aufzusuchen?

dhami: Wenn ich spreche, dann höre: Die Ursache Deines Problems ist die Beschwörung (*pukara*) einer Gottheit durch eine Frau, die *mangal* (Hymnen) singt. Zwei oder drei Generationen sind seitdem vergangen. Es hat weiterhin etwas damit zu tun, was eine Frau über einen Diebstahl ausgesagt hat. Wenn das die Wahrheit ist, sag es, wenn es falsch ist, sag es auch.

Frau: Es ist wahr. Das habe ich befürchtet.

(...) (Campbell 410-411)

Eine weitere Dimension der Bestimmung des thematischen Bereichs ist schließlich die Art des Diskurses an sich Probleme zu umkreisen, sie unbestimmt zu lassen, um die Vielschichtigkeit des Problems offen zu lassen, wie im folgenden Beispiel, den Diebstahl eines Schmuckstückes betreffend.

(...)

dhami: Hat dieses Ding nicht zwei Eigenschaften? Es ist etwas, das sich nur bewegt, wenn jemand es in Bewegung setzt - ist es nicht so? Es muß etwas sein, das weiß und leuchtend ist. Es ist etwas, das sich nicht von selbst bewegt, weiß, leuchtend, etwas, das Du mit Deinen eigenen Augen gesehen hast, und das einfach verschwunden ist. Ist das wahr oder nicht? Du bist jemand, der einen Gott belügt und sagt, daß es sich nicht um etwas handelt, das mit einer Frau (*mau*) zu tun hat, obwohl dem so ist! (Der *dhami* streicht ihr über die Wange.)

Frau: Es ist alles wahr, Narayan. Ich bin überzeugt. Ich muß sagen, daß es wahr ist.

(...) (Campbell 430)

Die zweite Phase der Konsultationen behandelt eine genauere Bestimmung des Problems, denn zum Beispiel für die Beschwörung einer Gottheit (*pukara*) kann es mehrere Ursachen geben. Campbell hat diese Ursachen eines Problems entsprechend den Deutungen des *dhami* in vier Kategorien unterteilt: *karmische*, vom Schicksal (*bhagge*) bestimmte, die auf Abweichungen von den *dharmischen* Geboten zurückzuführen sind und die auch

Generationen zurückliegen können[9]; *dos*, die die Beschwörung der Gottheiten anstelle der physischen Austragung von Konflikten beinhalten; Einfluß böswilliger Wesen aus der Geisterwelt (*bhut*, *pret*, *raksas*, *daityas*) oder aus der menschlichen Welt (*boksi*, *dankini*); und selbstverschuldetes Unglück, also aufgrund von Unachtsamkeit gegenüber bekannten Gefahren, wie Verzehren giftiger Pflanzen oder vom Pferd zu fallen.

Diese Vierer-Klassifikation bedeutet aber nicht, daß ein Problem auf eine einzige Kategorie beschränkt sein muß, sondern ist idealtypisch. Ferner gilt, daß der *dhami* eigentlich nur auf Probleme mit *dos* oder auf den Einfluß böswilliger Wesen zurückzuführende Ursachen einwirken kann. Die Macht des Orakels beziehungsweise der Gottheit, auf die *karmische* Ursache eines Problems Einfluß zu nehmen, ist begrenzt oder vielmehr präventiv. Ebenso gilt dies, wenn der Verursacher einer Beschwörung (*pukara*), beziehungsweise die sich einsetzende Gottheit, nicht erkannt werden kann. Ein Beispiel, aus den vielen die Campbell zur zweiten Phase anführt, kann besonders das Zurückführen eines Problems auf psychosoziale Ursachen verdeutlichen, die in den Bereich *dos* fallen würden. So der Fall eines Mannes, der die angesetzten Scheidungszahlungen (*jari*) für seine Frau nicht vollständig beglichen und dies offensichtlich verdrängt hat. Dazu ist anzumerken, daß angenommen wird eine mögliche *pukara* werde aufgehoben, nachdem bereits ein Großteil von Ausgleichszahlungen geleistet wurde.

dhami: Oh Mann aus dem Dorf Suni, warum bist Du gekommen? Ich sehe Dich nicht von einer Krankheit oder einem Leiden befallen. Warum bist Du gekommen?

Mann: Parmeswar, was kann ich tun? Weder mein Vater noch mein Großvater haben Schuld auf sich geladen. Es ist wegen einer kleinen Angelegenheit, daß ich Dich aufsuche, Parmeswar. Ich habe schon 500 Rupien bezahlt von den 1000, die ich als *jari* (Scheidungsgeld) bezahlen sollte. Diejenigen, die das *jari* annahmen, sagten, daß sie zu jener Zeit die von Ihnen beschwörte Gottheit befrieden wollten. Ich glaube aber, daß sie es bislang nicht getan haben und deswegen bin ich zu Dir gekommen.

dagri[10]: Du, Mann aus dem Dorf Suni, verhälst Dich als würdest Du Dir viermal hintereinander das Gesicht waschen. Da war sicher etwas, das Du Deiner ersten Frau geben solltest, was Du aber unterlassen hast.

Mann: Ja, es gibt ein paar Kleider, die ich (noch) zurückgeben muß. Ich werde sie beim nächsten Vollmond übergeben. Egal was es kostet, Du mußt die Gottheit befrieden.

dhami: Höre - bring all die Dinge zurück, die Du versprochen hast. Achte darauf, daß Du nichts vergißt. Was immer auch geschehen mag, sie (Deine neue Frau) ist auch meine Tochter. Ich werde dafür sorgen, daß ihr nichts zustößt. Nun gehe.

(Campbell 438)

Der *dhami* bringt also den Konsultanten dazu sein Problem als den Zusammenhang zwischen nichtbeglichenem Ehebruch und fortdauerndem Fluch anzunehmen. Eine diffuse Empfindung wird markiert und somit erträglich gemacht. Auch wenn sie uns, wie in diesem Fall, oberflächlich betrachtet, erst als Stilisierung von Problemen erscheinen mag, steht hinter dieser Sichtweise zusätzlich die Orientierung an einer auf Ausgleich bedachten Regelung, die in diesem Fall zur Absicherung der vom Eigentum meist ausgeschlossenen Frauen in dieser Gesellschaft beiträgt.

Somit erschließt sich die analytische Etablierung einer dritten Phase der Konsultationen, dem Erreichen von Problemlösungen. Die Methoden, die von den Orakeln zur Lösung von Problemen eingesetzt werden, reichen von einfachen symbolischen Handlungen, wie Segnungen und Reiszauber, bis zu mehr entwickelten Mitteln, wie Ausgleichszahlungen, Umverteilungen von Gütern, Darbringung von Sühneopfern für die Gottheiten, die allesamt schließlich zu einer Annäherung der Konfliktbeteiligten unter einer den Konflikt transzendierenden Wertorientierung führen sollen. Das folgende Beispiel zeigt dabei, wie sich beide, *dhami* und Konfliktbeteiligte, über die zum Konflikt führenden Wertorientierungen bewußt sind, der *dhami* aber derjenige ist, der die Ordnung der „Könige" mittels seiner Verbindung zu *Indra* transformieren und zu einer Vermittlung zwischen den Konfliktbeteiligten führen kann. Es geht um einen Erbkonflikt, bei dem das Erbe des Vaters zunächst zwischen den drei Söhnen derart geteilt wurde, daß der älteste von ihnen das Haus allein zugesprochen bekam. Als der älteste Sohn starb, übernahm der jüngste der Brüder (*kancha ba*), der selbst ohne Sohn oder Tochter war, die Treuhandschaft über das Erbe des ältesten Bruders für dessen noch nicht mündigen Sohn, dem er schließlich auch noch seinen eigenen Anteil überschreiben will. Dies führt zum Konflikt mit dem Sohn des mittleren Bruders, dessen Erbe ohnehin schon fast vom eigenen Vater aufgezehrt wurde.

(...)

dhami: All das Land, das bis jetzt nicht geteilt wurde, sollte allen von euch zu Gute kommen. Aber es gibt andere, die sagen, es sollte alles ihm gehören, der das Land bearbeitet und Sorge dafür getragen hat. Und das ist der Grund, daß seine (des mittleren Bruders, *mailo ba choros*) Familie und Nachkommenschaft glaubt, sie könne von keiner Seite mehr etwas erwarten.

mailo ba choro: Tatsächlich ist ja unser *kanca ba* (Onkel) der älteste und am meisten verantwortliche.

dhami: Dieser (*kanca ba*) sagt, daß alles zu seiner Familie Haus gehört und diese den gesamten Besitz behalten wird. Aber dieser (*mailo ba choro*) sagt, daß alles aufgeteilt werden müsse. Wahrscheinlich kam es deshalb zu der Beschwörung (*pukara*, von der Seite des *mailo ba choro*).

mailo ba choro: *Kanca ba* sagte immer, daß er derjenige sein sollte, der Land und Hof erben wird, und daß wir das teilen sollten, was übrig bleibt. Das ist was *kanca ba* immer sagte. Aber andere sagten, es solle allen Brüdern zu Gute kommen.

ein anderer: Die Tatsachen wurden endlich gesagt!

dhami: Wie soll es nun weitergehen? Es gibt ein Sprichwort: *bhat dal khada, varda dhunu malai lahda* (nachdem Reis und Linsen gegessen sind, bringt man mir den Abwasch). Wenn ich Dir (*mailo ba choro*) sage, Du sollst auf Deinen Anteil verzichten, dann wirst das empfinden als würde die Welt über Dir zusammenstürzen. Und, Du (*kanca ba*) wirst Dich ausgestoßen fühlen. Du wirst schließlich überall erzählen wollen, das Dir jetzt alles gehörte und Du nun die Hälfte dessen was Dir zustand aufgeben mußtest.

kanca ba: Auf wen fällt also die meiste Schuld, Parmeswar?

dhami: Ich werde euch sagen was ich sehe. Wenn ich Gerechtigkeit habe walten lassen, dann werdet Ihr es schon erfahren. Das Recht dazu hat mir Baba *Indra* selbst gegeben. Er gebot mir auch wirkliche und nicht scheinbare Gerechtigkeit zu finden. Der Vater von dem (*kanca ba*) hat Gerechtigkeit auf der Seite des Königs gesucht, während der andere (*mailo ba choro*) zu uns - die wir wie Dämonen angesehen sind - gekommen ist, um Gerechtigkeit zu finden. Wollt Ihr immer noch sagen, daß Ihr dem Weg, den Ihr (nun) gewählt habt folgen werdet?

kanca ba: Wir können uns niemals über die Gottheiten stellen. Denn wir gehen auf den Wegen, die uns die Gottheiten gezeigt haben. Wenn uns gesagt wird, durch ein kleines Loch zu kriechen, dann werden wir dazu bereit sein, und wenn uns gesagt wird durch ein großes Loch zu gehen, dann werden wir auch einverstanden sein. Wir haben keine Mittel, uns gegen den Tod oder Befehle zu stellen. So wie es kein Mittel gegen den Tod gibt, so können wir nichts gegen das sagen, was uns die Könige befehlen. Wenn man (aber) vor der Tür des Todes steht, kann keine Medizin mehr helfen. Das ist das, was uns nun widerfährt, Parmeswar.

dhami: Ob das Loch groß oder klein ist - Ihr müßt hindurch. Es gibt keinen anderen Weg.

(...)

dhami: Wird auch jeder der Brüder der Familie den gleichen Teil bekommen? Sprecht!

mailo ba choro: Die Mehrheit von uns Brüdern und Vettern (*daju-bhai*, lit. älterer-jüngerer Bruder) sagt: Wenn es der wahren Gerechtigkeit entspricht, jedem den gleichen Teil zu geben, dann muß dem so sein. Aber wir wissen nicht, was diejenigen denken, die den Anteil geben müssen.

kanca ba: Was geschehen ist, Parmeswar, ist Folgendes: Es wird nur auf der Seite kalt, auf der der Wind weht. All diejenigen, die diese Dinge angerichtet haben, sind schon seit langem tot. Nun ist da der Sohn des verstorbenen Bruders und da bin ich, der alte *kanca ba*. Wir sind eins geworden. Was wir nun erfahren ist, als wären wir in der Dunkelheit eines tiefen Waldes verloren. Wir stehen im Dunkeln. Wir sind bereit jede Entscheidung, die Du, Parmeswar, triffst, anzunehmen. Laß dieses Problem an den Ort gehen, an den auch die nach ihrem Tod gegangen sind, die den Konflikt angestiftet haben. Ich bin bereit, alles hinter mir zu lassen.

mailo ba choro: Wenn Du selbst solche Dinge sagst, was sollen wir dann noch hinzufügen.

dhami: Wenn Ihr ins Einverständnis kommt, dann werde ich dem nicht entgegenstehen.

(...)

Dann wird nochmals beredet, wer dafür verantwortlich ist, daß es zu der streitvollen Erbteilung kam. Dabei wird die Schuld teilweise auf die vergangenen Generationen übertragen, als auch unter dem Drängen des *dhami*, als Teil des eigenen Verhaltens erkannt und anerkannt. Es werden also teilweise Vorurteile über die Motive des anderen als Projektionen des eigenen Denkens entschlüsselt - im Fall des *kanca ba* betrifft dies sein königliches Streben nach Verfügungsgewalt über die „nichtmündigen" (weil eigentumslosen) Mitglieder der Familie im weitesten Sinn. Schließlich kommt es zum Aushandeln einer Lösung.

kanca ba: Ihm (*mailo ba choro*) muß etwas gegeben werden und dann muß er zufrieden sein. Nur wenn er sagt, daß er zufrieden ist, werden wir erlöst sein.

dhami: Wird der zehnte Teil des Besitzes ausreichen? Zähle neun Teile ab und gib den zehnten an ihn. Teile gerecht.

(...)

Was ich versuche zu sagen ist: Wenn Du ihm nicht wenigstens den zehnten Teil gibst, dann werden die Panchas (die Dorfältesten) und die anderen beteiligten Parteien nicht an eine gerechte Entscheidung der Gottheit glauben.

kanca ba: Was immer auch verlangt wird, muß gegeben werden. Ob es in *pathis* (großen Behältern) gefüllt oder ob es auf dem Fingernagel geteilt werden soll. Schließlich muß jeder Empfänger befriedigt sein. Wie soll es also gelöst werden?

dhami: *La mridukh, khupra mridukh, lacha mridukh* (Worte in der geheimen Sprache der Gottheit)

kanca ba: Nun mußt Du uns sagen, wie groß der zu gebende Teil sein soll, Gosain. Dann wird jeder zufrieden sein.

mailo ba choro: Ich habe auf alles verzichtet, was zuviel erschien. Dies ist allen hier deutlich geworden. Aber, nach allem möchte ich den Teil, der mir zusteht ... Wir sollten sagen können, daß die Gottheit Gerechtigkeit durchgesetzt hat.

dhami: Die Entscheidung der Gottheit lautet: Du bist verpflichtet ihm ein Stück Land zu geben, das ein *muri* (ungefähr 80 kg Korn) Ertrag pro Ernte verspricht. Das Land muß gegeben werden - welches Land Du dafür aussuchst, ist Deine Entscheidung.

(...) (Campbell 465-473)

Natürlich bekommt auch die Gottheit beziehungsweise das Orakel einen kleinen Teil als Tribut. Aber, wie die Beispiele zu den einzelnen Phasen der Konsultationen und die Ausführungen zum Bewußtsein über die Assoziation von *dhami* und *Masta* gezeigt haben, spiegelt sich hier neben der gegenständlichen Vorstellung, die ihrem Konzept von Macht zu Grunde liegen mag, vor allem auch eine analytische Art des Diskurses wieder. In den Beispielen wurde deutlich, daß der *dhami* dabei sowohl in Abstimmung mit ethischen und moralischen Werten handeln, aber auch an deren Verklammerung mit psychosozialen Konflikten denken muß. Er kann diese Ambivalenzen durchdringen, indem er in der Besprechung von Problemen und Konflikten einerseits ein Vokabular verwendet, das den Beteiligten ein Abrücken von starren Positionen erlaubt (indem zum Beispiel die Verwandtschaftsterme wie *putra, celi*, ... auf alternative Werte hinweisen). Andererseits enthält sein Vokabular auch die Möglichkeit der Herstellung thematischer Beziehungen, die sich hinter den „manifesten" Problemen verbergen (wie zum Beispiel die Kategorie Land und Frauen, *mau-mati*). Die Verbindung zu *Indra* versinnbildlicht dabei seine Vermittlerrolle. Der Status des *dhami* hängt also auch davon ab, inwiefern er vermögend ist, diesen Diskurs zu führen und nicht allein davon, daß er der Vertreter der Gottheit ist.

Die Art seines Diskurses kann als vorbildliche Regelung für die Lösung psychosozialer Probleme gelten. Dabei liegt es in den Händen des *dhami*, das Wissen um eine Transformation der patrifokalen („königlichen") Ordnung zu Gunsten der filiafokalen und andere alternative Werte einbeziehenden Orientierung konkrete Formen annehmen zu lassen. Dieses Wissen läßt aber im Gegensatz zu dem um die patrifokalen Prinzipien einen größeren Interpretationsraum zu. Während das Wissen um diese alternativen Werte teilweise auch über lebenszyklische und jahreszeitliche Rituale weitergegeben wird, stellt die Integration dieses Wissens in eine Art analytischen Diskurs - das Verwandeln der Gottheit von einer Stummen in eine ihre *parheli* Erzählende - die besondere Bedeutung des *dhami* dar.

Es bleibt schließlich zu fragen, inwiefern der *dhami* sich in der Ausübung seines Amtes von unserem modernen Volksheiler, dem Psychoanalytiker, unterscheidet. Nach Campbell zu urteilen ist es die gegenständliche Komponente, die den *dhami* in eine im Verhältnis zum Psychoanalytiker weit überlegene Position bringt, weil die Annahme besteht, daß es in der Macht der Gottheit liegt, sowohl Schutz zu gewähren als auch Zerstörung zu veranlassen. Vor allem die Beschützerrolle der

Gottheiten bildet dann das Fundament für ihre konsultativen Aktivitäten und den Kontext, durch den ihre Bedeutung innerhalb der Jumla-Gesellschaft verstanden werden kann (481). Jedoch kann demgegenüber reinterpretiert werden, daß es gerade aufgrund der durch die Gottheiten repräsentierten emotional-analytischen Vorstellungen so ist (siehe „Verwandtschaftsdiagramm“), daß eine solch idealisierte Vorstellung von der Beschützerrolle der Gottheiten zum tragen kommt. Nach dieser Ansicht wäre ein Unterschied von *dhami* und Psychoanalytiker bezüglich der Ausübung ihres Amtes nicht so groß, sondern stellt vielmehr eine Adaption an unterschiedliche kulturelle Gegebenheiten dar (siehe dazu auch Roland 1989, über die Praxis der Psychoanalyse im indischen Kontext) - der *dhami* in West-Nepal erscheint als idealisierte Elternfigur, der Psychoanalytiker bei uns idealerweise als Reibungspunkt.

Anmerkungen

1 Da hier nicht auf Mythos, Geschichte, Ritual und Zusammenhang von politischer und territorialer Organisation mit dem *Masta*-Kult eingegangen wird, soll an dieser Stelle auf die Literaturlage dazu aufmerksam gemacht werden. Wertvolle Angaben finden sich bei Gaboriau 1969, Bista 1972, Unbescheid 1986, 1987 und in der Arbeit Campbells 1978, im Folgenden nur noch durch Seitenzahl angegeben.

2 *dharma* ist ein Begriff aus dem Sanskrit und erklärt die kosmo-moralische Ordnung (siehe Inden 1985). Er bezieht sich sowohl auf die Ordnung unter den Menschen (das *dharma* einer Kaste ist anders als das einer anderen) als auch auf die unter den Gottheiten. Dabei ist im Zusammenhang mit einem später dargestelltem Beispiel zu bemerken, daß das *dharma* der Kshatriya, der Könige und Krieger (die in der Varna-Lehre unter den Brahmanen, aber über den Vaishya und Sudra stehen), auch mit dem Konzept von Herrschaft über Land und dessen Bevölkerung einhergeht. In dem Beispiel zur dritten Phase der Konsultationen des *dhami* wird aber deutlich, daß dieser die herrschaftsstrebende und sich zur Grundlage von Erbkonflikten ausweitende Eigentumsordnung der „Könige“ zu mildern versucht.

3 Agenda zu den Abkürzungen: F (Vater), MB (Mutterbruder), B (Bruder), Z (Schwester), D (Tochter), ZS (Schwesters Sohn), ZD (Schwesters Tochter), Kreis = Frau, Dreieck = Mann.

4 Ich beziehe mich auf Bennett (1983), da die Dissertation, die Campbell vorlag, nicht veröffentlicht wurde, diese Arbeit ihr aber inhaltlich entspricht.

5 Vor allem die Begriffe, die aus dem Sanskrit stammen, lassen auch auf eine Verbindung mit alternativen Wertvorstellungen schließen - alternativ, insofern die spirituelle Beziehung und damit eine Abkehr von rein materiellen, konfliktbeladenen Beziehungsmustern in den Vordergrund rückt. Das Wissen um diese alternativen Werte wird, ohne jedoch eine Verknüpfung zwischen den einzelnen Werten herzustellen, über jahreszeitliche und lebenszyklische Rituale weiter-

gegeben. So ist der *putra*, als *Kirya putra*, der Haupttrauernde am Bestattungsritual, die *celi* tritt im Zusammenhang mit der sakralen Gabe in mehreren rituellen Kontexten auf (siehe dazu Bennett 1983).

6 ..., vor allem, wenn das Orakel, wie im folgenden Beispiel, im gleichen Dorf wohnt, ...

7 Land und Frauen heißt *mau-mati*. Die meisten Probleme interpretiert das Orakel zu dieser Kategorie zugehörig.

8 Die *dharmische* Ordnung schreibt den Ehegatten eine lebenslange Ehe vor. Will eine Frau sich trennen und mit einem anderen Mann gehen, so muß sie mit diesem flüchten. Die Anspielung hat also den Sinn, den *dhami* auf die Tautologie seiner Aussage hinzuweisen.

9 Zur Komplexität dieser Kategorie im indischen Kontext siehe Wadley (1989).

10 Gehilfe des *dhami*.

Literatur

Bennett, L.: Dangerous Wives and Sacred Sisters. Social and Symbolic Roles of High-Caste Women in Nepal. New York 1983

Bista, K.B.: Le culte du Kuldevta au Népal, en particulier chez certains Ksatri de la Vallée de Kathmandu. Paris 1972

Campbell, J.G.: „Approaches to the Study of Shamanism." In: Wiener Völkerkundliche Mitteilungen 1975-1976

Campbell, J.G.: Consultations with Himalayan Gods: A Study of Oracular Religion and Alternative Values in Hindu Jumla. Ph. D., Columbia University 1978

Gaboriau, M.: Note préliminaire sur le dieu Masta. In: Objets et Mondes Vol. 9, (1): 19-49, 1969

Inden, N.: Lordship and Caste in Hindu Discourse. In: R. Burghart (ed.): Indian Religion. London 1985

Leach, E.: Political Systems of Highland Burma: A Study of Kachin Social Structure. Boston 1964

Lewis, I. M.: Ecstatic Religion: An Anthropological Study of Spirit Possession and Shamanism. Baltimore 1971

Reinhardt, J.: Shamanism and Spirit Possession: The Definition Problem. In: J.T. Hitchcock (ed.), Spirit Possession in the Nepal Himalaya. Warminster 1976

Roland, A.: In Search of Self in India and Japan. Toward a Cross-Cultural Psychology. Princeton 1989

Unbescheid, G.: Göttliche Könige und königliche Götter. Entwurf zur Organisation von Kulten in Gorkha und Jumla. In: B. Kölver (Hrsg.), Formen kulturellen Wandels und andere Beiträge zur Erforschung des Himalaya. Sankt Augustin 1986

Unbescheid, G.: A God's Journey: The Parheli of the God Lama from Lekhpur (Sija). In: Kailash Vol. 13, (1-2), 1987

Wadley, S.S. and Derr, B.W.: Eating sins in Karimpur. In: Contributions to Indian Sociology Vol. 23, (1), 1989

Winkler, W.F.: Spirit Possession in Far Western Nepal. In: J.T. Hitchcock (ed.), Spirit Possession..., 1976

Christof Vonderau

Fremdheit und Sozialisation im Schamanentum

Die Schamanismusforschung läßt sich als ein Prozeß ansehen, der nicht immer frei von wissenschaftlicher Eigendynamik ist. Diese Eigendynamik resultiert einmal aus der wissenschaftlichen Form, zum anderen aus einem spezifisch modernen Interesse am Schamanismus. Denn die Fremdheit des Schamanen zu seiner eigenen Gesellschaft beeinflußte die Untersuchenden. Diese erkannten im Schamanen als sozialem Außenseiter ein Modell, das für die moderne Gesellschaft von allgemeiner Bedeutung sein kann. Kaum anders als durch mögliche Analogien zwischen dem modernen und dem schamanischen Personenbegriff läßt sich die Flut von Publikationen über das Thema begreifen.

Als Modell zur Klassifikation des Schamanismus können bis heute Shirokogoroffs Abhandlungen über die Tungusen gelten.

1.

Bei Eliade begegnet uns der Schamane im Kern einer Gesellschaftsideologie, in der die Erhabenheit des einzelnen von der Profanität des sozial Konkreten zu entbinden scheint. Die Sozialisation wird durch die Ekstase ersetzt, die Erlangung höherer Gefilde. Die religiöse Überhöhung des Schamanen bei Eliade stellt einen Wertbegriff dar. Das Verhältnis des Schamanen zu den Geistern bleibt unverbindlich. Es bestimmt nicht die Persona des Schamanen in dem Sinne, daß die Geister ein Teil seiner selbst werden. Vielmehr unterstreicht die Geistbeziehung eine Überlegenheit, in der der „Meister“ vom Inhalt des „Gemeisterten“ getrennt bleibt. „Es bedürfte mehrerer Bände, um all die Probleme des Begriffes „Geist“ und seiner Beziehungen zu den Menschen hinlänglich zu bearbeiten, denn ein „Geist“ kann ebenso die Seele eines Verstorbenen sein wie ein „Naturgeist“ oder ein mythisches Tier. Aber zum Studium des Schamanismus ist das nicht notwendig. Es genügt, wenn wir die Position herausarbeiten, welche der Schamane gegen seine Hilfsgeister einnimmt. Da ist leicht zu sehen, worin sich der Schamane vom Besessenen unterscheidet: er meistert seine „Geister“ in dem Sinn, daß er als menschliches Wesen eine Verbindung mit den Toten, den „Dämonen“ und den „Naturgeistern“ zustande bringt, ohne sich dazu in ihr Instrument verwandeln zu müssen. Gewiß gibt es wirklich „besessene“ Schamanen, doch eher als seltene Abirrungen, die sich erklären lassen (Eliade 1975: 15). Für Eliade kennzeichnet den Schamanismus im wesentlichen eine Mobilität, die sich mittels der Ekstasetechnik verwirklichen läßt. „... der Schamane ist der Spezialist einer Trance, in der seine Seele den Körper zu Himmel- und Unterweltfahrten verläßt“ (Eliade 1975: 15). Die „archaische Reinheit“ des Schamanismus sieht Eliade dort gefährdet, wo die freie Mobilität durch eine Konkretisierung von Geistbeziehungen oder ähnlichem eingeschränkt scheint. Er spricht dann vom Verfall des Schamanismus. Eliades Lob des Schamanismus ist gleichzeitig ein Lob der individuellen Selbstbehauptung, artikuliert als „Natur der Ekstase“.

Das ahistorische, auf eine ideale Vorzeit projizierende Verfahren Eliades steht im Widerspruch zu seinen ethnographischen Vorlagen. Diese betreffen Gesellschaften, die durch den intensiven Kulturkontakt einem verstärkten Kulturwandel ausgesetzt waren. Das trifft zumindest für die klassischen Ethnographien zu.

Die ersten Beobachtungen des sibirischen Schamanentums - immer noch als Modell gültig - fallen ins 17. Jahrhundert. In dieser Zeit war die moskowitische Besitznahme des gesamten sibirischen Raumes bereits abgeschlossen. Administrative Aufgliederung, Tributpflicht, Sklavenhandel, Zwangstaufen etc. prägten die koloniale Situation, während der die verschiedenen Völkerschaften mit der Macht der Aufklärung konfrontiert wurden. Die von Peter dem Großen angestrebte ideologische Vereinheitlichung der sibirischen Ethnien machte auch vor dem Schamanismus nicht halt. Man versuchte die Schamanen der Lächerlichkeit preiszugeben und auch ihren Schrecken abzuwenden, indem sie gezwungenermaßen außerhalb des traditionellen Kontextes ihre Tänze und Gesänge aufführen mußten.

Daß der Schamanismus sich trotz Verfolgung und kultureller Überfremdung behaupten konnte, spricht nicht nur für die generelle Wandelbarkeit traditioneller Kulturen. Eine nähere Betrachtung des Schamanismus kann zeigen, daß er gerade im andauernden Kulturkontakt eine zeitweilige Aufwertung erfahren konnte.

Eliades im Anschluß an Durkheim vertretene Dichotomie zwischen Heiligem und Profanem ist zu kritisieren. Dennoch sollten zwei der von ihm hervorgehobenen Merkmale des Schamanismus im Vordergrund verbleiben.

Der technische Aspekt, den er hinsichtlich der Ekstase formuliert, verweist auf das magische und symbolische Handlungspotential in der rituellen Praxis. Die Aufwertung des Instrumentell-Technischen durch die Aufklärung stellte den Schamanen in ein größeres System, das eine Konkurrenz mit dem Schmiedehandwerk verstärkte. Teilweise übertraf ihn Letzteres an Ansehen. Die Überschneidung im Technischen äußert sich nicht zuletzt in der Herstellung von eisernen Accessoires für das Schamanenkostüm. Schmiede und Schamanen trafen sich zu gemeinsamen ritualisierten Aktivitäten. Die Verwendung von Gerätschaften prägt die Tätigkeit des Schamanen ebenso wie seine Körpertechniken. Das zweite bei Eliade typische Merkmal ist die oben erwähnte Mobilität, die Jenseitsreise. Mit dieser Mobilität bezeichnet Eliade die Fähigkeit des Schamanen, einen Raum zu vergegenwärtigen, der ein heiliger Raum ist. Der Schamane durchbricht die kosmischen Zonen. Die Definition des Raumes bleibt an die überlieferte Kosmologie gebunden. In diesem Sinn ist Eliade der Abgeschlossenheit von Texten verhaftet. Ein Vergleich mit der Mythenanalyse des französischen Strukturalismus ist möglich. An Stelle der Logik des Systems bei Lévi-Strauss finden wir bei Eliade die Heiligkeit des Raumes. Da der Raum, den der Schamane zu repräsentieren in der Lage ist, keine andere Identität besitzt als die mit der Tradition, ergibt sich die Frage, wieweit das Modell der Lebendigkeit des schamanischen Rituals gerecht wird: in welchem Zusammenhang stehen der Schamanismus und die den Wandel inkorporierenden sozialen Prozesse? Wandel bedeutet für Eliade Verfall, da der Heilige Raum nicht erweitert, sondern nur eingeschränkt werden kann. Die Assoziation von schamanischer Séance und Raumerzeugung bleibt von Bedeutung. Die Isolation einer traditionellen Kosmologie von der Praxis des Rituals ist jedoch aufzuheben, indem dem Aspekt der sozialen Beziehung mehr Aufmerksamkeit geschenkt wird.

Schröder weist bereits in seiner Eliade-Kritik darauf hin, daß ein ekstatisches Seelenerlebnis ohne das transzendente Gegenüber (im Jenseits) nicht möglich ist. Die Ekstase ist eine Seinswandlung, bestimmt durch das Gegenüber. Die Schamanenperson gestaltet sich in dieser Transformation (Schröder 1955: 881).

Die Vernachlässigung der sozialen Beziehungen, zu denen im weitesten Sinne also auch die Schamane-Geist-Beziehungen gehören, geht mit einer Zurückhaltung der Social Anthropology gegenüber dem Schamanismus einher. I.M. Lewis begründet diese Vernachlässigung der Thematik damit, daß die komparative Analyse der Social Anthropology stärkeres Interesse an Gemeinschaften als an Kulturen zeigt (Lewis 1984: 4).

Tatsächlich ist der Einbettung des Schamanismus in ein Netz von sozialen Beziehungen, wie es sich in Anlehnung an den Strukturfunktionalismus anbietet, relativ wenig Aufmerksamkeit geschenkt worden. Innerhalb der Beziehungsmuster ließen sich Geister, Ritualteilnehmer, Schamane, ritueller Raum, sozialer Alltag etc. fassen; also eine vielschichtige Struktur. Bereits Radcliffe-Brown erkannte in der Natur der sozialen Beziehung ein Phänomen, das sich nicht auf eine höchstmögliche Abstraktionsebene reduzieren läßt. In der strukturalen Abstraktion sieht er einen Austausch mit der Wirklichkeit. Die strukturale Form ist ein abstrahierter Mittelwert mehrerer verglichener Sozialstrukturen, verstanden als dynamische Kontinuität (Radcliffe-Brown 1952: 192).

Wenn das schamanistische Ritual in der Bandbreite seiner Beziehungen zu übergreifenden Gesellschaftsstrukturen bis zum konkreten Einzelfall der Séance beobachtet wird, kann damit einer bei Radcliffe-Brown schon im Ansatz vorhandenen Forderung nach einer mehrschichtigen (mehrere Abstraktionsebenen einbeziehenden) Analyse entsprochen werden.

Evans-Pritchard hat im Anschluß an Radcliffe-Brown den Begriff der „sozialen Position" stärker herausgearbeitet. Victor Turner verbindet die „soziale Position" mit dem Ritualmodell Van Genneps. Während Turners Anmerkungen zum Schamanismus selbst sehr kurz sind (siehe Turner 1985: 19ff.), bietet sein allgemeines Ritualmodell jedoch adäquate Ansatzpunkte. Turner entwirft eine erweiterte strukturale Form, die die soziale Prozeßhaftigkeit in das Modell zu integrieren sucht. Dazu führt er für eine interstrukturale Position, also eine Phase zwischen strukturierten Zuständen, den Begriff der „Liminalität" ein. In seiner mehrschichtigen Strukturanalyse entbindet er Van Genneps Ritualschema „Separation - marginale Phase (oder limen) - Aggregation" von der Gefahr des Formalismus. Noch Malinowski und Gluckman erschien dieses Schema zu starr. Turner unterstreicht die Bedeutung des Modells für soziale Prozesse, indem er der Liminalität einen zentralen Platz einräumt, sie als eigenständige Einheit etabliert. Die Liminalität läßt sich als ein Raum großer Bewegung und Dichte verstehen, sie entspricht dem rituellen Raum der schamanischen Séance. Die Liminalität ist nicht nur als Zwischenphase des Ritualschemas der Sozialstruktur verbunden. Sie beinhaltet die Sozialstruktur in Form von Symbolen. Der Symbolgehalt der rituellen Aufführung vergegenwärtigt die Struktur in der komponierten Form und macht gleichzeitig eine

Offenheit zugänglich, in der die Möglichkeit zum sozialen Wandel und damit zum Überleben der Gesellschaft liegt.

Turner bezeichnet den Saora-Schamanen als abnormale Person beziehungsweise strukturalen Außenseiter, der die transzendenten einigenden Werte des weitesten sozialen Systems zu repräsentieren und zu bewahren in der Lage ist (Turner 1985: 42). An anderer Stelle liefert er eine unklare Definition des Schamanen als religiösem Spezialisten (Turner 1968: 438-444). In seinen wesentlichen Äußerungen zum Schamanismus propagiert Turner somit eine zu kritisierende Herauslösung des Schamanen aus dem Kontext. Sowohl das Bild vom strukturalen Außenseiter als auch das vom religiösen Spezialisten beinhaltet nicht die mögliche Anwendung seines übergreifenden Ritualmodells auf den Schamanismus. Die Ursache dafür ist in der Bindung Turners an die Ndembu-Ethnographie und in der Vernachlässigung anderer, den Schamanismus betreffender Ethnographien zu sehen.

Unzureichend geklärt bleibt also, woher der Schamane seine soziale Legitimation bezieht. Sie läßt sich weder als Funktion bestimmen noch als wenig ausgeprägte Sozialisation der „abnormalen Person". So wird das spezifische Außenseitertum des Schamanen in den ethnographischen Porträts nicht immer offensichtlich. Es kennzeichnet den Schamanen nicht in dieser Vorrangigkeit, die Turner vorschlägt. Schamanen gehen neben ihrer Tätigkeit oft den alltäglichsten Beschäftigungen nach, haben eine Familie etc. Der Schamane kann Liminalität vermitteln, ist aber nicht mit ihr gleichzusetzen.

Andererseits läßt sich das Leben des Schamanen auch nicht in völlig voneinander isolierte Bereiche teilen. Damit unterscheidet es sich vom modernen Arbeit-Freizeit-Verhalten, in dem die jeweils andere Lebenswelt ein forciertes Vergessen begleitet. Eine zu starre eingrenzende Wirkung hat der Begriff der schamanischen Rollenergreifung. Während in der frühen Verwendung des Begriffes in den Ethnographien von Bogoraz und Shirokogoroff noch seine beschreibenden Qualitäten dominieren, verliert er im theoretischen Modell an Klarheit. Bei Anna-Leena Siikala, die Van Genneps Ritualschema aufgreift und mit dem Rollenmodell verbindet, ergibt sich eine Zergliederung in Phasen, Funktionen, Rollencharakteristika, die dem „totalen sozialen Phänomen" (Mauss) nicht gerecht werden kann. Die Rollenverteilung im Ritual beschreibt sein Wesen nicht ausreichend. Der Schamanismus als formales Rollensystem vernachlässigt die rituelle Dynamik und den relativen Strukturbegriff (wie Turners vielschichtige

Methodik genannt werden könnte). Die Zergliederung bei Siikala weist den Hang zum Formalismus auf. Grundlegend dafür scheint mir, daß hier mit ethnographischer Methode Wissenschaftstheorie betrieben wird: eine Diskrepanz zwischen Inhalt und Form durch die Vernachlässigung übergreifender Verknüpfungen.

2.

Voigt kritisiert zurecht die Behandlung des Schamanen als Wort oder als Rollenfigur. Er fordert ein vergleichendes Bild der schamanischen Person einschließlich historischer und psychologischer Fakten (Voigt 1984: 14). Nicht ganz einsichtig bleibt dabei, wieso er die Personenschaft um psychologische Fakten ergänzen will. Den psychologischen Erklärungsmustern haftet noch immer etwas von der Auslegung des Schamanen als Hysteriker an. Die kolonial bedingte oder auch empfundene Hysterie ist in wissenschaftlichen Abhandlungen selten eindeutig revidiert worden. Im Gegenteil scheint die Psychologie des Schamanen seine in der Analyse verbreitete Herauslösung aus dem Kontext zu rechtfertigen.

Die liminale Phase in der Einsamkeit der Wildnis, der Initiation durch andere Schamanen vorausgehend, schien auf eine grundsätzliche Opposition zwischen Schamane und Gesellschaft zu deuten. Die Psychologie unterstreicht diese Sichtweise, indem sie das Krankhafte betont. Die strukturelle Offenheit der Wildniserfahrung ist jedoch nur scheinbar asozial, da diese Phase in einem Prozeß steht, der die gesamte Gesellschaft betrifft. Gleichzeitig illustriert sie, daß das soziale Leben nicht aus einem direkten Ansteuern von Zielpunkten besteht. Der Schamane wirkt in dieser Phase ziellos, verloren und steht doch in einer Beziehung zum Gesellschaftlichen, die sich im Zeitbegriff näher verstehen läßt. Die soziale Auszeit, so wie sie Geertz definiert hat, scheint außerhalb der sozialen Kontinuität zu liegen. Es handelt sich jedoch um eine Verdichtung, die nicht Abtrennung bewirkt, sondern die der teilweisen Ungleichzeitigkeit einer heterogenen und damit vielschichtigen Gesellschaftlichkeit zu eigen ist. Die „Abnormalität“ des Einzelnen, etwa in der Vor-Initiation, bereitet der Gesellschaft das Potential für den sozialen Prozeß. Schließlich sind der soziale Tod und die rituelle Jenseitsreise komplementäre Phänomene, die die Bedeutung der liminalen Erfahrung hervorheben.

Mastromatteis in Anlehnung an de Martino getroffene Definition der Psychose als dynamischer Aspekt der Realität (Mastromattei 1984: 42) wirkt zu mechanisch und entfernt sich von der Wortbedeutung. Bereits Shirokogoroff versucht mit dem Begriff des „psychomentalen Komplexes“ vor allem den dynamischen Aspekt einer durch den Schamanismus äquilibrierten Gesellschaft zu illustrieren. „Psychomental“ ist für ihn jedoch weniger ein psychologischer als ein sozialer Begriff. Das Etikett „pathologisch“ führt er auf eine ethnographische Überheblichkeit zurück, die das Verhältnis zwischen großen (starken) und kleinen (schwachen) Gesellschaften charakterisiert (Shirokogoroff 1935 A: 268). Die oberflächliche Betrachtung des Beobachters führt dazu, eine Anzahl alltäglicher tungusischer Erscheinungen irrtümlich als „pathologisch“ zu bezeichnen (Shirokogoroff 1935 A: 259). Der Begriff „psychomentaler Komplex“ soll den strukturellen Zusammenhalt eines komplexen Phänomens erklären helfen. Der Schamanismus ist der Mechanismus eines sich selbst regulierenden psychomentalen Komplexes (Shirokogoroff 1935 A: 275). An anderer Stelle weist Shirokogoroff darauf hin, daß das Hauptkennzeichen der tungusischen Psychologie ihr sozialer Charakter ist. Jeder Akt ist von sozialer Bedeutung (Shirokogoroff 1933: 312). Der oberflächlichen Verwendung des Begriffs „Psychologie“ in den phänomenologischen Untersuchungen Shirokogoroffs ist ihr Erscheinungsdatum zugute zu halten. Die Begrifflichkeit war damals noch nicht mit den heutigen Eindeutigkeiten belastet.

Die psychologische Sichtweise des Schamanismus läuft Gefahr, das Phänomen auf die gelungene oder mißlungene Selbstbehauptung in einem System der Macht zu reduzieren. Falls man dem Schamanen eine Macht zuordnet, so kann es nicht die Macht der Psychologie sein: eine Macht, die den anderen zur Begründung einer sich selbst behauptenden Einheit vorenthalten ist. Die Macht des Schamanen ist eher der Magie verwandt; somit die individuelle Ausformung einer kollektiven Erscheinung. Wie Blumenberg feststellt, ist die Selbstbehauptung ein biologisches Merkmal, für das der Mensch seit jeher der Hilfsmittel bedurfte. Erst die Aufgabe einer kosmologischen Weltanschauung hat dem einzelnen Menschen die Verantwortung für das Instrumentarium der Selbsterhaltung auferlegt. „Die Übel der Welt erscheinen nicht mehr als metaphysische Merkmale der Qualität des Weltprinzips oder der strafenden Gerechtigkeit, sondern als Merkmal der Faktizität der Wirklichkeit ... Es scheint, daß der Mensch seine Situation in der Welt über weite Strecken seiner Geschichte nicht als die des fundamentalen Mangels und der physischen Bedürftigkeit gesehen hat“ (Blumenberg 1983: 159). Wenn der Begriff „kosmologisch“ auch mit einer gewissen Vorsicht zu handhaben ist, so muß doch von einer kollektiven Glaubenswelt gesprochen werden, die das Schamanentum von Blumenbergs hier skizzierter Moderne unterscheidet.

3.

Für Hultkrantz ist der Schamane kein besserer Psychologe, sondern er verfügt über ein besseres Seelenverständnis. Die abtrennbare Seele ist der charakteristische Ausdruck schamanistischer Wandlung (Hultkrantz 1984: 31). Die Transformation beinhaltet die konkrete Beziehung zu Geistern.

Die Transformation ist gleichermaßen Ausdruck einer Einheit zwischen den Polen. Bei den Innuit werden die Schamanen häufig in einer Einheit von Mensch und Tiergeistern dargestellt. Die Skulpturen fangen den Augenblick der Verwandlung ein. Die Fähigkeit zur Grenzüberschreitung zeichnet die Person des Schamanen aus. Die Möglichkeit der Vermittlung von Transzendenz manifestiert sich auch außerhalb der Begabung zur Trance und den Geistbeziehungen. Die transzendente Kraft drückt sich beispielsweise in der Seelenmelodie aus, die bei den Chukchee jeder Schamane in bezug auf vorhergegangene Melodien aber doch ganz eigen entwickeln muß (Graceva 1985: 197). Ihr wohnt die Macht der Musik über das Denken inne. Auch das „Sich-selbst-als-Skelett-sehen-Lernen" während der Innuit-Initiation deutet auf eine dauerhafte Fähigkeit, die menschlichen Grenzen zu überwinden. Die Macht des Namens beruht schon wieder auf einer konkreteren Verbindung von Transzendenz und sozialer Beziehung. Der Name kennzeichnet die soziale Persona. Ähnliches gilt für die Ausstattung des Schamanen. Unmittelbaren Bezug auf die überlieferte Kosmologie und die verwandtschaftlichen Bindungen nimmt die Trommel, das wichtigste Instrument des Schamanen. In ihrer kosmologischen Ausgestaltung, die auch Motive des Kulturkontaktes wie Kirchen, Priester, Pferde etc. einschließen kann, hilft die Trommel, die menschlichen Schranken zu überwinden. Die Trommel wird häufig von der Familie des Schamanen hergestellt.

Daß der Schamane den Horizont der verwandtschaftlichen Bindung überschreitet, zeigt sich in den Geisterbeziehungen, die seine Persona konstituieren. Shirokogoroff unterscheidet bei den Tungusen zwischen den über die männliche Linie vererbten Sippengeistern und den Fremdgeistern (*dona*), die im Kulturkontakt mit Russen, Chinesen, Jakuten etc. auftauchen. Der Schamane verfügt also nicht nur über die Sippengeister, die teilweise rein schamanische Geister sind. Indem er sich Fremdgeister unterordnet, bildet er für seine Gemeinschaft auch den Zugang zum Fremden. Den Hauptgeistern dient das auf Kosten der Sippe angefertigte Schamanengewand als Behältnis. Dieses Kostüm spiegelt die Eigenständigkeit der schamanischen Person. Der Schamane bezieht sich auf die Sippe, seine Identität ist aber nicht an einen ständigen Aufenthalt in ihr gebunden. Die Manifestation der Sippen- und Fremdgeister und die Eigenräumlichkeit des Kostüms gibt dem Schamanen eine *soziale* Identität als Reisendem. In stärkerem Maße als andere verfügt der Schamane auch außerhalb des Rituals und des interpersonalen Kontaktes über eine soziale Komponente, die ihm seine anerkannten Fähigkeiten und die Ausrüstung ermöglichen. Dieser dynamische Aspekt seiner Person läßt sich im wesentlichen auf den Kontakt mit den Geistern zurückführen. Mit ihnen geht er gemeinsam die nächtlichen, mittäglichen, westlichen, südlichen, oberen, unteren und andere Wege. Im Gegensatz zum Laien bleibt die Bewegung des Schamanen ständig auf die Geister bezogen. Er lebt mit ihnen.

Die Mobilität des Schamanen läßt sich auch durch den offenen Charakter des Schamanentums erklären. „Somit werden wir unter Schamanentum nicht die kosmische Auffassung eines Volkes, seine Glaubensanschauung als Ganzes, seine Vorstellungen vom Universum als Ganzes verstehen, denn das Schamanentum kann sich mit fast jeder beliebigen Welt- und Glaubensanschauung und mit jedem Kult vertragen, wenn diese letzteren im Bewußtsein des Volkes mit den grundlegenden Axiomen des Schamanentums auskommen - nämlich mit dem Glauben an Geister, die in den Menschen eingehen, und an besondere Menschen, die fähig sind, diesen Geistern willkürlich in sich Raum zu geben, mit dem Zugeständnis einer besonderen sozialen Stellung für diese Menschen und mit dem Vorhandensein eines Rituals, eines Kostüms und anderer Requisiten schamanistischer Funktionen. (Anmerkung: Ritual, Kostüm und so weiter können sich natürlich auch schnell ändern, doch gehen diese Änderungen etwas langsamer vor sich denn jene in den Systemen der Geister" (Shirokogoroff 1935 B: 45)).

Die höchstmögliche Verbindlichkeit der Schamanenperson besteht in den Geistverhältnissen. Der Schamane kann ganz von dem Wesen der Geister beherrscht sein. Wenn es sich um die Geister anderer Völker handelt, redet er in fremden Sprachen, oder er ahmt beispielsweise die ungelenken Bewegungen der Russen nach. Die Kontinuität der sozialen Beziehungen an sich ist unverbindlicher, gewinnt ihre Verbindlichkeit aber aus der geistergeprägten Personenschaft des Schamanen. Der Schamane verkörpert nicht die freie Individualität, sondern die Vielfalt der sozial relevanten Geisterwelt. Offensichtlich wird die gesellschaftliche Bedeutung des Schamanen im Ritual. Hier geht seine Person ganz in der Vermittlung zwischen Sippenmitgliedern und Geistern auf. Er erzeugt eine ideelle Gemeinschaft, deren Teil er selbst wird. Bei den Innuit ist der Schamane jemand, der halb verborgen ist oder der sich selbst verborgen hält, und damit die Fähigkeit besitzt, Dinge zu sehen, die anderen verborgen sind (Merkur 1985: 1). Dieser Zustand ist im Ritual relativ, da auch die Laien Liminalität erfahren. Merkur bezeichnet den Schamanen als Esoteriker. Er bezieht sich damit auf die ethnographisch nicht zu fassende Initiation bei den Innuit, die er als Selbstinitiation deutet. Im Ritual zeigt sich jedoch, daß der Schamane keinesfalls ein Esoteriker sein kann, da er für und durch die umfassende Gemeinschaft seine Kräfte entwickelt. Im Ritual vermittelt er einen Zustand, der trotz seines liminalen Charakters soweit sozial determiniert ist, daß er von allen Gruppenmitgliedern getragen wird.

Bei den Tungusen und anderen Völkern fällt nach jeder Strophe ein Assistent in den Gesang des Schamanen ein. Der Assistent merkt sich auch die Geistersprüche, die der Schamane in der Trance äußert. Die Zuhörerschaft sammelt ebenfalls die verschiedenen Momente der Geistererscheinungen. Die Befriedigung dabei ist größer als etwa bei europäischen Konzerten etc., da das Publikum gleichzeitig Spieler und Teilnehmer ist. Die Aufführung muß formal den Erwartungen der Gemeinschaft entsprechen. Die Individualität des Schamanen ist dabei eingeschränkt (Shirokogoroff 1935 A: 331). Die sympathetische Zuhörerschaft für den Schamanen wird durch ein Anwachsen der Emotion im Ritual gewährleistet. Die emotionale Dichte, die schließlich zur Ekstase führt, entsteht durch Rhythmik und Tanz, die Textinhalte der Songs, die gespannte Erwartung und nicht zuletzt eine Art Selbsterregung des Schamanen, die daraus resultiert, daß er die Kräfte seiner Gemeinschaft und des Kosmos auf sich gerichtet fühlt. Für den Schamanen erhöht sich die Wahrnehmung, die durch die Dunkelheit hinter Masken, die Schwere des Gewandes oder andere körperliche Empfindungen wie das Tragen von Handschuhen und falschen Zähnen noch verstärkt wird.

Genausowenig wie man von einer Eigeninitiative des Schamanen sprechen kann, läßt sich eine Offenheit im rituellen Prozeß übersehen, in der die Dynamik und Unvorhersehbarkeit schamanischer Handlung kein unbedeutender Faktor ist. Der Schamane vermittelt in der Séance eine Erlebnisdichte. Sozial determiniert bleibt im wesentlichen der Zugang zu dieser rituellen Erfahrung. Was nicht heißen soll, daß der Zugang, also die Verbindung zum geordnet Gesellschaftlichen, abreißen muß.

Shirokogoroff erwähnt die Erstarrung schamanischer Rituale bei den Mandschuren, nachdem jede Sippe umfangreiche schriftliche Notizen anfertigte und vor fremden Sippenangehörigen verborgen aufbewahrte. Widersprüche zwischen alten Schriften und Neueinführungen machte die Einhaltung der Rituale fast unmöglich (Shirokogoroff 1935 B: 93). Die auftauchenden Konflikte, Formalismen, Vergleiche und Kritik standen dem rituellen Prozeß entgegen. Die wesentliche Einschränkung durch die schriftliche Fixierung betraf demnach das symbolische Handlungspotential, dessen Mehrdeutigkeit und Dichte nicht nur die Wahrnehmung höherer Einheiten vermitteln kann, sondern auch das Potential für den Wandel bereitstellt. Für Turner bildet sich in der liminalen Phase des Rituals eine in Symbole aufgesplitterte und neu zusammenfügbare Sozialstruktur.

Das Spannungsverhältnis zwischen dem Schamanen und der Gesellschaft führt in der Séance zu einer Balance zwischen den Welten, die die Einheit des menschlichen Seins zugänglich macht. Während der Schamane im Alltag mit bestimmten Bereichen seiner Erfahrung allein bleibt, hat er im Ritual Einfluß auf die Kombination des traditionellen Repertoires. Seine Person prägt die Ritualstruktur. Personenbegriff und Selbstbestimmung können stark ineinandergreifen. Dies zeigt etwa die Verwendung von weltlichen (oft komischen) Masken bei den Alaska-Innuit. Die religiöse Verantwortung für die Maske liegt beim Schamanen. Andere Rituale wiederum verfügen über eine ausgeprägtere Formalisierung, der Freiraum des Schamanen ist eingeschränkter. Zu unterscheiden von der personalen Selbstbestimmung des Schamanen ist eine übermäßige Ausprägung seiner Individualität. Shirokogoroff berichtet von den Rentier-Tungusen der Mandschurei. Als Folge des engen Kulturkontaktes mit den russischen Nachbarn kam es zu einem enormen Anwachsen individueller Eigenverantwortlichkeit bei gleichzeitiger Loslösung von einer engeren Clanbindung. Mit diesem Wandel ging ein steigendes Selbstvertrauen einher, das zum Bruch mit den traditionellen Verhaltensmustern und so zur Erregung von Ärgernis führte (Shirokogoroff 1933: 343). Diese Entwicklung ist sicher ein langanhaltender Prozeß in schamanischen Kulturen. Wenn das Selbstvertrauen des Schamanen zur Hybris wird, er gegen Verhaltensnormen verstößt und als gut oder böse klassifiziert werden kann, zeigt sich darin eine Abkehr der jeweiligen Gesellschaft vom Wesen des Schamanentums.

4.

Auch in den späten Ausläufern des Schamanismus ist immer noch etwas von seiner Magie zu spüren. Für Schröder war die Magie noch ein zu vernachlässigendes Kriterium. Aus dem Verhältnis des Schamanen zu dem Schutzgeist folgt ferner, daß der Wirkcharakter des Schamanen nicht primär magisch sein kann. Magie beruht auf einer Zwingbarkeit und der Anwendung von dringlichen Formeln und Gegenständen, auf einer unpersönlichen Kraft. Die Abhängigkeit des Schamanen vom Schutzgeist dagegen und die daraus resultierenden Verpflichtungen bedeuten eine religiöse Einstellung. Die Schamanenkraft fließt aus einer personalen Quelle, sie beruht auf einer Institution und Seinsverbindung mit dem Schutzgeist. Das schließt zwar nicht die Zwingherrschaft über andere Wesen aus, auch nicht die Anwendung unpersönlicher Kräfte; aber eine solche Magie ist dem Schamanismus sekundär; er mag für die Magie besonders anfällig sein. Wesentlich ist er eine „religiöse Erscheinung" (Schröder 1955: 869-870). Schröder stimmt mit Mauss in einer Trennung zwischen Magie und religiöser Institution überein. „In der Magie gibt es nichts, was sich im strengen Sinne der religiösen Institution vergleichen ließe" (Mauss 1989: 93). Andererseits zeichnet sich die Magie für Mauss durch eine ausgeprägte Bildung von Varietäten aus, die jedoch mit keiner realen Verschiedenheit der Funktionen korrespondiert (Mauss 1989: 93). Im Schamanentum zeigt sich m.E. eine Verbindung von Magie und sozialer Personenschaft, die eine bei Mauss anklingende Dichotomie zwischen Magie und religiöser Institution unberechtigt erscheinen läßt. Geisterbeziehungen und magische Techniken greifen ineinander. Außerdem ist die religiöse Erscheinung des Schamanismus nur bedingt als Institution zu verstehen. Die Meisterung möglichst vieler Geister kann auch als ein Virtuosentum des Schamanen interpretiert werden. Es besteht also kein Widerspruch zwischen dem Instrumentell-Technischen und der sozialen Personenschaft beziehungsweise der Religion. Auch die von Mauss beschriebene Offenheit der Magie bei ihrer gleichzeitigen Bindung an das Gesellschaftlich-Allgemeine erinnert an das Schamanentum. Mauss stellt jedoch keine Verbindung zur Sozialstruktur her. Dafür tritt bei ihm als höhere Sinneinheit des Modells der Begriff „*Mana*" in Erscheinung. Er läßt sich mit dem heiligen Raum bei Eliade vergleichen, obwohl Mauss weitaus weniger ideologische Tendenzen aufweist. *Mana* stammt aus dem melanesischen Sprachgebrauch und fällt in die Kategorie des Heiligen. Mauss, dessen Arbeiten von einem tiefen Verständnis der menschlichen Umgangsformen geprägt sind, bezeugt mit *Mana* seinen Glauben an eine allgemein menschliche Solidarität.

I.M. Lewis stellt *mana* und Schamane in eine Reihe von kulturspezifischen Begriffen, deren überkulturelle allgemeine Verwendung zu Kontroversen führt (Lewis 1984: 3). Obwohl *mana* ein gewisser ideeller Wert im wissenschaftlichen Diskurs beigemessen werden sollte, ist eine entsprechende Verallgemeinerung des Schamanismusbegriffes zu meiden.

„So wie die Religion zum Abstrakten, tendiert die Magie zum Konkreten, und sie arbeitet in Richtung unserer Techniken" (Mauss 1989: 173). Mauss bringt Magie und Wissenschaft in Verbindung. Eine entsprechende Parallele zieht Shirokogoroff: „Die Wissenschaft, welche Gesetze anerkennt wie zum Beispiel biologische, mechanische und so weiter, und ihren Gegenstand als System dieser Gesetze behandelt, ersetzt im Bewußtsein eben der Wissenschaftler die schamanistischen Geister durch die von ihr - der Wissenschaft - geschaffenen Gesetze, die genau so eine Schöpfung der Klassifikation nacheinander erkannter Erscheinungen sind, wie die Geister der Schamanisten" (Shirokogoroff 1935 B: 46 (Anmerkung)). Damit zeigt sich die Verbindung vom Instrumentell-Technischen zur kollektiven Vorstellungswelt. Gleichzeitig deutet es auf gewisse Eigengesetzlichkeiten, die wie die Wissenschaft auch den Schamanismus und die magische Handlungspraxis betreffen. Es handelt sich um Systeme, die eine eingeschränkte Geschlossenheit aufweisen. „Die Magie ist gleichzeitig so anziehend wie abstoßend" (Mauss 1989: 161). Diese kollektive Beziehung zur Magie charakterisiert Mauss als ihr Geheimnis, das Mysterium, in das sie sich einhüllt (Mauss 1989: 161). Wenn man den liminalen Aspekt nun auch hinsichtlich eines magischen Handlungsraumes hervorheben will, so scheint es besser nicht den Begriff der Ambivalenz, also die wertende Dimension, für die kollektive Haltung gegenüber der Magie einzuführen. Die Spannung ihr gegenüber läßt sich eher als Schwelle benennen. Diese Schwelle entspricht in einer erweiterten strukturalistischen Sichtweise, die hier im Anschluß an Turner vertreten wird, der Benennung als Zugang: einer sozial definierten Beziehung zwischen sozialen Positionen. Der Schamane hat einen bedeutenden Anteil an der Vermittlung dieses Zugangs. Er trägt wesentlich zur Konstituierung des Rituals bei. Seine Magie illustriert das Wirkungspotential des Konkreten. Mauss hebt die Wichtigkeit von Eigenschaften und ihren Wirkungen und Gegenwirkungen im Kontrast zur Bedeutungslosigkeit abstrakter Gesetze im magischen Ritus hervor (Mauss 1989: 108). Der Schamane kann über die Geister gebieten, da er ihre Wirkungen und Eigenschaften kennt.

Der oben erwähnte De Martino hat Shirokogoroffs anti-ethnozentristische Anmerkungen aufgegriffen und in eine gegen den Faschismus gerichtete Kritik umgeformt. Er vernachlässigt dabei den konkreten Charakter der Magie, um sie von der nationalistischen Eintönigkeit abzugrenzen, und betont die freie Wahl der Individuen, artikuliert als „die Realität der magischen Welt". Er meint damit eine von der Vielfalt der Geister getragene kosmische Erneuerung, in der die Verformung der Realität nur ihr dynamischer Aspekt ist. An diesem politisch möglicherweise wichtigen individualistischen Manifest bleibt hinsichtlich des Schamanismus dennoch der Magiebegriff zu kritisieren. Die Dynamik des sozialen Prozesses liegt nicht in der mechanischen Balance zwischen der Realität und ihrem deformierten Bild. Die Magie als reduzierendes und über das Konkrete vermittelndes Verfahren zeigt, daß das Individuum verschiedenartigen sozialen Wirklichkeiten ausgesetzt ist und daß die soziale Vielschichtigkeit an Strukturen gebunden ist. Der dialektische Ansatz de Martinos impliziert eine Übergewichtung des Inhaltlichen und eine Vernachlässigung des Formalen, des Kulturspezifischen.

5.

Die Magie als erlernbare Technik leitet über zum Spezialistentum des Schamanen, zum Schamanenberuf. Wieweit läßt sich der Schamane überhaupt als Beruf im modernen Sinne fassen?

Auch bei der Verwendung des Berufsbegriffes ist es zu vermeiden, den Schamanen als Fachqualifizierten aus dem gemeinschaftlichen Schamanentum herauszulösen. Der Schamane wird berufen. Er trifft jedoch keine Berufswahl. Dieser in sich widersprüchliche Begriff impliziert eine Beliebigkeit, die mit dem Verlust kollektiver Glaubensvorstellungen in der modernen Gesellschaft einhergeht. Das Schamanentum kennzeichnet keine Berufsgesellschaft im pluralistischen Sinne. Die Herauslösung des Schamanen aus der Gemeinschaft während der Berufung in der Wildnis ist kein Anzeichen einer individualistischen Ideologie. Der Schamane dient vielmehr einer kollektiven Identität. Dies bleibt auch zu berücksichtigen, wenn man die Entstehung des Schamanismus mit dem Abbau des vorranigen Primats der Clan-Gemeinschaft und somit einer inneren Aufsplitterung in Zusammenhang bringt, wie Tokarev dies tut (siehe: Basilov 1984: 58). Bogoraz vermutet dagegen sogar, daß dem ursprünglichen Schamanismus ein Familien-Clan-Charakter zu eigen war (Basilov 1984: 58). Tatsache ist jedenfalls, daß die Verwandtschaftsbindung auch im späteren Schamanismus bestehen bleibt. Vielfach ist es ohne Schamanenvorfahren schwierig, Schamane zu werden. So ist von den Jakuten überliefert, daß das Berufungserlebnis von den Angehörigen bisweilen nicht ernst genommen und der Berufene „geheilt" wurde (Findeisen/Gehrts 1983: 48). Bleibt die Berufung bestehen, so können die Sippenangehörigen den Schamanen schließlich doch anerkennen, indem sie entfernte Abstammungslinien zu Schamanensippen aktualisieren. Hinter dem Vorhaben der Verwandten, den Berufenen von seiner Mission abzubringen, kann auch das Bewußtsein von der schwierigen Aufgabe des Schamanenberufs stehen. Entsprechend kann sich aber auch der Berufene anfangs gegen sein Schicksal wehren. „Die Reaktion der Berufung ist normalerweise kein Gefühl der Auszeichnung. Sie bedrückt den Kandidaten als ein hartes Schicksal; trotzdem er sich ihr entziehen möchte, kommt er nicht zur Ruhe, bis er endlich nachgegeben hat, wodurch die Herrschaft des Schutzgeistes und die außerseelische Kausalität der Ekstase besonders deutlich zum Ausdruck kommt" (Schröder 1955: 864). Fraglich bleibt insofern, ob dem Begriff der Selbstinitiation des Schamanen allzuviel Gewicht beizumessen ist. Im Unterschied zu anderen Initiationsritualen beginnt die schamanische Initiation als ein mehr oder weniger exklusiver Kontakt mit den Ahnen- und anderen Geistern. Findeisen und Gehrts deuten dies als Selbstinitiation: „Die eigentümliche Form der schamanischen Initiation ist jedoch eine durch die Tradition erzwungene Selbstinitiation. An die Stelle der sonst einen realen Zwang ausübenden Angehörigen der Klasse der erwachsenen Männer treten bei der schamanischen Selbstinitiation die Vorfahrengeister der Schamanen oder die Geister der verschiedensten Übel und Krankheiten usw., die den Schamanen erst zerstückeln und ihn dann wieder neu zusammensetzen und neu beleben. Die spezielle Form der schamanischen Initiation zeigt die Initiationsriten der archaischen Männergesellschaft in ihrer Anwendung auf die geistige Führerschicht Nordasiens. Die weitgehende Autonomie dieser Schicht tritt gerade auch in der stark individuellen Ausformung einer alten allgemeinen sozialen Sitte aufs deutlichste hervor. In der Form der schamanischen Selbstinitiation hat diese Sitte sich jedoch zu einem Sonderfall entwickelt - die Überwindung jeglichen von außen geübten Zwanges, deren Ethik dem besonders in Nordasien sehr deutlich ausgeprägten individualistischen Selbstverantwortungsgefühl der Schamanen entspricht" (Findeisen/Gehrts 1983: 73-74). Dieser Ansatz scheint mir im wesentlichen von der Annahme fehlgeleitet, daß die Geistbeziehung des Schamanen einen elitären Machtanspruch legitimiert. Die Beziehung zu den Geistern ist aber vielmehr ein kollektives Phänomen, in dem der Schamane nicht als Statusinhaber innerhalb einer sozialen Hierarchie, sondern als Vermittler im rituellen Prozeß auftritt. Wie Spencer für die Eskimos angemerkt hat, besteht keine radikale Dichotomie zwischen Laien und Schamanen (Spencer 1959: 300). Bei den Innuit stirbt der Laie nicht für ein säkulares Leben als Schamane. Die Laien haben bereits Zugang zum Sakralen (Trancen etc.) (Merkur 1985:198). Die Initiation beinhaltet keineswegs die „Überwindung jeglichen von außen geübten Zwanges", sondern läßt den Schamanen gerade ein höheres System der Zwänge erfahren, das ihn gleichermaßen zum Opfer als auch zum Meister macht. Im Ritual bringt er die alltäglichen innersozialen Zwänge und die Zwänge des übergeordneten Geistersystems in eine Übereinstimmung, die Entlastung und auch Veränderung bewirkt.

Die Empfindsamkeit des Schamanen entspringt einer Begabung, die sich als besondere Begabung zur Trance äußert. Ohne die Zustimmung der Gemeinschaft kann diese Begabung, die sich oft schon während der Kindheit bemerkbar macht, nicht zum Tragen kommen. Shirokogoroff beschreibt den erbfolgemäßigen Übergang tungusischer Schamanengeister auf die nächste Generation, wo sie erst einmal Krankheit verursachen. Zur Heilung der kranken Jugendlichen ist es notwendig, daß die Geister zu einem der Erkrankten (dem späteren Schamanen) abgeordnet werden. Nach der ersten Einwohnung der Geister läßt man den Schamanenkandidaten für einige Zeit in Ruhe. Nach einer Beratung setzen die Sippe und einige ältere Schamanen einen Tag fest, an dem der Neuling seinen Geistern das erste Opfer bringt, was auch seine Anerkennung seitens der Sippe dokumentiert. Der Einfluß der Erbfolge für die Schamanenwerdung steht im Zusammenhang mit den notwendigen Eigenschaften, die ebenfalls beim Kandidaten vorhanden sein müssen. Die Gemeinschaft kann eine Schamanenwerdung verhindern, indem sie dem Schamanen eine schlechte Schellentrommel gibt, über ihn lacht und so weiter. Die dieser vorenthaltenden Anerkennung folgende Konzentrationsschwäche des Schamanen kann zu der Behauptung führen, der Schamane hätte keine Geister. Der Schamane kann aber auch aus eigenem Antrieb auftreten und die Sippe vor vollendete Tatsachen stellen (Shirokogoroff 1935 B: 48). Damit wird die Initiation in größeren Schritten vollzogen. Es ist also keine Selbstinitiation. Keinesfalls darf der Schamane aus Krankheit handeln.

Trotz des sozialen Charakters des Schamanenberufes läßt sich mit dem Hereinwachsen in den Beruf auch eine bestimmte Distanz zur Gemeinschaft beobachten.

Während seines Wildnisaufenthaltes lernt der Schamane das Alleinsein, fern von den Menschen. Diese Loslösung betrifft weniger seine soziale Personenschaft, die ja hier zu besonderer Entwicklung gelangt, als das Allgemeine. Eine allgemeine Selbstverständlichkeit und Beliebigkeit des individuellen Umgangs reduziert sich beim Schamanen in stärkerem Maße als bei anderen Gesellschaftsmitgliedern. Gleichzeitig bekräftigt sich das nun berufsmäßige Mißtrauen des Schamanen in eine gegebene allgemeine Solidarität. An Stelle des Vertrauensverlustes in diese Allgemeinheit, der die relative Unbekümmertheit des Laien gegenübersteht, tritt beim Schamanen das in der Initiation vermittelte Berufsgeheimnis. Dem Berufsgeheimnis haftet ebenfalls ein allgemeiner Aspekt an. So kann das gemeinsame Berufsgeheimnis Fremden die temporäre Solidarität von Freundschaftsbünden gewähren. Michael Oppitz hat in einem Film über Schamanismus in Nepal ein derartiges Freundschaftsbündnis dokumentiert. „Wir Schamanen kennen die Regeln", äußert einer der Protagonisten des Films humorvoll und bedeutet damit, daß der gemeinsame Blick hinter die Realitäten eint. Das Berufsgeheimnis stellt sich weniger als konkrete Instruktion dar, denn als Markierung einer sozialen Position, die kein institutionalisiertes Außenseitertum ist, sondern das Wesen einer Tätigkeit beschreibt. Die Aktualisierung des Berufsgeheimnisses steht im Schamanismus weit hinter der Konnotation von Beruf und Maß zurück: der Meisterung der Geister. Dies unterscheidet ihn von einem Berufsformalismus, der Substanzverlust bedeuten würde.

Das berufliche Mißtrauen des Schamanen in die allgemeine Solidarität spiegelt sich in der im traditionellen Kontext selten aufgeworfenen Grundsatzfrage nach Ehrlichkeit. Rasmussen erzählt von Oqutag, einem Padlermio-Innuit, dessen Geistkontakt und damit Schamanentätigkeit an seiner selbstgenannten Unfähigkeit zu „lügen" scheiterte (Rasmussen 1930: 59). Die anstrengende Spannung zwischen Geisterwelt und Alltag ließ offensichtlich die Berufung in den Hintergrund treten. Shirokogoroff sagt über die Schamanen: „As a rule the shamans are not so jovial as other people are" (Shirokogoroff 1933: 319). Auch das teilweise geringe Selbstbewußtsein, die nervöse Angespanntheit des Schamanen sind Begleiterscheinungen, die mit seinem Mißtrauen in eine selbstverständliche Gemeinschaft einhergehen und die gleichzeitig auf sein besonderes Potential verweisen, einen Ausgleich zwischen den Welten und somit eine größtmögliche soziale Einheit zu vermitteln.

Krader bezeichnet das Verhältnis des Schamanen sich selbst und der Gruppe gegenüber als ambivalent. Er bringt dies mit dem Zwang zur

Berufung in Zusammenhang, dem trotz der personalen Ablehnung des Schamanen durch die Gemeinschaft ein soziales Bedürfnis zugrunde liegt (siehe Krader 1978: 181). Auch hier scheint jedoch die Ambivalenz als ein in sich unvereinbares Wertesystem eine soziale Entfremdung zu kennzeichnen, die eher auf ein spezifisches Spätstadium des Schamanismus zutrifft. Krader beschränkt sein theoretisches Modell dementsprechend ausdrücklich auf die von ihm untersuchten Burjaten. Der modernen Auflösung der sozialen Personenschaft, die er im Schamanismus der Burjaten konstatiert, sollte denn auch nicht zuviel Aufmerksamkeit geschenkt werden. Es bleibt ohnehin zu überlegen, wieso die ethnologische Forschung dem Schamanen als gespaltene, sich dekomponierende Persönlichkeit soviel Beachtung geschenkt hat, obwohl dem Wesen des Schamanentums die immer wieder auf rituellem Wege erneuerte Überwindung der sozialen Unvereinbarkeiten entspricht. Ist der Schamanismus ein utopisches Modell, das sich in die modernen Hoffnungsträger wie Kunst, Musik, Wissenschaft einreihen läßt? Dann entspräche er wohl der modernen Ideologie der gelungenen Widersprüchlichkeiten: die Einheit im Widerspruch.

6.

Der damit angesprochenen Trivialisierung des Schamanismus soll hier nicht weiter nachgegangen werden. Aufschlußreicher ist es, den Kulturkontakt und Kulturwandel bis zu einem Punkt zu verfolgen, wo der Schamanismus seine Wirkung verliert. Hier zeigt sich dann tatsächlich eine moderne soziale Entfremdung und Verlust von Personenschaft.

Die Einsamkeitserfahrung entrückt den Schamanen von Polarisierungen: er ist „jenseits von gut und böse“. Diese Erfahrung begründet und begleitet seine weitere Tätigkeit. Der Schamane verkörpert die Dramatik der zunehmenden Unvereinbarkeiten im Kulturkontakt, aber er steht auch für die Auflösung der Unvereinbarkeiten. Eindeutiges Zeichen für die gesellschaftliche Abkehr vom Schamanentum ist die Klassifizierung in gute und böse Schamanen. In dieser Polarisierung manifestiert sich eine soziale Entfremdung, die zumindest für den Schamanismus eine Inadäquanz belegt. Im nun entstandenen Konflikt mit dem Schamanen, überhaupt in der Einführung eines Bewertungssystems, äußert sich der graduelle Verlust einer Kollektivität. Krader sieht die zu Haß degenerierte Arbeit des schwarzen Schamanen bei den Burjaten als eine auf ihn projizierte soziale

Unsicherheit (Krader 1978: 222). Die interne Harmonielosigkeit und zunehmende soziale Ungleichzeitigkeit kann sich auch in einem übertriebenen Lob alter längst verstorbener Schamanen äußern. Shirokogoroff grenzt das Schamanentum klar von starren Bewertungssystemen ab: „Die Einteilung der Geister in böse und gute ist mit Bezug auf die tungusischen Völkerschaften natürlich eine falsche und ein Kriterium in Analogie zu solchen Religionen, wie die der alten Perser, das Christentum und so weiter. Jeder Geist kann, wenn er mit allen oder einem Teil seiner Attribute nicht aus einer höheren Religion entlehnt ist, sich für einen gegebenen Menschen in gleicher Weise wohltätig oder schädlich erweisen, aber ebenso auch dem einen Menschen Gutes tun, dem anderen Schaden zufügen - denn alles hängt davon ab, ob der Mensch es versteht, jeweils zu dem einen oder anderen Geist in die für ihn wünschenswerte Beziehung zu treten „ (Shirokogoroff 1935 B: 47).

Shirokogoroff bezeichnet den Schamanismus bereits als offenen Kult, der vom Kulturkontakt und dem Einfluß von Buddhismus, Taoismus, Christentum und anderen Religionen geprägt ist. Die fremden Elemente werden allerdings eher addiert, als daß sie den Schamanismus in seinem Wesen verändern. Die Geisterwelt der Tungusen schließt die sippenfremden Geister *dona* ein. Ihr Auftauchen ist zufällig. Dem Geisterbegriff der *dona* - die sich nochmals in die dem Schamanen verfügbaren Geister *syvén* und die unabhängig vom Menschen existierenden *burkan* unterteilen - ist die prozessuale Möglichkeit einer Eingliederung in die kollektive Glaubenswelt beigefügt. Die *dona* sind somit einerseits eindeutig als Fremdgeister klassifiziert, andererseits tritt aber ihre sozial bedeutsame Kraft klar zum Vorschein. Bei längerem Verweilen können die *dona*, wie zum Beispiel St. Nikolaus bei den transbaikalischen Tungusen als fremdsippiger *burkan*, zu Stammesgeistern werden.

Der Fremdgeistbegriff kennzeichnet somit die Beziehung zum Fremden, ohne es zu vereinnahmen. Gleichzeitig spiegelt er den prozessualen Charakter der rituellen Auseinandersetzung mit dem Fremden. Die schamanische Séance beinhaltet das Fremde auch als Möglichkeit zur dauerhaften strukturellen Veränderung. Die Geisterkonstellation in der schamanistischen Gesellschaft zeigt eine soziale Manifestation des Fremden, deren Widersprüchlichkeit zum kollektiv Vertrauten sich nicht aus einer sozialen Selbstentfremdung erklärt, sondern aus der Eigenschaft des Rituals, ein Heraustreten aus dem Alltag zu gewähren. Das Ritual bedeutet damit gewissermaßen eine zeitlich gebundene und sozial sanktionierte Entfremdung, in der die fremden Inhalte nur einen Teilaspekt darstellen.

Die Auseinandersetzung mit dem Fremden kann dennoch auf den rituellen Prozeß nicht verzichten. Shirokogoroff weist darauf hin, daß die Tungusen fremdkulturellen Einflüssen grundsätzlich ablehnend gegenüberstehen. Der anhaltende eventuell auch politische Druck im engen Kulturkontakt kann ihre Attitüde zum Positiven wenden: jedoch nur, wenn der Wandel des tungusischen Komplexes von ihnen selbst in die Wege geleitet wird, ohne künstlichen Zwang von fremden Gruppen (Shirokogoroff 1935 A: 342). Damit zeichnet für den Kulturwandel bei den Tungusen ihre eigene soziale Dynamik verantwortlich. Das Schamanentum setzt einer kulturellen Überfremdung einen sozialen Identitätsprozeß entgegen, der aus einer Unentbehrlichkeit des Fremden zur Reflexion der eigenen Gesellschaft hervorgeht. Alle *Syvén*-Geister des Schamanen sind von Nachbarvölkern entlehnt. Das fremde Element in der Schamanenperson ist somit auf die Einrichtung der sozialen Reflexion zurückzuführen und nicht auf ein sozialkritisches Verhalten einzelner Schamanen.

Andererseits kann der Schamane auch als Fremder bei Nachbarvölkern auftreten. Er wird dann mit besonderer Vorsicht behandelt. Das verstärkte Auftreten des Schamanen als Fremdem kann einem Spätstadium des Schamanismus zugerechnet werden. Die Loslösung von der Clan-Bindung geht dann mit einer Aufwertung der ökonomischen Faktoren einher, auf die nun eine zunehmende soziale Verbindlichkeit übertragen wird. Die gleichzeitig wachsende Machtposition des Schamanen deutet jedoch auf einen Verlust an sozialer Wirksamkeit. Die Möglichkeit, im konkreten Einzelfall Schaden anzurichten, tritt an Stelle eines totalen sozialen Schamanentums, wie man im Anschluß an Mauss formulieren könnte. In der Geldökonomie äußert sich eine Trennung zwischen dem Technisch-Instrumentellen und der sozialen Erfahrung. „So sollen etwa bei den Kirgisen und bei den Kasak hin und wieder „normale“ Personen das Bestreben gezeigt haben, Schamanen zu werden, ohne daß bei ihnen ein Berufungserlebnis stattgefunden hätte. Solche Personen hätten dann - und das weist auf den Charakter solcher Erscheinungen - den Schamanen für seinen Unterricht mit Geld bezahlt“ (Findeisen/Gehrts 1983: 57). Bei den Tschulym-Tataren, Samojeden und Ostjaken kam es zum Verkauf von Hilfsgeistern während der schamanischen Séance (Findeisen/Gehrts 1983: 57).

Ähnliche Einschränkungen erfuhr der Schamanismus durch das christliche Zeitmonopol, welches dem qualitativen Zeitverständnis hinsichtlich von Festsetzung und Ausgestaltung des Rituals die 7-Tage-Woche entgegen setzte. Pentikäinen erwähnt die zeitliche Koordination von schamanischer Heilung und kirchlicher Liturgie in Finnland. Im 19.

Jahrhundert verbot die christliche Mission die Erzeugung von Trance unter der Verwendung der Schamanentrommel (Pentikäinen 1984: 128). Die Tradition des Schamanismus läßt sich jedoch in Finnland in gewandelter Form bis ins 20. Jahrhundert verfolgen.

Schamanen können sündige Seelen zu Werwölfen erwecken. Bei einzeln auftauchenden Werwölfen kann es sich um verwandelte Schamanen handeln (Pentikäinen 1984: 134). Darin zeigt sich die Tradition der Transformation. Die Werwolfthematik legt andererseits die Verbindung zur Ökonomie nahe, durch deren soziale Aufwertung auch die durch Wölfe gefährdete Rentierhaltung eine andere Bedeutung erlangte.

Das Bild von der verstreuten Herde und dem schwer zu bannenden Wolf illustriert den Zustand einer Gesellschaft, für deren Wechselwirkung mit dem anderen, dem dynamischen Austausch zwischen der Ordnung und dem Außerordentlichen das Schamanentum seine kollektive Wirksamkeit verloren hat. Die Liminalität des Schamanen ist nun eine Individualisierte, die zur Bedrohung geworden ist. Das Fremde symbolisiert nicht mehr den außerordentlichen Blick auf die Gesellschaft, sondern die Entfremdung.

In Finnland tritt an die Stelle des Schamanen vielfach der Weise. Das Wissen ist der positive Aspekt der individuellen Macht. Die Verfolgung von Schamanen durch die offizielle Rechtsgewalt im Finnland der 60er Jahre zeigt, wie gesellschaftsprägend nun eine interne Interaktion der Mächte geworden ist. Der Schamane ist nicht mehr in der Lage, die Dramatik der Unvereinbarkeiten zu repräsentieren; er ist ihr Opfer geworden.

Die formale Erstarrung des Schamanismus in der Spätzeit gibt zugleich Hinweise auf seine formale Struktur. Nach der meist erzwungenen Aufgabe der Trance bleibt häufig das Phänomen der Transformation als eines der wesentlichen Merkmale erhalten. Edith Turner hat in einer neueren Untersuchung bei den Eskimos festgestellt, daß in den Träumen der Heiler vielfach Transformationen vorkommen: so wandelte sich Martin Luther King, als Entsprechung zum Hilfsgeist, in einem Traum zu „The Good Lord" (Turner 1989: 9). Die Transformation als Kennzeichen des Mediums verfügt vielleicht über das allgemeinste soziale Potential, inhaltlichen Widersprüchen zu begegnen. Die große Kraft zur Transformation ist sicher auch ein Grund, wieso der Schamanismus den intensiven Kulturkontakt so lange begleiten konnte. Der Prozeß einer Trennung vom Transformatorischen und sozialer Substanz ist lang anhaltend und hat wohl im technischen Medium sein Endstadium erreicht.

Schröder verweist auf eine Verabsolutierung der dinglichen Ausrüstung im sich wandelnden Schamanismus. Die Ausrüstung erlangt nun eine eigenständige Bedeutung als Zaubergerät (Schröder 1955: 878).

Krader führt die formale Erhaltung des Schamanismus bei den Burjaten auf politische Motivation zurück. Der Schamanismus diente als rückständiges Phänomen der Aufhaltung des russischen Imperiums und seiner Fortschrittlichkeit (Krader 1978: 182).

Das Verschwinden des Schamanismus soll nicht im Sinne von Eliade beklagt werden. Vielmehr ist gerade mit einer bewußten Berücksichtigung von Kulturkontakt und Kulturwandel das Schamanentum als gesellschaftliches und kulturspezifisches Phänomen zu beobachten. Die exponierte Stellung des Schamanen in seiner Gesellschaft sollte nicht zu seiner Herauslösung führen, sondern seine Personenschaft untersuchen helfen. Eine soziale Fremdheit im Schamanentum ist von einer sozialen Entfremdung zu unterscheiden, die auch die Entfremdung vom Schamanentum bedeutet.

Die Analyse der Person des Schamanen kann im Vergleich die moderne Persona näher verstehen helfen. Das spezifisch Fremde im schamanischen Modell sollte dennoch realisiert werden.

Literatur

Basilov, V.N.: „The study of Shamanism in Soviet Ethography." in: Hoppál, M. (Hrsg.): Shamanism in Eurasia. Göttingen 1984

Blodgett, J.: The Coming and Going of the Shaman. Eskimo Shamanism and Art. Winipeg 1978

Blumenberg, H.: Säkularisierung und Selbstbehauptung. Frankfurt/M. 1983

Bogoras, W.: The Chuckchee. Jesup North Pacific Expedition, vol. 7. New York 1904

Diószegi, V. und Hoppál, M. (Hrsg.): Shamanism in Siberia. Budapest 1978

Eliade, M.: Schamanismus und archaische Ekstasetechnik. Frankfurt/M. 1975

Findeisen, H. und Gehrts, H.: Die Schamanen. Jagdhelfer und Ratgeber, Seelenfahrer, Künder und Heiler. Köln 1983

Graceva, G.N.: „Shaman Songs and Worldview." In: Hoppál, M. (Hrsg.): Shamanism in Eurasia. Göttingen 1984

Hoppál, M. (Hrsg.): 1984: Shamanism in Eurasia. 2 Bände. Köln 1984

Hultkrantz, A.: „Shamanism and Soul Ideology." In: Hoppál (Hrsg.): Shamanism in Eurasia. Göttingen 1984

Hultkrantz, A.: Conceptions of the soul among North American Indians. The ethnographical Museum of Sweden Monography Series No. 1. Stockholm 1953

Krader, L.: „Shamanism: Theory and history in Buryat society." In: Diószegi, V. (Hrsg.): Shamanism in Siberia. Budapest 1978

Lewis, I.M.: „What is an Shaman?" In: Hoppál, M. (Hrsg.): Shamanism in Eurasia. Göttingen 1984
Mastromattei, R.: „History, Limits and Prospects for Research on Shamanism in Italy." In: Hoppál, M. (Hrsg.): Shamanism in Eurasia. Göttingen 1984
Merkur, D.: „Becoming Half Hidden: Shamanism an Initiation among the innuit." In: AUS, Stockholm Studies in Comparative Religion, Nr. 24. Stockholm 1985
Mauss, M.: Soziologie and Anthropologie I. Frankfurt/M. 1989
Rasmussen, K.: Observations on the intellectual Culture of the Caribou Eskimos. Report on the Fifth Thule Expedition 1921-24. Vol. VII, No. 2, Kopenhagen 1930
Radcliffe-Brown: Structure and Function in Primitive Society. London and Henley 1952
Schröder, D.: „Zur Struktur des Schamanismus." In: Anthropos 50, 1950
Shirokogoroff, S. M.: Social Organization of the Northern tungus. Shanghai 1933
Shirokogoroff, S.M.: The Psychomental Complex of the Tungus. London 1935 A
Shirokogoroff, S. M.: „Versuch einer Erforschung der Grundlagen des Schamanentums bei den Tungusen." In: Baessler-Archiv Bd. XVIII. Berlin 1935 B
Siikala, A.-L.: The Rite Technique of the Siberian Shaman. Helsinki 1978
Spencer, R.: The North Alaskan Eskimo: A study in Ecology and Society. New York 1959
Turner, E.: „From Shamans to Healers: The Survival of an Inupiaq Eskimo Skill." In: Anthropologica Vol. XXXI, No. 1, 1989
Turner, V.: The Forest of Symbols. Aspects of Ndembu Ritual. Ithaca und London 1967
Turner, V.: On the Edge of the Bush. Anthropology as Experience. Tucson 1985
Voigt, V.: „Shaman - Person or Word?" In: Hoppál, M. (Hrsg.): Shamanism in Eurasia. Göttingen 1984
Vonderau, C.: Liminalität, Symbol und Prozeß: Die Ritualtheorie Victor Turner unter besonderer Berücksichtigung der Weiterführung eines strukturalistischen Ansatzes. Unveröffentl. Magisterarbeit am Institut für Ethnologie der FU Berlin 1988

Roger Uchtmann

Schamanisches Sein als dialektischer Modus

Einleitung

Die These, der ich in diesem Aufsatz nachgehen werde, gründet sich in der Annahme, daß „Schamanismus" ein die Zeiten, Räume und Kulturen transzendierendes Phänomen ist, welches von einer als invariant diagnostizierten, allgemeinmenschlich-kognitiven Kompetenz ausgeht, die sich in dem relativ varianten Ordnungssystem menschlicher Gemeinschaften in visionärer Schau, Kritik und Entregelung Bahn bricht. Dies geschieht unabhängig davon, ob das entregelte Verhalten von der jeweiligen Gemeinschaft gefördert oder sanktioniert wird, da der Schamane oder Prophet von „Gott" oder der „anderen Welt" erwählt ist und nicht wie der Priester von der Gesellschaft bestimmt wird (s.a. Thompson 1985: 163).

Bei einer Untersuchung des „Phänomens" Schamanismus müssen wir zunächst nach dem Kontext fragen, in dem diese Analyse stattfinden soll und welchen Stellenwert eine solche dann hätte.

Unser gegenwärtiger Kontext ist nach Baudrillard (1982: 79) der des „Strukturgesetz des Wertes", der auf diejenigen der „Imitation" (klassisches Zeitalter von der Renaissance bis zur Revolution) und der „Produktion" (industrielles Zeitalter) folgt. Das Strukturgesetz wird durch den Terminus „Simulation" näher bezeichnet.

Hieraus folgt, daß die gesellschaftlichen „Invarianten" der vergangenen Zeitalter hier nicht mehr gelten. Das heißt, daß die gesellschaftlichen Funktionen weder von Personen noch von Institutionen wahrgenommen und aufrechterhalten werden, sondern von einem allgemeinen „Feld" oder „System", durch dessen Struktur eine Funktionszuweisung erfolgt. Wir können den „Schamanen" also nicht mehr als eine mächtige Person oder Institution begreifen, sondern müssen zunächst vielmehr fragen, welche Funktionen dem „schamanischen Wissen" hier dann zukommen.

Die Aufnahmekapazität eines solchen Systems, das durch permanenten Abbau von Restriktionen quasi zu einem offenen System wird, ist nahezu unbegrenzt. Seine Struktur kann nur noch als synchronisch aufgefaßt werden und als Invarianten menschlichen Seins bleiben die „Naturgesetze", die „Grundbedürfnisse" und der „Tod". Der Physiker Stephen W. Hawking (1988: 175ff.) weist mit seiner „Keine-Grenzen-These" in eine ähnliche Richtung. Die Frage nach dem „kulturhistorischen Stellenwert“ des Schamanismus wird hier obsolet, da er zu einer lediglich subjektiven Variante des allgemeinmenschlichen Spektakels wird, zu einer „Verhaltensmode“ mit äußerst eingeschränkter Relevanz. Hieraus folgt zwangsläufig eine Überbewertung der „kulturtherapeutischen“ und damit „sozialisierenden“ Funktionen, die er für bestimmte Individuen im Simulakrum der dritten Ordnung (der Simulation) hat.

Da nicht einmal mehr eine bestenfalls imaginäre Macht eine Referenz bietet, an der die Analyse sich reiben könnte, besteht die Notwendigkeit, das Strukturgesetz selbst als Macht zu definieren. Der Strukturerhalt gilt als höchster Wert, den es insgesamt zu erhalten gilt. Das heißt, daß ein jegliches Phänomen eine Wertunterwerfung erfährt, um dann transformiert in die Struktur eingehen zu können. Es ist also der Struktur mit ihren Milliarden subjektivierter und partikularisierter Komponenten nicht möglich, ein „Ding an sich“ gelten zu lassen. Trotz, oder gerade wegen, seiner oberflächlichen Divergenz, kann man damit dieses System aufgrund seiner Ansprüche und Absichten (der Subsumierung von allem und jedem unter sein Werteprinzip) als von äußerst homogener Konstitution begreifen. Eine Inhomogenität, die ja erst negativ entropisch wirken könnte, ist hier nicht mehr denkbar und kann auch gar nicht gelten. Diese Leugnung der fundamentalen Oppositionen und Asymmetrien vernagelt den Zugang zu jedwedem Verständnis von Veränderung und der Veränderung selbst.

Der Mensch schälte sich als Inhomogenität aus der Ordnung der Phänomene, er stellte sich gegen die Ordnung der Natur, die er zwar zunächst kopierte, aber zu transzendieren trachtete. Die natürliche Ordnung der unbelebten und belebten Gewalten ist für dieses sensible Wesen tödlich. Der Mensch landete im Chaos. Wir befinden uns außerhalb der Ordnung - auch wenn wir nicht bereit sind, das zu glauben - und müssen uns auch dort befinden. Wir sind einsam im Universum und suchen den Ausgleich, der alles wieder in die Waage bringt; wir lieben die Eleganz der Symmetrie, weil wir diese Symmetrie an jeder Stelle und in jedem Fall außer Kraft setzen. Wir sehnen uns nach Ordnung, weil wir aus dem Lot gebracht sind und alles aus dem Lot bringen. Wir können nicht beurteilen, ob wir sind oder ob wir nicht sind: „Der Ägypter besaß ein Ahnungsvermögen für den irrationalen Grund der Existenz; für dieses irdische Leben, welches ein stufenartiges Sterben ist; für den Tod, der für ihn alle Kennzeichen eines wirklichen Lebens besaß; für das absolute Sein („Tum“), welches von ihm ontologisch mit dem Nicht-Sein identifiziert wurde“ (Kolpatchky 1970: 35).

Das absolute Sein ist das Nicht-Sein, und nur der Tod setzt die Widersprüche des menschlichen Lebens außer Kraft; nur im Tod hat die Ordnung eine Chance, den Menschen zurückzuholen. Alle Ordnungen, auch die konstruierten der herkömmlichen Wissenschaft und die der menschlichen Gesellschaft, sind deshalb tödlich. Sie treiben das Leben zurück in die Nichtexistenz, ins absolute Sein.

Diese Dialektik ist die Ordnungen sprengende Kraft, sie ist entregelnd, ermöglicht Veränderungen und vor allen Dingen Erkenntnis. Für die Ordnung ist sie eine böse Kraft, eine unberechenbare Dynamis, deren Ziele nicht erfaßbar und nicht kontrollierbar sind; sie liegen immer außerhalb des schon Gewesenen, sie bezweifelt die ewige Konsistenz der Ordnung.

Die Ordnung hat so als lytisches und sie befruchtendes Gegenüber das Heilige, das für sie einerseits schrecklich, andererseits aber auch als faszinierend erscheint (Bystřina 1989: 266), da es sich außerhalb der Regel, von markiertem Raum und markierter Zeit, befindet. Der Fall aus dem absoluten Sein, der Fall in die Zeit (Thompson 1985), war also kein Trauerspiel, sondern die einzige Möglichkeit, den Bereich des Todes und der absoluten Ordnung des Unbelebten und auch das den Menschen bedrohende nichtmythische tierische Leben zu verlassen. Das Chaos mußte im Mythos gelöst und verstanden (solve et coagula), das heißt verändert, werden. Das „schamanische Prinzip" ist das der Entregelung, Inversion und Inhomogenität; die darauf folgende Vermittlung, Verbindung, Formulierung von Zwischengliedern und die mit ihnen entstehenden Rituale, Traditionen und Institutionen sind nicht mehr seine Sache. Nur der im Mythos als „erster Schamane" bezeichnete, ist tatsächlich Schamane, der wie Prometheus beispielsweise, das Feuer vom Himmel geholt hat; dieser - als erstes und grundlegendes Axiom im Chaos erscheinende und verbleibende - ist der Begründer eines neuen Zyklus von Geschichten, Verfahrensweisen und Lebensgewohnheiten. Zu ihm hin findet die Initiation statt, bis das Zyklische von neuem entregelt wird und einer anderen Tradition Raum schafft.

„Das normal - routinemäßig - standardisierte, invariante Verhalten kann nie innovativ sein, kreative Funktionen erfüllen", schreibt Bystřina (1989: 260), sondern erst im Devianten kann eine Abwendung von den Konventionen stattfinden.

Auf ähnliche Art muß sich der Mensch zu Beginn der Hominisation von der homöostatischen Ordnung der Natur, die sein Gedeih und Verderben regulierte, abgesetzt haben. Diese Normalität und Routine des Fressens und Gefressenwerdens im Einklang mit dem „natürlichen Kosmos" als selbstreferentielles und zyklisches System kann nur durchbrochen worden sein durch ein Eintauchen in das kreative Chaos des entstehenden Bewußtseins.

Hier wurde der Grundstein gelegt für die von Koestler (s.a. 1978) postulierte „Schizophysiogonie“ des menschlichen Bewußtseins. Fortan lebten zwei Seelen unter der Schädeldecke, die sich diesen Raum wie zwei Tennisspieler streitig machten und sich wohl erst in relativ rezenten Zeiten darauf einigten, die schon bei niederen Säugern angelegte, mögliche funktionale Trennung der Hirnhemisphären auszunutzen. Der zum Kosmos der Natur sich gesellende Zwilling war das Chaos der Kultur, bevor das Ordnungsprinzip auf diese überging und die Natur als chaotisch erschien. Dieser Vorgang der „Bewußtseinsspaltung“ oder „Bewußtwerdung“ fand in einem mythischen Bereich statt und ist deshalb experimentell oder auch deduktiv kaum zugänglich. Die bislang vergebliche Suche nach einem physiologischen „missing link“ zwischen „affenartigen Vorfahren“ und den ersten „Hominiden“ scheint die Vermutung zu bestätigen, daß es sich bei diesem fehlenden Bindeglied nicht um etwas auf irgendeine Art materiell repräsentiertes, sondern nur um den Mythos handeln kann. Der Mensch ist demnach - und das ist mit der Menschwerdung identisch - ein mythisches Wesen, das von diesem Punkte an dialektisch angelegt und zu Kritik und Synthese fähig ist.

Auch wenn diese Fähigkeit zur „Krisis“ und „Bisoziation“ (Koestler 1978) in homöostatischen Systemen, auf welcher Ebene auch immer, kaum in Erscheinung tritt und in den beteiligten Wesen höchstens subliminal und inhärent, als Fähigkeit zu Witz und Trauer, mitschwingt, so tritt sie doch an entscheidenden Stellen der „Evolution“ zumindest in einigen Individuen wieder offen zutage.

Kolpatchky (1970), der seine Einsichten um das altägyptische Weltbild zentriert, schreibt: „Die ganze Dialektik eines Herakleitos und - zweieinhalb Jahrtausende später - eines Hegel bilden das Substrat und die Kristallisationsachse der ägyptischen Weltanschauung ...“ (ebd. 35) Wir können diese Achse aber, im Anschluß an Horkheimer und Adorno (1971), bis hinunter auf die Ebene der ältesten Mythen und bis hin zur Aufklärung und mit Levi-Strauss (1967) bis in die Bereiche moderner Wissenschaft und Kunst verlängern.

Die Strukturalisation und Inventarisierung des Mythos auf jeder beliebigen Ebene bringt sein Vergessen mit sich und das Ordnungsprinzip versucht, sich durch Untersuchung von Kultur und Natur zu verstehen und auszuweiten.

Schamane ist der, der die Gegensätze nicht in eine Ordnung zwingt. Der Mensch ist nicht identisch mit dem Kosmos und wird es auch niemals sein - er ist Chaos; und das unabhängig davon, ob wir die jeweilige Norm und Ordnung als Kosmos definieren oder nicht.

Genau diese Erkenntnis ist schamanisches oder kreatives Sein; es steht außerhalb des Normativen, ist Schöpfer-Zerstörer, Kulturbringer und -vernichter. Schon das feste Ritual, das in endloser Wiederholung die Sozietät in ihrer Identität bestärkt, ist nicht mehr seine Sache - er geht weiter. Der schaffende Gott ist ein gehender Gott, er ist Bewegung, er ist Prozeß. Wir können uns von ihm kein Bild machen, da jedes Bild Zeichen der Begrenzung ist. Es bannt die Schöpfung in eine Form, die das sich nicht bilden oder abbilden lassende ausgrenzt, marginalisiert und oft genug verfolgt und vernichtet.

Immer wieder wendet sich so die Schöpfung gegen ihre Schöpfer, selbst die Heroen müssen der Stasis unterworfen werden; die Kräfte der Wandlung, die das Risiko der Erkenntnis nicht scheuen, finden sich schnell von der Norm pathologisiert, eingesperrt und nach allen Regeln der jeweiligen Kunst behandelt wieder.

Schamanismus, auch in allen seinen Varianten und Wandlungsformen, ist vielmehr ein die Zeiten und Räume transzendierender Zeichenprozeß, als ein geographisch und temporär festzumachendes Zeichensystem. Dieser Zeichenprozeß, den wir historisch und semiotisch versuchen können zu rekonstruieren, läßt uns dennoch zunächst auf abgestorbene Strukturen treffen, wie auf gewaltige Korallenriffe, auf deren äußerster Kruste sich das Leben regt. Der Prozeß in Aktion entgeht uns so, weil er gegenüber den abgestorbenen Schichten, der Tradition, dem schon Geregelten, immer winzig erscheint und auch nur im Augenblick existiert.

I

Bogoras (1925) vergleicht die Konzeptionen von Raum und Zeit in primitiven Religionen mit jenen der Einsteinschen Relativitätstheorie, die sich mit den als Gesetzmäßigkeiten konstatierten Bezügen der mechanistischen Weltanschauung nicht decken. Eine oft geforderte „mathesis universalis" läßt sich auf dieser Basis nicht leisten, da sie die mentalen Möglichkeiten außer acht lassen und pathologisieren muß. Ihre Repressivität ist offenkundig. Sie kann nur gelten für den „profanen" Bereich mit seinen einfachen Informationsprozessen, die wohl von der molekularen Ebene bis hin zu alltagssprachlichen Phänomenen reichen. Diese von Bystřina (1989) als erste Wirklichkeit definierte Ebene ist der Bereich des vermeintlich Gegenständlichen, das in einer jeweils hypostasierten Ordnung seinen Gegenstand nicht verläßt.

Die Tendenz zur Arterhaltung, die Subsistenzwirtschaft und die materielle Kultur lassen sich vor diesem Hintergrund interpretieren (s.a. Leroi-Gourhan 1980).

Fragwürdig wird es jedoch, wenn das Gegenständliche verlassen, die eigene feste, materielle Basis transzendiert wird und das Individuum sich dem „schwabbeligen" Kontinuum einer „anderen Wirklichkeit" anvertraut. Eine Erklärung muß hier zunächst versagen und wir können nur hinnehmen, daß es eine solche Möglichkeit gibt.

Dieser Weg ist nicht nur von Schamanen begangen worden, sondern ebenso von Künstlern und Wissenschaftlern. So reizlos und profan es erscheint, eine „mathesis universalis" in der ersten Wirklichkeit zu leisten, um so reizvoller ist es, sie im originären Bereich des Menschseins, in der zweiten Wirklichkeit also, zu erstellen.

Versuche in dieser Richtung sind insbesondere von den französischen Surrealisten und dem russisch-tschechischen Strang der Semiotik unternommen worden (s.a. Holenstein 1988: 28 f.). Hier wurde ein reger Kontakt zwischen Theoretikern und Künstlern gesucht und gefunden; besonderes Interesse galt „... der gegenstandlosen Malerei, der futuristischen (transrationalen und surrealen) Dichtung und dem Film" (Holenstein ebd.), mit seinen Möglichkeiten der Umkehrung und Aufhebung von Raum und Zeit. Vor diesem Hintergrund kann Bogoras (ebd.) Einsteins Denken mit dem primitiven Denken vergleichen und erschließt so der Wissenschaft des 20. Jahrhunderts eine Dimension, die ihr bis dahin verschlossen war.

Einstein kann man, ganz im Sinne einer schamanistischen Interpretation, so als Pontifex ausweisen, der erneut den Übergang von den geordneten Strukturen in die Bereiche eines vermeintlichen Chaos, in die Introspektion, ermöglicht.

Einsteins innere Rede war nicht artikulatorisch, sondern auditiv kodiert (s.a. Holenstein 1980: 125, 159) und nach eigener Aussage waren seine vorsprachlichen Zeichenträger visueller, aber auch muskulär-motorischer Art. Von semiotischer Warte aus sind solche Zeichen außerdem flexibler als die konventionelle und standardisierte Sprache und mehr Freiheit und Dynamik zulassend und damit für kreatives Denken besonders günstig zu bewerten (Holenstein ebd: 159, Jakobson 1980).

Einstein hatte die Relativitätstheorie also „gesehen“ und sie dann in den seiner Epoche angemessenen Systemen - Sprache und Mathematik - beschrieben, genauso, wie der Schamane „mythische“ Wesen „sieht“ und sie dann in den jeweils akkulturierten Zeichensystemen darstellt. Es läßt sich nachweisen (Jakobson 1980: 165), daß Einstein bei der Formulierung seiner Theorie auf die Begrifflichkeit seines ehemaligen Hausvaters und Lehrers, des Linguisten Jost Winteler zurückgreift, der von der „Relativität der Verhältnisse“ ausging und die Termini Relativität und Invarianz, die unauflöslich miteinander verknüpft sind, prägte, auf denen seine linguistische Theorie gründete. Mit diesem Begriffsapparat, wobei für Einstein Relativität und Invarianz eine zeitlang als Namen für seine Entdeckung miteinander konkurierten (Jakobson ebd.), war ihm das Werkzeug an die Hand gegeben, seine Theorie adäquat und in akkulturierbarer Form darzulegen (s.a. Holenstein 1979).

Diese Fähigkeit nun, die „andere“ Wirklichkeit in den Bereich der Ordnung einzubringen, wobei er wiederholt den „Autoritätsdusel“ als „den größten Feind der Wahrheit“ brandmarkte, stützte sich, wie schon seine Aarauer Lehrer, „auf keinerlei äußerliche Autorität“ (Jakobson ebd., s.a. Holenstein 1979).

Einstein hatte es möglich gemacht, den Bereich, den Schamanen in ihren Séancen erreichen, auf eine für den westlichen Menschen verstehbare Weise zu betreten - der Mythos und das mythische Geschehen wurden zum Gegenstand der Wissenschaft erkoren. Lévi-Strauss, wohl der bekannteste unter den Strukturalisten und einer der konsequentesten Verfechter der Kulturrelativität, versuchte in den 60er Jahren eine Synthese von Wissenschaft und Mythos unter dem folgenden Nenner anzudeuten: „Vielleicht werden wir eines Tages entdecken, daß im mythischen und im wissenschaftlichen Denken dieselbe Logik am Werke ist und daß der Mensch allezeit gleich gut gedacht hat. Der Fortschritt - falls dieser Begriff dann überhaupt angemessen ist - hätte nicht das Bewußtsein, sondern die Welt als Aktionsraum, in der eine mit konstanten Begabungen ausgestattete Menschheit im Laufe ihrer langen Geschichte mit immer neuen Objekten ringen mußte“ (Lévi-Strauss 1967: 254).

II

Die Begriffe Wissenschaft und Mythos, die eben eine notwendige Erweiterung erfahren haben, werden durch die Wertigkeit des Begriffes „Fortschritt“, der strukturdeterminiert und ethnozentrisch ist, wieder verengt, auch wenn dieser eines Tages durch vagere Formulierungen ersetzt werden sollte. Konstruktionen auf der Basis des Autopoese-konzeptes Maturanas und Varelas (1987) oder des liberal scheinenden Modells konsensueller Realitäten des amerikanischen Semiotikers Peirce (1967, 1970) bieten sich hier an.

Vor diesen „Rekonstruktivisten“ (Holenstein 1980: 70) müssen wir uns hüten, da sie die prototypischen Grundlagen, die von unseren Vorfahren und uns selbst als Kindern gelegt worden sind, „... ahnungslos zugunsten ihrer eigenen Kunstprodukte einschmelzen oder gar über Bord werfen.“ Ebenso, wie sie, frei nach Heidegger, sich das ihnen Fremde zuhanden machen, wird dem Eigenen verunmöglicht, fremd zu sein; außerhalb seiner Zeit und seinem Raum zu sein.

Das passiert immer dann, wenn Menschsein auf bloße Funktionalität zurechtgeschrumpft wird, die dann von einer Autorität auf ihre Einhaltung hin überwacht werden muß; sei dies nun eine institutionalisierte Macht oder ein auf einem Wahrnehmungskonsens beruhendes strukturalisiertes System. Vernunft und Normalität messen sich hier an der Funktionserfüllung durch die beteiligten Individuen.

Ich kann mich neben dem oben auseinandergelegten Fortschrittsbegriff ebensowenig mit der „Welt als Aktionsraum“ abfinden, wenn ich Hocarts These „vom Ritual zur Macht“ zugrunde lege (s.a. Schnepel 1988), die zur Usurpation des Gesamtplaneten unter den Zeichen vermeintlicher Vernunft führt, nur weil eine bestimmte Systematik sich durchsetzt.

Eher kann ich mich mit der „Welt als Aktionsraum“ anfreunden, wenn ich von Turners (1989) These „Vom Ritual zum Theater“ ausgehe, ohne aber der unheilvollen Synthese vom „Machttheater“ zu folgen, wie es uns in multimedialer Numinosität in die Wohnzimmer geliefert wird.

Rituale, Organisation und Regierung (s.a. Schnepel 1988) sind keineswegs kreativ und höchstens bestrebt, das „Andere“, die andere Welt zu internalisieren und zu funktionalisieren. Einsteins Kreativität, die mythisch-magische Kräfte beschwor, wurde auf der strukturellen Ebene zur tödlichsten Waffe, die es jemals gab.

Der Mensch hat in allen Kulturen einen Mythos zum Ursprung, einen Schöpfungsmythos. Das heißt nicht, daß der Mensch Mythen nur benutzt, um sich seinen Ursprung zu erklären, sondern, daß er im Mythos entstanden ist. Er ist, um es mit Bataille (1936) zu formulieren, „seinem Kopf entsprungen"!

Der Mensch ist ein mythisches Wesen und auf seinem Wege von der Ordnung zum Chaos formuliert sich dieses Wesen ständig neu. Diese Kapazität möchte ich nach Thompson (1985) als „mythopoetische" Fähigkeit bezeichnen. Hierunter ist kein „Gesang der Neutronen" zu verstehen, sondern eine von dem bei uns üblichen Geist-Materie-Gegensatz abgelöste, völlig eigenständige Schicht, die Bystřina (1989) als zweite Wirklichkeit benennt.

Hier ist der Mensch entstanden, diese zweite Wirklichkeit ist der eigentliche Ort seiner Genese. Die Verbundenheit mit seinem Ursprung erreicht er durch den Mythos, der ihn rückbindet, aber gleichzeitig fortschreiten läßt. Die Konsistenz menschlichen Seins ist abhängig von der Erhaltung dieser Achse, die das horizontale Gefüge der jeweiligen Ordnungen immer wieder durchbricht, aber auch befruchtet.

Die Horizontale, also die jeweilige Ebene „profanen" Seins, ist variabel und relativ, das heißt: sie kann keinen Absolutheitsanspruch gegenüber der Invarianz des Mythos stellen. Die vermeintliche Stringenz und Positivität des Profanen wird durch die Anwesenheit des Mythos relativiert, dialektisiert und polarisiert, also auf Oppositionen zurückgeführt.

In der Höhle von Lasceaux finden wir eine Szene dargestellt, die „Der Speer des toten Mannes" genannt wird. Zu sehen ist dort ein durch einen Speer verwundetes, naturalistisch ausgeführtes Wisent, ein als „Strichmännchen" dargestellter Mann mit erigiertem Penis und Vogelkopf, der offensichtlich von dem Wisent angegriffen wird und stirbt. In der Mitte des Bildes erscheint dazu noch ein auf einem Stab befindlicher Vogel (Thompson 1985: 148 f., s.a. Leroi-Gourhan 1967: 173 ff., 511).

Das Gemälde von Lasceaux legt nahe, wenn wir einer vorgeschlagenen „schamanischen" Interpretation folgen wollen, daß eine „tödliche Begegnung" oder ein „todesnahes" Erleben die Voraussetzung für Initiation ist. Von diesen kritischen Zuständen werden in der Regel immer nur einzelne Individuen erfaßt, die somit außerhalb ihrer Gruppe stehen. Doch es gibt auch Phasen, von denen ganze Gruppen, ja ganze Gesellschaften, erfaßt werden. Die vermeintliche horizontale Sicherheit der täglichen, rhythmischen Verrichtungen, die Harmonie, wird dann nicht durch Einzelschicksale kurzweilig gestört, sondern die Ergriffenheit durch den Tod wird allgemeines Phänomen. Eine der wesentlichen Darstellungsformen der Lebenswirklichkeit innerhalb des durch Seuchen gebeutelten europäischen Mittelalters war der „Totentanz“, an dem sich jede horizontale Heilserwartung, sei es Wohlstand, Vererbung etc., entzündete. Die Hinfälligkeit aller selbstgesteckten Grenzen und Ziele ließ jeden Menschen, unabhängig von Stand und Rasse zum Ausgegrenzten werden, der als Individuum mit dem Absoluten, dem Tod, tanzte. Das Individuum verliert sich im Mythos, Hierarchien, Grenzen, Ordnungen zeigen ihre Relativität und Variabilität: das nahe und gewisse Ende sozialisiert und vereint.

Der Einzuweihende hat, nach meiner Interpretation, eben keinen Körper im kosmologischen, sondern nur einen im physiologischen Sinn, im rein Zeichenhaften, Linearen, Funktionalen, aber nicht im Symbolischen, Mythischen, Komplexen. Der Vogelkopf des Mannes von Lasceaux bedeutet, daß er kein gewöhnlicher Mann ist, er ist Schamane, ein Eingeweihter. Man muß aber davon Abstand nehmen, von der Annahme auszugehen, daß es einen standardisierten Einweihungsweg geben kann, der jemanden zum Schamanen werden läßt. Die Wiederholung der Lasceaux-Szene im Kult wäre schon kulturelles Repertoire.

Der Schamane lernt nicht durch Lektionen, sondern durch eine Entregelung, die ihn außerhalb des Normativen stellt. Er kann nicht sagen, wann er eingeweiht wird, wann es ihn ergreift, ob er überhaupt ergriffen wird und ob er es überlebt. Das Einwirken des „Göttlichen“, des Außerweltlichen, wirkt auf das Profane immer wie ein Zu-fall.

Die Krise des Schamanen ist der Auslöser für seine Laufbahn und eventuelle Ausbildung und nicht ein strukturiertes, vorgeführtes System. Die den Schamanen treibende Dynamik dagegen ist unberechenbar; er ist wieder zu einer Urkraft geworden: auch das nicht in einer größtmöglichen Annäherung an die Gesellschaft, sondern in der Entfernung von ihr. Die Homöostase ist durchbrochen, das Sein entregelt. Er ist inhomogen, singulär und unbequem.

Auf diese Art ist er mit dem Schöpfer identisch. Der Schamane war somit erster Repräsentant eines „außerweltlichen Prinzips“, das sich vorher wohl verstreut und unbewußt auch schon zeigte, in ihm aber eine erste Definition erfuhr und damit eine Tatsache der Wirklichkeit wurde. Er war sozusagen „ver-rückt“ worden, was ihm einen kritischen oder früher auch „hellsichtigen“ Zugang ermöglichte.

Diese Kritikfähigkeit sollte sich im Weiteren als die treibende Kraft der menschlichen Kulturgeschichte erweisen. Diese „Kunst“ ermöglichte es, den Sinn von Regeln zu hinterfragen, und diese zu verändern. Weiterhin war es mit Hilfe dieser schöpferischen Kraft möglich, das gesamte Mensch-Sein durch Ritus und Kultus aus der ersten Wirklichkeit zu „befreien“. Nun ist es bei weitem nicht so, daß außergewöhnliche Individuen in primären Gesellschaften grundsätzliche Achtung erfahren. Levy-Bruhl (1959: 300 ff.) zeigt auf, daß die soziale Gruppe Mittel und Wege, bis hin zur Tötung, kennt, sich vor dem Unbekannten zu verwahren und ihre Regeln zu schützen. Der Regelbruch ist eben faszinierend und schrecklich zugleich (Bystřina 1989: 266), wobei Zufall und Notwendigkeit darüber entscheiden, ob er sich durchsetzt und damit die Etablierung einer veränderten Regel auf anderer Ebene ermöglicht oder nicht. Auch ist es nicht sicher, ob sich der Bruch oder das Beibehalten der Regel als fatal oder nützlich erweisen werden. Vielmehr handelt es sich um Manipulationen in der zweiten Wirklichkeit, die nach und nach die erste Wirklichkeit so verändern, wie der Mensch es sich vorstellt, und unter anderem die Interpretation des jüdisch-christlichen Schöpferwortes „macht euch die Erde untertan“ dann auch offen zuläßt.

Das Denken in Oppositionen und den grundsätzlichen Asymmetrien etc., das den Hinduismus, aber auch den Buddhismus so sehr beeinflußt hat, ist Kennzeichen des Schamanismus und nicht der frühen Hochkulturen (s.a. Hermanns 1970).

Hochkulturen, also Zivilisationen im historischen Sinne, und damit auch unsere technische Kultur, entwickeln im Prozeß ihrer Entwicklung eine gewisse Labilität gegenüber primären Formen menschlichen Seins. Das kommt daher, daß sie im Laufe der Zeit dazu gezwungen sind, ständig weitere Formen des Seins als nicht zulässig auszugrenzen, um die Stabilität ihres Systems zu wahren, was dadurch natürlich an innerer Kraft verliert und schließlich dekadent ermattet, wenn es nicht bereit ist, seine Setzungen und Autoritäten hinterfragen zu lassen und sich stattdessen in die Gefilde der reinen Positivität begibt.

III

Zum Profanen gesellt sich als Gegenpol das Heilige. Wenn die Kennzeichen des Profanen Wachzustand, gewöhnliches, „ernstes“ Alltagsleben, „echte“ Wahrnehmung, psychische Normalität, Abstinenz und nüchternes Erleben der Wirklichkeit sind, dann sind die Kennzeichen des Heiligen Traum, Spiel, Halluzination, psychische Deviationen, Drogen, Rausch, Ekstase, Trance und Vision (Bystřina 1989: 265).

Das Sakrale ist nicht eigentlich Gegenpol des Normalen, sondern vielmehr erscheint es für das Normale so, da es sich innerhalb seiner

Begrifflichkeit kaum fassen läßt: „alles, was ungewöhnlich, eigentümlich, neu, vollkommen oder aber monströs erscheint, kann zum Sitz einer magischen Kraft werden, die sowohl Verehrung hervorruft, als auch Furcht einflößt ..." (Bystřina 1989: 268). Das Heilige ist faszinierend, schrecklich und schmutzig zugleich (mysterium fascinans und mysterium tremendum) (Bystřina ebd.: 266).

Die Modi des Bewußtseins

I

Die Polarisation von Profanem und Heiligem oder besser: von Ordnung, Organisation und Mythos scheint sich auch in der Psychologie des menschlichen Gehirns, mit seinen beiden Hemisphären, wiederzufinden (s.a. Ornstein 1974).

Während die linke Hemisphäre mit den Prädikaten sprachlich, symbolisch, logisch, analytisch, propositionell, kategorial, digital, ohne bildhafte Vorstellungen gedacht wird, gelten für die rechte Hemisphäre die Prädikate vorsprachlich, räumlich visuell, synthetisch wahrnehmend, appositionell, räumlich, analog, mit bildhafter Vorstellung (nach Dobkin de Rios, Schroeder 1981: 545).

Ebd. (546) werden folgende Dichotomien, wobei der erste Begriff immer für die linke Hemisphäre und der zweite für die rechte gilt, angegeben: Tag-Nacht, gekocht-roh[1], Kultur-Natur, Verstand-Gefühl, männlich-weiblich, Land-Meer, Yang-Yin, „straight-stoned", kreativ-rezeptiv.

Bystřina (1989: 79 ff.) weist die polare Organisation für die Ebene der tertiären Codes nach, die durch einen Trend zur abnehmenden Stringenz (ebd.: 86), also der abnehmenden Codegebundenheit von den wie folgt definierten primären und sekundären Codes sich absetzt.[2]

„Als primäre Codes bezeichnen wir diejenigen, die organismische (und auch technische) Informationsprozesse regeln, jedoch noch keinen Zeichencharakter (im engeren Sinne des Wortes) tragen" (ebd.: 81).

„Die sekundären, das heißt Zeichencodes sind im animalen Bereich noch weitgehend angeboren. Bei den Menschen sind sie offenbar (mit Ausnahme von einigen elementaren Regelsystemen der Gestik, Mimik und dergleichen) nur als ganz allgemeine Muster und Lerndispositionen vorprogrammiert und müssen in concreto erlernt werden" (ebd.: 85). „Im animalischen und besonders im humanen Bereich entstanden ganze strukturierte Zeichensysteme (Sprachen) mit einem begrenzten Repertoire von bedeutungstragenden Zeichen oder - auf einer höheren Entwicklungsstufe - von bedeutungsunterscheidenden Elementen ...“ (ebd.: 82).

Die durch die sekundären Codes geregelten Zeichensysteme ermöglichten eine ungeheure Informationsakkumulation, deren bisher letztes Stadium wir in der heutigen Informationsflut erleben (ebd.: 83).

Vom Informationsbegriff abzusetzen ist der Begriff der Kommunikation, der erst mit zunehmender Instinktreduktion und „schwindenden starren Verhaltensstrukturen“ sinnvoll eingeführt werden kann. Hierauf erst konnte „das ganze Gebäude sozialer Einrichtungen, der Kultur, Technik und Wissenschaft aufgebaut werden“ (s.a. ebd. 83). Das, was auf der Ebene der tertiären Codes stattfindet, kann als Wirkung sekundärer Codes weder erfaßt, noch erklärt werden (ebd.: 84), wobei wir m.E. in der sozialen Organisation (s.a. Firth 1964) menschlicher Gesellschaften die ständige „Schnittstelle“ zwischen sekundären und tertiären Codes vor uns haben.

„Die autonome Stringenz humaner Zeichencodes ist“ jedoch, wie Bystřina (ebd.: 85) ausführt, „viel geringer, ihre Regeln können viel leichter überschritten werden. Die Zuordnungen sind oft vage und mehrdeutig, sie bieten mehr Raum für alternative Entscheidungen (was gleichwohl für die Anpassung als auch für die Innovation günstig ist).“

Diese Codes müssen innerhalb der Sozialisation erlernt werden, und ihre Befolgung wird nicht durch eine Naturkraft, „sondern durch die Kraft der sozialen Situation (durch motivierende oder sanktionierende Kräfte der Gesellschaft oder der Gruppe) erzwungen.“ (ebd.)

Diese tertiären Codes nun bieten den Schlüssel und Zugang zu dem, was vorhin als zweite Wirklichkeit definiert wurde; sie äußern sich in Mythen, Religionen, Utopien und „den mit ihnen verbundenen human- und sozialwissenschaftlichen Konstrukten ...“ (ebd. 87) Sie haben meiner Ansicht nach aber eine viel größere Auswirkung auch auf die Sphäre des rationalinstrumentellen Denkens und Tuns in Wirtschaft, Technik, Struktur - und Naturwissenschaften, als Bystrina (ebd.) annimmt.[3]

II

Auch wenn die tertiären Codes, wie auch die spezifisch menschliche Großhirnrinde, „... offensichtlich im Kreise praktischer Lebenssituationen entstanden ...“ sind (ebd. 88f.), so findet in ihnen doch eine Ablösung von der ersten Wirklichkeit der unmittelbaren Lebensumstände statt, in der sich der Mensch mit seinen verschiedenen Formen der sozialen Organisation einzurichten versuchte. Die als übermächtig erfahrene Natur, die zunächst nur im Mythos zugänglich, verstehbar und handhabbar war, mußte aus dem sozialen Sein und der Geborgenheit des fest markierten Areals menschlicher Ansiedlungen ausgegrenzt werden. Hieran hat sich bis in unsere Tage nichts geändert; nur, daß der Bereich des nun als Kultur erfahrenen Regelhaften sich ständig erweitert und von der Natur uns als ihr letztes Artefakt nur der individuelle Tod bleibt und neuerdings der mögliche „Weltuntergang“ durch von uns beschworene „Naturkräfte“.[4]

Die polar organisierten tertiären Codes sind, wie ersichtlich, in ihrer Struktur „... unverkennbar asymmetrisch.“ (ebd. 89) Die Dichotomien, die Bystřina (ebd. 88f.) beispielhaft angibt, sind: Glück-Unglück, oben-unten, Himmel-Erde (bzw. Unterwelt), Süden-Norden, Osten-Westen, Tag-Nacht, Frühling-Winter, Sonne-Mond, weiß-schwarz, Feuer-Feuchte (Wasser), nahe-fern, Haus-Wald, Mann-Frau, wobei der erste Teil der Begriffspaare immer positiv und der zweite immer negativ markiert ist. „Ähnliche Markierungen und Querverbindungen finden wir auch in modernen Ideologien ...“ (ebd.). Die hier als „negativ“ markierten Kräfte, „die - in der Tat oder in der Vorstellung - in die vertraute Lebensphäre der Menschen Unheil bringend eingreifen, werden als stärker empfunden, stärker als die lebenserhaltenden, „positiv“ markierten“ (ebd.).

Diese als unerträglich empfundenen Asymmetrien können nur durch Übersetzung der Opposition, durch intelektuell-magische Tätigkeit, in ein höheres Strukturniveau (Tod für das Kollektiv, für ein Ideal) oder in eine zweite Wirklichkeit (Tod als ein anderes, höheres Leben) ausgeglichen werden (ebd. 89 f.).

III

Einstein lehrte uns die Relativität von Raum und Zeit in einem uns verständlichen Zeichensystem; es waren dies die gleichen Sätze, die Ethnographen in den verschiedendsten Teilen der Welt aufgenommen hatten; dies allerdings in Zeichensystemen mit einer für uns geringen Redundanz.

Die Kernaussage dabei ist, daß der Bereich, in dem nichts bestimmbar und festgelegt erscheint immer größer ist als der der markierten Zeit und des markierten Raumes und darüber hinaus wird gesagt, daß der markierte

Teil nur relativ invariant ist, da er selber Teil der übermächtigen Bezugsgröße (die in ihrer vollkommenen Relativität keine eigentliche Größe ist) ist.

Bynon (1968, zit. in: Prince, Tcheng-Laroche 1981: 568 f.) kommt nach der Untersuchung der Initiation in einen afroamerikanischen Kult zu dem Schluß, daß jeder Mensch als zwei Personen geboren werde, von denen die eine im Verlauf der Sozialisation konditioniert und verbogen wird, während die andere gleich einem unsozialisierten Zwilling stilliegt. In der Initiation (nach Separation und Drogeneinnahme) wird die Zwillingsperson aktiviert und als bewußte und voll ausgebildete Persönlichkeit zur Reife gebracht, die aber der Stimme der anderen Persönlichkeit bedarf, um zu sprechen. Diese Teilung, und darauf weisen Prince und Tcheng-Laroche (ebd.) hin, könnte dem Modell der spezialisierten Hirnhälften entsprechen. Die eine Person erscheint als weise und wie aus einer anderen Welt (Geist), ist aber zur verbalen Kommunikation unfähig, und die andere wirkt eingeschränkt, ist aber in der Lage, mit der Welt umzugehen und darüber zu sprechen.

Das „Zwillingsphänomen“ scheint ein invariantes Muster zu sein, das in diachronischer wie synchronischer Perspektive in fast allen Kulturkreisen auftaucht. Das bekannteste Zwillingspaar ist sicherlich Dr. Jekyll und Mr. Hyde, wo allerdings eine Kommunikation zwischen beiden Komponenten der Persönlichkeit fehlte, was ja, wie bekannt, fatale Folgen hatte. Doch auch Jung berichtete über die Erfahrung des Zwillings (1962: 50 f.), den er zwar nicht als Mr. Hyde, aber auch als ein Wesen erlebte, das der Menschenwelt fern und dennoch der lebenden Kreatur, der Natur, der Erde, der Sonne, dem Mond und vor allem auch der Nacht, den Träumen etc. nahe war.[5]

Für dieses „Ich“ wirkten die Menschen lächerlich, gemein, dumm, eitel, eigenartig und selbstherrlich, genauso wie das eigene, der Welt zugewandte „Ich“.

Delaby (1984: 214 ff.) weist den Zwillingsmythos für Sibirien nach und Radin (Kuper: 1990) für die nordamerikanischen Winnebago. Im „Zwillingszyklus“ dieser Sammlung wächst der eine Zwilling in der Wildnis auf, ernährt sich nur von wilden Bohnen und hat die Natur in Form eines Baumstumpfes zur Großmutter, während der andere in der Hütte seines Vaters aufwächst und mit gekochtem Fleisch ernährt wird.[6] Nachdem sie einander getroffen haben, erleben sie dann zahlreiche Abenteuer, die aber alle auf die Entregelung des kulturell Tradierten abzielen und so zu Veränderungen in Götter- wie in Menschen- und Tierwelt führen.

Siikala (1978: 154 ff.) gibt nach Findeisen (1956: 159 ff.) eine von Bogoras (1910) aufgenommene Séance eines transvestiten Chukchen-Schamanen wieder, durch die ihr Geistesgemahl spricht. „Trotz ihres übernatürlichen Wesens", heißt es dort, hatte die Stimme dieses Mannes ... eine ziemlich deutliche Ähnlichkeit mit Tyljuwijas (Schamane) Stimme. Die war ebenso heiser, erkältet und gab anstatt eines vollen Klanges nur ein röchelndes Flüstern von sich."

Die „Geistperson" ist, wie angeführt, der verbalen Kommunikation nicht fähig und kann nur durch die „reale Person" kommunizieren.

Die reale Person allein ist zu bestimmten Einsichten nicht fähig und der „Geistgatte" erschließt ihr den Zugang zur „anderen Welt".

IV

Wenn es sich aber bei diesen Phänomenen um auf prototypischen Elementen (s.a. Holenstein: 1980) beruhende kognitive Kompetenzen handelt, die tatsächlich vorsprachlich oder besser: nichtsprachlich, repräsentiert sind, dann müssen wir von Kontingenzen ausgehen, die wir sicherlich nicht allein auf ihren „sozialen Gehalt" hin untersuchen können. Uns fällt das nicht auf, da in unserem Schöpfungsmythos der Bauer und häusliche Kain seinen Bruder Abel, den „wilden Hirten" erschlug und so erst ermöglichte, daß sich ein Herr und Gott über den Kosmos stellen konnte. Sämtliche Lösungsversuche, vom dritten Sohn Adams und Evas, Seth, bis hin zum Jesus von Nazareth, sind bis heute gescheitert. Seitdem ist die Ordnung, vor allem als hierarchisierendes und normierendes Prinzip, zur grundsätzlichen Prämisse aller machbaren Aussagen gekürt.

Von der sogenannten „Normalität" der Techniker und Wirtschaftler aus gesehen[7] wirkt eine Hinwendung zum „erschlagenen Zwilling" immer regressiv, wie die Rückkehr in den unliebsamen Zustand des Uterus, wie der Rückfall in eine überwundene und unter sich gelassene evolutionäre oder ontogenetische Phase - man ist erwachsen. Selbst Freud (1960: 385) hat seine ehemals negative Konnotation des Begriffes Regression später revidiert. Er schreibt, daß das Nachdenken selbst ein regressiver Prozeß ist, „ohne dadurch an Würde oder Bedeutung einzubüßen".

Die phylogenetische Bedeutung der „Regression" ist dennoch nicht unbestritten: als Pädomorphose ist er ein biologischer Terminus, der einen Prozeß bezeichnet, der hier das Umgehen sogenannter „evolutionärer Sackgassen" ermöglicht (s.a. Koestler 1978).

Da sich unsere Evolution, vor allem die „Menschheitsentwicklung“, hauptsächlich im Terrain der tertiären Codes abgespielt hat, kann eine Pädomorphose auch nur hier stattfinden und nicht über die vermeintliche Festsetzung einer Informations- und Kommunikationsordnung auf der Ebene der sekundären Codes, wie sie sich heute global andeutet.

Kultur ist für uns mit Sprache verbunden, und wir können uns in der Regel nicht vorstellen, daß sie auf vorsprachlichen, kognitiven Unterlagen beruht und die Sprache nur eine „Spezialform“ dieses kognitiven Mediums ist (s.a. Holenstein 1980, 1988).

Im Gegensatz zur semiotischen Auffassung sieht Sperber (1975: 9) in der Symbolik kein Instrument der sozialen Kommunikation. Er räumt zwar ein, daß die Symbolik entscheidend in die soziale Kommunikation eingreift, behauptet aber, daß die soziale Organisation keine konstitutive Funktion der Symbolik ist, „die es erlauben würde, ihre Struktur vorauszusehen“.

Er nimmt an, daß die Grundprinzipien des Symbolapparates nicht von der Erfahrung induziert werden, sondern zur angeborenen geistigen Ausrüstung gehören, welche die Erfahrung erst ermöglicht. (ebd.) Diese Anschauung widerspricht dem Behaviorismus in der Psychologie ebenso, wie dem kulturellen Relativismus in der Anthropologie und weist in die Richtung Holensteins (1988), der die semiotische Wissenschaft heute als eine kognitive Wissenschaft definiert, deren Gegenstand sich vom „beobachtbaren Verhalten“ über die „kognitive Kompetenz“ bis hin zum „Medium der kognitiven Kompetenz“ verschoben hat (ebd. 18 ff.).

Auf die Problematik des mythischen und schamanischen „Denkens“ angewendet, müssen wir feststellen, daß es sich beim Schamanismus nicht um ritualisiertes Tun handeln kann, sondern, daß es sich lediglich so darstellt und hier zeichenhaft analysiert werden kann. Der mythische Bereich ist dann keine Widerspiegelung des sozialen, beobachtbaren Geschehens, sondern eine Sphäre eigensinniger Dynamis, die sich in den jeweiligen, kulturell möglichen, Ausformungen zeigt.

Die Hinwendung zum Medium der kognitiven Kompetenz weist so den Weg zu vor- bzw. nichtsprachlichen Bereichen, die den sprachlichen Ausdrucksformen in der Evolution vorgelagert sind. Sicherlich haben wir hier ein der Sprache vorausgehendes Medium vor uns, wobei einer der möglichen Spezialfälle dieses Mediums die Sprache und die mit ihr verbundenen strukturalen, räumlichen und zeitlichen Grenzziehungen sind. Sprache, das heißt auch die serielle Produktion und Reproduktion, wird heute sogar dem genetischen Code unterstellt. Sprache als universelles Konzept, wird sozusagen in allen Bereichen hypostasiert und zum allumfassenden Ordnungsmuster erhoben.

So schön die Hinwendung zum Medium der kognitiven Kompetenz auch ist, so müssen wir uns doch davor hüten, uns allzu schnell auf eine neurologische oder genetische Interpretation einzulassen, die es uns sicherlich ermöglichen würde, eines Tages eine Sprache der Neuronen zu entdecken, die dann wieder mit den Begriffen Norm und Pathologie manipulieren müßte.

Die Möglichkeiten der rechten Hirnhemisphäre deuten auf eine rein geometrische Trennung von Bezeichnetem und Unbezeichnetem, die nicht auf die biophysikalischen Grundlagen referiert. Das Medium der kognitiven Kompetenz ist einerseits der lineare, kausale Ereignisraum des Sozialen und andererseits der Quantenraum nichteuklidischer Raumzeit. Die Wirklichkeit der rechten Hemisphäre ist „Wahrnehmungsorgan", das heißt, sie ist ein Mittel, sich in unbekannten Bereichen zu orientieren. Für die linke Hemisphäre, die sehr spezialisiert ist und für die die Abbildhaftigkeit der Welt gelten mag, trifft das mit ihren sozial encodierten Möglichkeiten nicht zu.

Koestler (1978: 255) schreibt: „Die biologische Evolution ist weitgehend eine Geschichte gelungener Fluchtversuche aus den Sackgassen der übermäßigen Spezialisierung und die Geschichte der Ideen ist eine Reihe gelungener Fluchtversuche aus der Tyrannei geistiger Gewohnheiten und erstarrter Routinemäßigkeiten. In der biologischen Evolution ist die Flucht ein Rückschritt vom Erwachsenen- ins Kindheitsstadium, das anschließend als Ausgangspunkt für eine neue Entwicklungslinie benutzt wird; bei der geistigen Evolution ist sie ein vorübergehender Rückschritt zu primitiveren, ungehemmteren Arten der Vorstellungskraft, gefolgt von einem schöpferischen Sprung nach vorn ..."

Die transzendente Achse

Auch Jesus von Nazareth war insofern Schamane, als seine Präsenz illegitim in Bezug auf die vorhandenen Referenzsysteme in Form einer herrschenden Priesterschaft war. Er stellte die Autorität ihrer Hierarchie in Frage und setzte sich mit dem Göttlichen - dem außerhalb der Verwaltung stehenden - gleich.

Im weiteren Verlauf der Geschichte des Christentums - insbesondere im Katholizismus und den protestantischen Kirchen - wurde das von Jesus entregelte Gleichgewicht zwischen Himmel und Erde wieder hergestellt, kulturell encodiert, ritualisiert und automatisiert.

Auf die Inversion des kosmischen oder sozialen Equilibriums, die die Negation eines verwalteten Ursprungs mit sich bringt, folgt wiederum eine fortschreitende Amplifizierung der Übermacht, die dann in irrealen oder realen Handlungsoperationen eine Manipulation der Übermacht ermöglicht.

Auf die negativ entropisch wirkende Entregelung, die den Regress ins Chaos wagt und ihre Autorität aus dem vom sozialen Kosmos als Übermacht begriffenen Bereich bezieht, folgt der entropische Wunsch nach Ordnung und der Homogenität eines von einer Macht - und sei sie auch nur strukturales Prinzip - kontrollierten Paradieses. Das heißt, daß der Schamane kein Mittler zwischen diesen Polen, dem Wilden, Rohen und Gekochten, einem bei uns ins Abstrakte domestizierten Bereich, sein kann. Der Mythos ist niemals abstrakt, er ist konkret, wie es Kolpatchky (1970) für Ägypten ausweist. Entsprechend dieser These befindet sich der Schamane im Mittelpunkt der Welt, am Kreuzweg, wo sich das je Erschlossene und das Unbekannte treffen; er ist Mittler zwischen einem nokturnalen und nichtsprachlichen, mythischen Kontinuum und einem diurnalen, sprachlichen, ritualisierten Bereich.

Während für das Profane und Organisierte im Ritual, im Kult oder im Fest das Band zum Mythischen erneuert und bestärkt wird, ist der Schamane mehr Teil dieses Bereiches und wirkt aus diesem heraus.

Der Charakter eines Mittelpunktes oder Mittlers wird ihm von der Sozietät zugeschrieben.

Der klassische sibirische Schamane sitzt nun in der Séance, in der Jurte oder im Polog, singt und trommelt. Die Trommel steht nach Jankovics (1984: 152ff.) für das Weltenei, das von einer Muttergöttin gelegt wurde. Mit Jankovics (ebd. 153) nehme ich an, daß der Einfluß zum Beispiel des kopernikanischen Systems dieses Imago nicht ausgeschaltet hat, sondern eher, daß es auf anderer Ebene reetabliert wurde. Die Anzahl der möglichen Gottheiten und kosmischen „Sphären" nahm beständig zu, und an manchen Orten entwickelte sich ein regelrechtes Pantheon (s.a. ebd.; Alekseev 1987 u.a.) durch die Auseinandersetzung mit einer sich entwickelnden, ständig näherrückenden und vor allen Dingen durch die „modernen" Technologien und Gesellschaften sich weiter partikularisierenden Umwelt.

Ob als Ei, Kalebasse, Flaschenkürbis oder ähnliches ist dieses Motiv weltweit verbreitet. Interessant ist in diesem Zusammenhang die Aussage des ägyptischen Totenbuches, die vom Wachstum und Blühen des „kosmischen Eies“ das Wachsen und auch das Blühen der Menschheit abhängig macht. Die Vorstellung eines kosmischen Eies ist gar nicht so archaisch, wie man zunächst denkt: Unsere euklidische Geometrie basiert auf der Vorstellung von geraden Linien, und nur weil man herausfand, daß das Parallelen-Postulat nicht bewiesen werden kann, begannen die Mathematiker zu erkennen, daß die gerade Linie keine wahre Entsprechung zur „Wirklichkeit“ besitzt. Die gerade Linie ist nicht mehr, als die Begrenzung irgendeiner Kurve. Die Gerade oder das Kreuz, auf Schamanentrommeln häufig dargestellt (s.a. Jankovics 1984: 164 ff.), enden an der äußeren Begrenzung des Trommelfelles, an der Rundung des Eies, wo sich dieses vom „Jenseits“ abgrenzt und doch mit diesem identisch wird. Werden auf der Trommel häufig auch Szenen des „wirklichen“ Lebens, Sonne, Mond, Jagdszenen etc. dargestellt, so läßt der genetische Bereich des Mythos das nicht zu. Ein Wachstum und Blühen des „sozialen Menschen“ ist nur innerhalb der Trommel, innerhalb des Eies möglich. Die Trommel ist gleichsam Abbild und Transmitter.

Im gleichen Kontext muß auch kurz der Weltenbaum angesprochen werden, in dessen Ästen sich die Nester der Schamanen befinden und als Eier von Wesenheiten der „anderen Welt“ ausgebrütet werden (s.a. Alekseev 1987). Das Ei ist dabei Eintritts- und Austrittspunkt der einen Existenzform in die andere.

Das Phänomen des Austrittes des „Geistes“ aus dem Körper oder des Eintritts von „Geistern“ in den Körper muß nicht zwangsläufig mit einer realen „Trommelei“, wie es in den alten schamanischen Praktiken vorkommt, verbunden sein. Zurfluh (1983: 26) beschreibt das „Ausklinken“ und „Einrasten“ des „Zweitkörpers“ als mit akustischen Phänomenen verbunden: „Zu den Geräuschen, die einen Durchbruch, ein Kippen bzw. einen Übergang vom inner- in den außerkörperlichen Zustand anzeigen, gehören das Brodeln, Heulen, Klappern, Klatschen, Klicken, Klingeln, Knacken, Knallen, Krachen, Läuten, Pfeifen, Rascheln, Rauschen, Säuseln, Summen, Tönen, Trommeln, Zischen und so weiter.“

Nun ist es nach meiner Ansicht gleichgültig, welche „Geister“ nun im Detail beschworen werden, oder aus welchen Sphären der Kosmos im einzelnen zusammengesetzt ist. Diese variieren im Laufe der Zeit, und so kann es durchaus sein, daß sogar eine „Maschinenwelt“ zur Variablen schamanischer Praxis wird. Dieses System, das sich um das Ei und das dialektische Zwillingswesen des Menschen aufgebaut hat, ist nach allen Seiten hin offen und kann auch mit „modernen“ Erscheinungen weitaus besser umgehen, als wir in der Regel anzunehmen geneigt sind. Es handelt sich dabei um eine negativ entropische Dynamis, die in ihrer durchgängigen Invarianz das Trachten nach der Homöostase der Ordnung, im übelsten Falle als Krankheit, negiert, um dann in der Negation dieser Negation eine neue Orientierung zu ermöglichen. Die schamanische Handlunsgpraxis ist keine positive Vorgehensweise, keine Verhaltenstechnologie, die eine Anpassung an statische Zustände erleichtern oder diese erträglicher machen würde. Oft genug muß sich der zu Heilende verpflichten, selbst Schamane zu werden, da die Krankheit oder Krisis und die darauffolgende Heilung als Initiation verstanden werden können.

Der Schamane ist nicht in einem sozialen Geschehen in die Gruppe initiiert worden, sondern er erfährt seine Legitimation durch einen jenseitigen Bereich, er ist ein zweimal Geborener, der in dieser Welt wie in der anderen Welt bewußt zuhause ist. Er hat den Widerspruch nicht an eine diesen Widerspruch verwaltende Macht abgegeben, die den Widerspruch dann nicht mehr zuläßt, dessen negative Konnotation nur noch durch Ritual, Arbeit und Technik kompensiert werden darf. Jede Macht braucht den Beschleunigungsfaktor, weil der Widerspruch, der gleichzeitig Antrieb ist, immer größer wird. Der Widerspruch hingegen ist auf die Macht nicht angewiesen, die ihn weder legalisieren noch eliminieren kann, da er existentiell ist.

Die invariante Achse der Transzendenz verläuft idealitär vertikal. Auf dieser Achse kann sich das Weltenei, entsprechend der jeweiligen Beschreibung der Gegenwart, verschieben und bewegen. Auf späten Abbildungen, beispielsweise des Merkurstabes oder Caduceus, wird diese Achse als von zwei Schlangen umwunden dargestellt, die oben von einer geflügelten Sonne, dem Ei, abgeschlossen wird.

Die zwei Kräfte scheinen hier in ausgeglichener Form vorzuliegen und austauschbar zu sein; es besteht kein funktionales Ungleichgewicht. Dieser Idealzustand ist dennoch eine Fiktion, der, wie ich meine, schon Ausdruck und Wunschvorstellung eines Machtprinzips sein muß.

Der Ausgleich der Gegensätze, wie wir ihn auch in der Alchemie finden, scheint hier ausgedrückt zu sein. Hierbei muß es sich aber um einen endzeitlichen Zustand vollkommener Homöostase handeln, der sich nur in einem erneuten Urknall Bahn brechen könnte.

Die tatsächliche Achse verläuft auch nicht horizontal, denn dann wäre sie mit der Oberfläche (auch als Kompaßrose und bestimmten Arten des Kreuzes) der Erde identisch, sondern diagonal verbindet sie Mythos und Ordnung, Symbol und Zeichen. Diese Achse ist die transzendente im

Gegensatz zur immanenten von Kreuz und Baum. Die sture Geradlinigkeit wäre gar nicht imstande, die Verbindung herzustellen, sie kann nur Sinnbilder liefern.

Bogoras (1925: 214) beschreibt den allgemeinen Vorgang einer Trance bei den Chukchen, wobei die Geister sich zunächst hoch oben im Raum zur Rechten des Schamanen bemerkbar machen, was durch ein langsam lauter werdendes Geräusch geschieht, das zu einem Sturm von Klängen anschwillt, durch die Behausung fegt und dann im Erdreich zur Linken des Schamanen entschwindet und langsam mit der Entfernung leiser wird und zuletzt erstirbt. Die Geister haben also eine diagonale Bewegung vollführt, die von rechts oben nach links unten verlief.

Die vertikale Ausrichtung der Bewegung auf den Polarstern (Bogoras ebd. 215), die einen geschichteten Aufbau des Kosmos ermöglicht, mit dem Polarstern als identischem Durchgangsloch in jeder Ebene, halte ich für eine spätere Entwicklung. Bogoras (ebd.) räumt ein, daß das vertikale Aufsteigen im Rauch oder als Adler, der einfachen, geradlinig-ungestörten Bewegung zugehörig ist. Die wellenartige, spiralige Fortbewegungsart von Geistern und Schamanen ist dagegen mit der Vorstellung von Streit, Kampf u.ä. verbunden und also eine dynamische Vorstellung, die späteren statischen Konzeptionen, wie denen des dreischichtigen Universums, das der Vertikalität verbunden ist, vorausgeht.

Erst die Ausschaltung von „Störgrößen ermöglichte es, zu symmetrischen Konzeptionen des Universums überzugehen und Geister und Götter nach Aufenthaltsort und Größe zu bestimmen. In Indien etc. nehmen Götter und Geister dann auch antropomorphe Züge an. Das Fremde wird so zuhanden gemacht. Das unhandliche und dann chaotische „Naturprinzip“ wird als „weiblich“ erklärt und das ordnende, lineare als „männlich“. Die ursprüngliche Dialektik wird so entschärft, gesellschaftlich kompensierbar und ausrichtbar. Der Polarstern als Zentrum des Himmels weist auch schon hin auf einen Hochgottglauben, der in statischer Zuversicht später versuchen wird, den Himmel zu stürmen.

Um es noch einmal zu betonen: es ist nicht der Schamanismus, der solche Entwicklungen ermöglicht, sondern die fortschreitende Traditionalisierung, Ritualisierung und Inventarisierung, die zur Ablösung der „Kultur“ als techné führt und eine quasi eigenständige Dimension ausbildet.

Die Grundlage jedoch ist der Mythos von den zwei Seelen oder den Zwillingen, die imstande sind, diese ungeheuren Kräfte zu entfesseln. Trotz ihrer Asymmetrie verhalten sie sich nicht notwendig antagonistisch, sondern dialektisch; der schamanische Seins-Modus ist ein dialektischer.

Der antagonistische Modus bleibt wohl den elaborierten Systemen vorbehalten, wie sie sich im Hochgottglauben und den aus ihm resultierenden geschichtlichen Entwicklungen ergeben.

Chaos und Kosmos

Die Möglichkeiten, ... „eine Ordnung zu konstruieren, wurden stets durch die vorhergehenden Schritte in der Konstruktion bestimmt. Das heißt, daß die „wirkliche“ Welt sich ausschließlich dort offenbart, wo unsere Konstruktionen scheitern“ (Glasersfeld zitiert in: Watzlawick o.A. 116).

Wirklichkeit ist immer „außerkörperlich“, also das, was im jeweils Erschlossenen nicht verkörpert ist. Aus dem Chaos des Bewußtseins, das sich aus dem Ordnungsprinzip Natur schälte, entwickelte sich als Organisationsprinzip Sprache, das die Reorganisation des Kosmos auf neuer Ebene, dieses Mal auf kultureller, ermöglichte.

Im Gegensatz zum dialektischen Seinsmodus, den ich vorhin als für das schamanische Sein charakteristisch herausstellte, ist der antagonistische Modus auf die Ausgrenzung des nicht Erschlossenen angewiesen.

In einer Kurzgeschichte, „Die Bibliothek von Babel“, hat Borges (1970) auf dieses Phänomen hingewiesen; er schreibt dort: „Das Universum, das andere die Bibliothek nennen, setzt sich aus einer undefinierten, womöglich unendlichen Zahl sechseckiger Galerien zusammen ...“ (ebd. 190).

Der Kosmos wird hier mit einem Ordnungsschema, der Bibliothek, gleichgesetzt, wobei dann folgerichtig irgendwann dieses Schema als Voraussetzung für den Kosmos, ergo mit diesem identisch, definiert wird. Der Bibliothekar, als Priester, Bezeichner und Verwalter, tritt vor diesem unendlichen System in den Hintergrund. Eine Klassifikation ermöglicht die Aufbewahrung im entsprechenden Sechseck; dennoch sind alle Sechsecke identisch, ohne Ausnahme.

Der Zwilling ist ausgeschaltet, die Kreativität weicht gänzlich der Reproduktion eines einmal etablierten Musters, das allumfassend hypostasiert wird.

Im Zwillingszyklus der Winnebago ist es der „wilde Zwilling“, der den „akkulturierten“ immer wieder aus der schützenden Hütte (dem Ei, der Bibliothek?) lockt, um immer dann im Wasser eines Sees zu verschwinden, wenn versucht wird, ihn dingfest zu machen. Als dies aber gelingt, zieht er den anderen Zwilling dennoch auf seine Seite, der zwar seine „Sprache“

nicht verliert, sie aber nicht mehr zur Reproduktion von Verhältnissen benutzt, sondern diese gemeinsam mit dem „Anderen" einsetzt, um die geregelten Abläufe zu hinterfragen und zu stören.

Im Falle Einsteins zeigte sich dieser Zwilling als „Relativitätstheorie", der auch immer wieder im Unbestimmten eines introspektiven Ozeans untertauchte, bis ihm die Möglichkeit gegeben wurde, sich zu artikulieren und auf die Welt gemeinsam mit der „realen" Person einzuwirken.

Die kritische Erfahrung führte hier zu Übernahme, Introjektion und Identifikation mit dem „außerweltlichen" Prinzip. In diesem Falle „werden der oder die für das erste (und in der Rückschau initiatorische) Trauma verantwortlichen Geister in der Regel nach und nach zu „Hilfsgeistern" umgewandelt und zwar in einem Prozeß, der an das psychologische Konzept der „Identifikation mit dem Aggressor" erinnert" (Lewis 1989: 118).

Sprache, Kultur, Mathematik, Physik etc. werden auf diese Weise hintergehbar (s.a. Holenstein 1980), weil die kognitiven Unterlagen nicht nach kontingenter Adaptiertheit und Nützlichkeit fragen; sondern sie sind angeboren und überlebensfähig, weil sie struktural ausgezeichnet sind (s.a. ebd. 68). Der dialektische Modus hat sich vom Anbeginn der Menschwerdung bewährt; seine strukturale Stabilität erhält er aus seiner Selbstreferentialität, die ihn von der Funktionalität der Peripherie fraglos entkoppelt. Anders formuliert: die organisierten und erschlossenen Gebiete (der jeweilige Kosmos) haben mit den kognitiven Kompetenzen und Prototypen der mythischen zweiten Wirklichkeit nichts zu tun.

Das, was wir jeweils „normal" nennen ist nach Maslow (1973: 34) „... nur eine Psychopathologie des Durchschnittlichen, die so undramatisch und so weit verbreitet ist, daß wir sie gewöhnlich nicht einmal bemerken". Das heißt, daß dieses wie auch immer Organisierte, auf seine Infragestellung, ja sogar seine Negation, durch Wissenschaft und Kunst angewiesen ist, denn: „Nur durch die grenzenlose Negation hindurch definieren sich die Möglichkeiten, die standhalten. Endlich entsteht an der Spitze ein Vakuum" (Bataille 1978: 86).

Dieses Vakuum ist die kreative Leere des Chaos, die es immer wieder ermöglicht, das je Erschlossene zu entregeln: „vorausgesetzt, daß die Wenigen, die das angeht, das Bewußtsein dieser Kraft haben, werden Chaos und Dissonanzen, vom Ausmaß einer Welt, nicht aufhören, den Durst zu löschen, an dem die Menschheit ewig leiden wird" (ebd.).

Die Kompetenzen und Prototypen, die hierbei wirksam sind, bleiben invariant, nur die Schale, die Form, ist variabel; sie ist, wie Gautama

Buddha lehrt, das Grünholz des Baumes, die Welt der Erscheinungen, in ewiger Transformation, Reorganisation, Modifikation und Mutation, während das Kernholz, die kreative Leere, unberührt bleibt.

„Der Mensch ist seinem Kopf entsprungen wie der Verurteilte dem Gefängnis. Jenseits seiner selbst hat er nicht Gott gefunden, der das Verbrechen verbietet, sondern ein Wesen, das das Verbot nicht kennt" (Bataille 1936).

Sicherlich macht dieses Wesen Angst in seiner unergründlichen Monstrosität aber auch Heiligkeit. Es ist der janusköpfige Abraxas, der nach Jung immer die Möglichkeit hat, seine Welt zu vernichten, doch „... die Bipolarität zeigt nur die Bandbreite von einer Zusammengehörigkeit" (Shadoku 1989: 154).

Es kann durchaus sein, daß wir eines Tages im Sinne Artauds „kein Firmament mehr" sehen, doch das heißt dann nur, daß unser „Simulakrum der dritten Ordnung" keine Oszillation mehr zuläßt und in bloßen Beschreibungen und Bestätigungen seiner selbst verfangen, solipsistisch und subjektivistisch auf die letzte und endgültige oder erste und erneuernde Begegnung mit seinem „Zwilling" wartet. Bei Artaud handelt es sich hierbei um den Stern „Sirius", der der Erde so nahe rückt, daß das Firmament des geregelten und des ritualisierten Ablaufes des geschäftigen Treibens aussichtslos verschwindet. Alles was bleibt, ist die Angst.

Ist der Krieg noch zu verstehen, so wird hier das blanke Grauen ersichtlich, dessen Ursache niemand kennt.

Hier hilft nur noch die poetische, die mythopoetische Sprache, die sich in den Dienst des Anderen stellt, die einzig mögliche Form objektiver Luzidität, die die Lyse der systematischen, subjektiven Gewalt im objektiven Individuum bewirkt.

„SUBJEKTIVE Poesie, das ist die Beschreibung der Individualität, der Entfremdung, des Verlusts ... OBJEKTIVE Poesie, das ist die Fähigkeit der Kunst, die Menschen zu VEREINEN, indem sie gemeinsame, „von Seele zu Seele" gehende, ERHABENE Empfindungen auslöst. Sie nimmt den Dingen das Endliche, das unsere Angst ihnen anhaftet und das uns ohnmächtig und ratlos macht vor der Welt der Dinge" (Therre 1979: 210).

Eine Konzentration auf die entfremdete Subjektivität, die eben nur deshalb möglich und auch entfremdet ist, weil sie das Andere unterdrückt, wird nicht durch Reichtum, sondern durch Armut, durch MANGEL bestimmt und bewirkt eine maßlose DEZENTRIERUNG: eine PARTIKULARITÄT wurde zum Maßstab aller Dinge (ebd.).

Erst „... in den Tiefen der Subjektivität erreicht das Sich-Nach-Spüren eine Grenze, deren Überschreitung die Borniertheit des Vereinzelten sprengt" (ebd. 211).

Hier wird dann objektive Poesie, durch das direkte Einlassen auf das Andere möglich und nicht im verwalteten Ritual.

„OBJEKTIVE Poesie ist der Wille zur „sakralen Kunst" (Bataille), die das Heilige, das heißt das nicht Fremde in den Menschen UND in den Dingen sieht und mitteilt: Poesie, die nicht das Subjekt, sondern nur die Illusion einer UNBEDINGTEN Subjektivität auslöscht. Die Entfremdung, unter der ALLE leiden, führt letzten Endes zur Ratlosigkeit gegenüber den Dingen, die als TOTER STOFF erscheinen, gegenüber den Menschen, die als FALSCH erscheinen, führt zu einem NIHILISMUS gegenüber sich selbst und anderen (dieser Nihilismus ist Voraussetzung für das Funktionieren jeden Terrors -, jedes faschistischen Systems; negative Aufhebung der Entfremdung), führt zur Zerstörung dessen, was allein Entfremdung positiv aufheben kann: die „Intimität aller Menschen" (Bataille). Entfremdet ist nicht das Fremde, sondern gerade das total Verfügbare" (ebd.).

Die Negation der Negation führt zum Anderen, zum Zwilling, zur zweiten Geburt, zum Fremden, was das Eigene erst ermöglicht: „... ich erreiche mich nur, wenn ich alles, was nach Begriffen, Ideen, Wissen, Sprache riecht, vergessen kann, wenn ich mich einem Strom anvertraue, einem kosmischen Rauschen, einem Hintergrundgeräusch meines Bluts - dann, wenn ich alles vergessen kann, erreiche ich meine Tiefe; und wenn ich mich, ohne es zu wissen, im Zentrum meines Fleisches befinde, dann bin ich überall und die kosmischen Gesetze sind mir kein Rätsel: ich BIN sie! In diesem Zentrum erreicht mich eine ANDERE Botschaft, die mir anzeigt, daß das nicht ALLES ist. Es gibt tatsächlich eine Botschaft, die mir unmißverständlich mitteilt, daß meine Natur sich nicht in Präsenz erschöpft, daß sie DOPPELT existiert, daß ich (mindestens) ZWEIMAL lebe!" (ebd. 212)

Das objektive Individuum ist ein doppeltes, es ist Schamane, wobei das Andere der Fremde, der Zwilling, dann die Sprache des präsenten Subjekts benutzt: „Und in dem ich mich dieser Evidenz blind anvertraue, finde ich die Sprache und mit ihr ein GEISTIGES SYSTEM, ... die mich aus den selbstherrlichen Katakomben meiner Larvenexistenz, meiner REINEN SCHÖNHEIT OHNE WERT, aus meiner Dornröschen-Metaphorik erlöst, und in diesem Moment gibt es eine Abtrift vom Zentrum zur Peripherie, und DIESE Abtrift ist IMMER SPRACHLICHER NATUR ..." (ebd.).

Sprache ist es, die es ermöglicht, daß die andere Welt sich hier zeigen kann, egal, ob es sich dabei nun um Hieroglyphen, Mathematik, Musik oder Poesie handelt:

„Und wenn es sich um eine poetische Abtrift handelt, dann bin ich im (beweglichen) Zentrum meiner Kern-Spaltung, in zwei Zentren, die wahnsinnig in Bewegung sind, und ich entferne mich dann aus meiner absoluten Unmittelbarkeit meines Fleisches, soweit, daß ich sie SPÜREN kann, verbunden mit ihr durch die Nabelschnur der Sprache“ (ebd.).

Das Erkennen dieser Spaltung im Inneren verhindert die Spaltung des Atomkerns; das „divide et impera“ wird zum „solve et coagula“, und das nicht nur im Sinne eines Rimbaud, über den Therre hier schreibt, sondern auch im Sinne eines Einstein, eines Artaud und eines jeden, der den dialektischen Modus lebt, der hier als schamanischer vorgeführt wurde. Das Undramatische, das Durchschnittliche, das das „schamanische Leiden“ (Lewis 1989: 118) Verweigernde ist es, das immer wieder zur Macht wird und in seiner subjektiven Erbärmlichkeit und Angst das Fremde bombardiert ohne es jedoch aufhalten zu können, auch wenn heute versucht wird, das Kreuz als Koordinatenkreuz auch dem Weltraum oder dem Chaos aufzuerlegen. Man bedenke, daß Zwei-Zimmer-Appartments schon zur Macht des Weltraumes erhoben wurden. Die Banalität der Hochhausetagen können wir in sternklarer Nacht im Orbit kreisen sehen.

Kein Dichter, kein Denker, kein Maler wurde jemals ins All geschossen. Erst im Weltraum, in der exklusiven Abgeschlossenheit des Spacelab, meint die Banalität ohne Reue banal sein zu können.

Diese vermeintliche Sicherheit ist es, die das Subjektive in den Weltraum, doch auch dem Sirius näher, treibt. Die Begegnung mit dem Zwilling ist unvermeidlich und eines Tages heißt es: „Kein Firmament mehr“, denn das Ei, was den je „real“ erschlossenen Kosmos darstellt, ist so nicht zu verlassen.

Die Schamanentrommel, als Abbild dieses Eies, wenn nicht gar mit ihm identisch, macht diese Bewegung mit. Die Zwillinge singen Geschichten von „Raumschiffen, die lautlos im All explodieren“ (Nena) und ändern die Voraussetzungen von deren chimärischer Existenz, indem sie diese immer wieder auf die ursprüngliche Dialektik zurückführen.

Auch die Zwillinge in dem angeführten Winnebago-Mythos veränderten die Bedingungen der Existenz, die das kulturelle Sein bestimmenden Kontingenzen von Geistern und Göttern, sie griffen massiv ein in das beständig Scheinende.

„Derzeit können wir nur bildweise sagen, sie (die Freuden am Schaffen von Künstler und Forscher) erscheinen uns „feiner und höher“ und, daß die Lösung von Problemen und das Erkennen der Wahrheit eine besondere Qualität haben, ... die wir gewiß eines Tages werden metapsychologisch charakterisieren können“, schreibt Freud (1986, S. 211) in seinem „Unbehagen“ in der Kultur.

Der Konfrontation, auch wenn wir sie bis zum Sirius verschieben, ist nicht auszuweichen, warum sollte sie schmerzhaft und nicht so lustvoll sein, wie Freud es andeutet? Das kann sie nur dann sein, wenn endlich erkannt wird, daß Voraussetzung für Kunst und Wissenschaft die Toleranz von Inhomogenität und Regelbruch ist. Sie sind und schaffen Unregelmäßigkeiten in der Struktur eines Systems und sind mithin „zufallsmaximierend“, wie Skinner (1973) negativ belegt, denn der Bereich, dem das alles entstammt, ist mythisch und chaotisch. Hier gelten keine Regeln außer den kognitiven Unterlagen und auf nichts ist Verlaß.

Die Mythen können nicht „vermessen“ werden; das heißt, das was bleibt, ist der Mythos: die technische „Evolution“ in ihrer ganzen Geradlinigkeit und Zielgerichtetheit löst sich im Labyrinthischen der zweiten Wirklichkeit.

Anmerkungen

1 Zur Dichotomie roh-gekocht s.a. Lévi-Strauss 1971
2 S.a. Leroi-Gourhan 1980, Jakobson 1971
3 Gerade in Bereichen wie Gentechnologie, Raumfahrt und Industrieproduktion u.ä. wird die Sphäre des Rational-Instrumentellen durchaus verlassen - s.a. Baudrillard 1982
4 Daran kann auch eine biologische Langlebigkeit oder Unsterblichkeit des Menschen nichts ändern.
5 Prince und Tcheng-Laroche (1981:569) führen zahlreiche interessante Beispiele an.
6 s.a. Lévi-Strauss 1971
7 Hierunter fallen auch die modischen social-engineer, knowledge-engineer u. dergleichen.

Literatur

Alekseev, N.A.: Schamanismus der Türken Sibiriens. Hamburg 1987
Bataille, G.: Die heilige Verschwörung, Brief vom 29.04.1936. Matthes & Seitz, München
Bataille, G.: Die psychologische Struktur des Faschismus. München 1978
Bataille, G.: Die Souveränität. München 1978
Baudrillard, J.: Der symbolische Tausch und der Tod. München 1982
Bogoras, W.: „Ideas of Space and Time in the Conception of Primitive Religion", in: American Anthropologist Vol. 27, 1925
Borges, J.L.: Sämtliche Erzählungen. München 1970
Bystřina, I.: Semiotik der Kultur. Tübingen 1989
Delaby, L.: „Shamans and Mothers of Twins", in: Hoppal 1984
Dobkin de Rios, M., Schroeder, R.: „Holt die Wissenschaft die Magie ein?" in: Duerr Bd. 2
Duerr, H.P. (Hrsg.): Der Wissenschaftler und das Irrationale. Frankfurt 1981, 2 Bde.
Findeisen, H.: „W.G. Bogoras Schilderung zweier schamanischer Séancen der Küsten-Tschuktschen (Nordostsibirien)", in: Abhandlungen und Aufsätze aus dem Institut für Menschen- und Menschheitskunde, Nr. 38, Augsburg 1956
Firth, R.: Elements of Social Organization. Boston 1964
Freud, S./Freud, E.L. (Hrsg.): Briefe 1873-1939. Frankfurt 1960
Freud, S.: „Das Unbehagen in der Kultur", in: Kulturtheoretische Schriften, Frankfurt 1986
Glasersfeld, E.v.: „Einführung in den radikalen Konstruktivismus", orig. in: Watzlawick, P. (Hrsg.): Die erfundene Wirklichkeit, München 1981
Hawking, S.W.: Eine kurze Geschichte der Zeit. Reinbek 1988
Hermanns, M.: Schamanen-Pseudoschamanen, Erlöser und Heilbringer, Teil I: Schamanen, Wiesbaden 1970
Holenstein, E.: „Albert Einsteins Hausvater in Aarau: der Linguist Jost Winteler", in: Schweizer Monatshefte Nr. 59, 1979
Holenstein, E.: Von der Hintergehbarkeit der Sprache. Frankfurt 1980
Holenstein, E.: Semiotica universalis, in: Jakobson 1988
Hoppal, M. (Hrsg.): Shamanism in Eurasia. Göttingen 1984
Horkheimer, M., Adorno, T.W.: Dialektik der Aufklärung. Philosophische Fragmente. Frankfurt 1971
Jakobson, R.: „Two Aspects of Language and Two Types of Aphasic Disturbances", in: Selected Writings Bd. II, 1971
Jakobson, R.: „Einstein und die Wissenschaft der Sprache", in: Holenstein 1980
Jakobson, R.: Semiotik - Ausgewählte Texte 1919-1982. Frankfurt 1988
Jankovics, M.: „Cosmic Models and Sibirian Shaman Drums", in: Hoppal 1984
Jung, C.G./Jaffe, A. (Hrsg.): Erinnerungen, Träume, Gedanken. Zürich, Stuttgart 1962
Koestler, A.: Der Mensch - Irrläufer der Evolution. Bern, München 1978
Kolpatchky, G. (Hrsg.): Das ägyptische Totenbuch. Bern, München, Wien 1970
Kuper, M. (Hrsg.): Die Vereinigung des Feuers. Berlin 1990
Leroi-Gourhan, A.: Treasures of Prehistoric Art. New York 1967
Leroi-Gourhan, A.: Hand und Wort. Frankfurt 1980
Lévi-Strauss, C.: Strukturale Anthropologie I. Frankfurt 1967

Lévi-Strauss, C.: Mythologica I. Das Rohe und das Gekochte. Frankfurt 1971
Levy-Bruhl, L.: Die geistige Welt der Primitiven. Düsseldorf, Köln 1959
Lewis, I.: Schamanen, Hexer, Kannibalen. Frankfurt 1989
Maturana, H.R., Varela, F.J.: Der Baum der Erkenntnis. Bern, München, Wien 1987
Maslow, A.H.: Psychologie des Seins. München 1973
Monod, J.: Zufall und Notwendigkeit. München 1971
Ornstein, R.: Die Psychologie des Bewußtseins. Frankfurt 1974
Peirce, C.S./Apel, K.-O. (Hrsg.): Schriften I und II. Frankfurt 1967, 1970
Prince, R., Tcheng-Laroche, F.: Religiöse Erfahrung und der Wissenschaftler, in: Duerr Bd. 2
Schnepel, B.: „In Quest of Life: Hocart's Scheme of evolution from Ritual Organization to Government", in: Arch. europ. sociol., Nr. 29, 1988
Shadoku, J.: „Lucifer, der Erste", in: Shadoku (Hrsg.): Die Kinder Lucifers. Berlin 1989
Siikala, A.-L.: The Rite Technique of the Sibirian Shaman. Helsinki 1978
Skinner, B.F.: Jenseits von Freiheit und Würde. Reinbek 1973
Sperber, D.: Über Symbolik. Frankfurt 1975
Therre, H.: „Lebens=Spuren - Versuch einer Geo=Graphie des Lebens von Jean Arthur Rimbaud", in: Rimbaud, A.: Eine Zeit in der Hölle. München 1979
Thompson, W.I.: Der Fall in die Zeit. Stutgart 1985
Turner, V.: Vom Ritual zum Theater. Frankfurt 1989
Watzlawick, P.: Vom Schlechten des Guten. Piper Verlag, o.A.
Zurfluh: Die Quellen der Nacht. Interlaken 1983

Ivan Bystřina

Das Erbe des Schamanismus im alten Palästina

Nur das Überflüssige
braucht der Mensch notwendig.
Ortega y Gasset

Das *allgemein gängige Weltbild* im Palästina des ersten Jahrhunderts, das Bild der Welt, wie es Jesus und seinen jüdischen palästinensischen Zeitgenossen gemeinsam und vertraut war, ist uns aus vielen erhaltenen jüdischen und christlichen Dokumenten bekannt. Es wird von Morton Smith (1978: 16ff.) wie folgt skizziert:

„Es war durch und durch mythologisch. Über der Erde gab es Himmel, bewohnt von Dämonen, Engeln und Göttern verschiedener Art (die „vielen Götter", deren Existenz Paulus in 1. Kor. 8.5 einräumte und zu denen er den „Gott dieses Zeitalters" rechnete 2. Kor. 4.4). Im höchsten Himmel thronte der oberste Gott, Jahwe, „Gott" par excellence, der lange zuvor den ganzen Kosmos erschaffen hatte und der im Begriff war, ihn umzuformen oder zu zerstören und zu ersetzen. Unter der Erde existierte eine Unterwelt, zu welcher die meisten der Toten hinabstiegen. Auch dort gab es Dämonen. Zwischen Unterwelt, Erde und Himmel herrschte ein ständiges Kommen und Gehen übernatürlicher Wesen, die sich auf vielerlei Weise in menschliche Angelegenheiten einmischten. Krankheit, vornehmlich Wahnsinn, Seuchen, Hungersnöte, Erdbeben, Kriege und Katastrophen aller Art hielt man allgemein für das Werk von Dämonen. Wie mit üblen Menschen, besonders mit ausländischen Unterdrückern, lebten die Bauern Palästinas mit diesen Dämonen in ständiger Feindschaft und gelegentlichem Konflikt, doch die Beziehungen waren komplex. Wie die römische Regierung ihre jüdischen Agenten hatte, von denen einige, vornehmlich die Herodes, lokale Herrscher waren, so hatten die Dämonen ihre menschlichen Agenten, die Wunder verrichten und dadurch viele irreführen konnten. Die niedrigeren Götter waren die Herrscher dieses Zeitalters, und Menschen, die sich darauf verstanden, sie anzurufen, konnten ihre Hilfe für Zwecke aller Art erlangen. So etwa Frauen, deren Gunst sie dadurch belohnt hatten, daß sie ihnen Magie und andere Künste des höheren Lebens beibrachten. Andererseits war oftmals Jahwe, wie die Dämonen, die Ursache von Katastrophen, Krankheiten und dergleichen, die er als Strafen herabschickte. Zuweilen setzte er Engel, zuweilen Dämonen als Agenten seines

Zornes ein, und seine menschlichen Agenten, die Propheten, konnten ebenso Schaden zufügen, wie sie helfen konnten. Die meisten Juden waren überzeugt, daß er zuletzt die Welt vernichten oder die gegenwärtige Welt umformen und eine neue Ordnung schaffen werde, in der die Juden oder zumindest diejenigen, die sein Gesetz befolgt hatten, ein besseres Leben hätten. Allerdings herrschte tiefe Uneinigkeit über den Gang der Ereignisse und über die Akteure in der kommenden Katastrophe; eine reichliche Anzahl widersprüchlicher Programme war im Umlauf: mit verschiedenen Rollen für einen oder mehrere „Messiasse" - Sondervertreter Jahwes -, Antimessiasse und verschiedenartige mythologische Ungeheuer. Wir dürfen vermuten, daß nahezu alle palästinensischen Juden der Zeit Jesu von sich annahmen, sie seien in das mythologische kosmische Drama verwikkelt."

Das Christentum hat diese Menge von Geistern und Dämonen übernommen und noch vermehrt. Im *katholischen* (nun von etlichen Bischöfen verbotenen) „Engelwerk" ist eine komplette Liste von 400 Engeln und 200 Dämonen enthalten. Im Glaubensbekenntnis, verfaßt von Papst Paul VI. im Jahre 1968, steht: „Wir glauben an den einen Gott, (..) Schöpfer der unsichtbaren Dinge, wie es die reinen Geister sind, die man auch Engel nennt (..)". Demgegenüber meint der *protestantische* Theologe Rudolf Bultmann: „Man kann nicht elektrisches Licht und Radioapparat benutzen, in Krankheitsfällen moderne medizinische und klinische Mittel in Anspruch nehmen und gleichzeitig an die Geister- und Wunderwelt des Neuen Testaments glauben."

Dieser Reichtum an Geisterwesen in der jüdischen und anschließend in der christlichen Mythologie - wie übrigens in den meisten Hochreligionen - erscheint uns als das Erbe der Geisterwelt des Schamanismus.

Gemeinhin wird behauptet, daß die Lehre Buddhas bzw. des Buddhismus weder Götter noch Engel, Geister oder Dämonen kennt. Mit Recht schreibt Eliade (1978: 69):

„Der Buddhismus ist die (Hoch-)Religion, deren Begründer sich weder als Prophet eines Gottes noch als sein Gesandter bezeichnet und außerdem sogar die Vorstellung eines höchsten göttlichen Wesens (das so symptomatisch für die hochentwickelten Religionsformen ist) zurückweist. Er verkündet aber, der 'Erweckte' (*buddha*) und deshalb spiritueller Führer und Lehrer zu sein. Sein Predigen hat die Erlösung der Menschen zum Ziel. Gerade dieses 'Ansehen' als Retter macht aus seiner soteriologischen Botschaft eine 'Religion' und wandelt ziemlich früh die historische Persönlichkeit Siddhârta in ein göttliches Wesen um."

Der Buddhismus ist zwar nicht historisch, aber doch typologisch eine der jüngsten Weltreligionen. Die Mehrheit der Forscher ist sich in der Annahme einig, daß der zukünftige Buddha aller Wahrscheinlichkeit nach 558 (bzw. 567) v.Chr. geboren ist, sein „erhabenes und vollkommenes Erwachen“ im Jahre 523 (oder 532) hatte und im November 478 (oder 487) im Alter von 80 Jahren starb (vgl. Eliade l.c.).

Obwohl sich der Buddha ebenso den kosmologischen und philosophischen Spekulationen der Brahmanen und der *sramanas* („die sich mühen“, vom Pâli-Wort *śamana*) sowie der Wanderasketen (*pariyrâjaka*) wie den verschiedenen Methoden und Techniken eines vorklassischen *Saṃkhya* und *Yoga* entgegensetzte, ist seine Lehre in den mythischen, rituellen und magischen Codes von „Indien vor Gautama Buddha“ tief verwurzelt. So kennt der Buddhismus innerhalb der uralten indischen Reinkarnationslehre sechs Daseinsformen der Wiedergeburt: Gott, Mensch, Dämon, Geist, Höllenwesen und Tier. Der zukünftige Buddha hat nach der Tradition seine Eltern selbst ausgewählt, als er noch ein *Gott* im Himmel der Tuṣita war (Eliade 1978: 70). Sein Lebenslauf bietet manche Parallelen mit dem Leben Jesu an, die meist schamanistische Merkmale aufweisen. Seine Empfängnis sei unbefleckt gewesen, er selbst sei unter der Gestalt des Elefanten oder eines sechs Monate alten Kindes in die rechte Seite seiner Mutter eingedrungen; nach den alten Fassungen geschah das nur im *Traum* der Mutter. „Er wird auch *unbefleckt ausgetragen*, denn der Boddhisattva befindet sich in einem Kästchen aus kostbarem Stein und nicht in der Gebärmutter. Seine Geburt findet in einem Garten statt; seine Mutter hängt sich an einen Baum, und das Kind kommt aus der rechten Seite“ (Eliade l.c.).

Ähnlich wie Satan Jesus in der Wüste versuchte und ihm alle Reiche der Welt und ihre Pracht anbot (Mt 4, 1-11), so bot auch der König Bimbisara dem jungen Asketen Gautama Buddha die Hälfte seines Königreiches an; der Geprüfte aber widerstand der Versuchung.

Der große Gott des Todes Mâra führte noch vor Buddhas Erwachen einen Angriff gegen ihn, der von einer erschreckenden Anzahl von Dämonen, Gespenstern und Ungeheuern angeführt wurde. Doch die früheren Verdienste Buddhas errichteten um ihn eine Schutzzone, und er blieb unerschütterlich und unerreichbar für die Widersacher. Der Tod, Mâra, ist aber auch Kârma, der Eros, letzten Endes der Lebensgeist. „So umringen unzählige Frauen den Asketen und versuchen vergeblich, ihn mit ihrer Nacktheit und ihren vielfältigen Reizen zu verführen (vgl. die Versuchung des Hl. Antonius). Besiegt zieht sich Mâra vor Einbruch der Nacht zurück“

(Eliade 1978: 72). Der Buddha blieb sieben Wochen auf dem „Boden der Erweckung".

Die vorislamische Religion stand der volkstümlichen Religion im 6. vorchristlichen Jahrhundert nahe. Noch zur Zeit Mohammeds (6. Jahrhundert n.Chr.) schien die Religion Zentralarabiens nicht durch jüdisch-christliche Einflüsse tangiert zu sein und wahrte die Strukturen des semitischen Polytheismus. Neben Jahwe verehrte man weitere Göttinnen und Götter, u.a. einen Gott der Fruchtbarkeit. Es gab noch keine eigentliche Priesterschaft, dafür aber die „Sehenden", die Wahrsager und Divinatoren, die von einem *dschinn* besessen, die Zukunft vorherzusehen oder verlorene Gegenstände und entlaufene Kamele zu finden hofften (siehe Eliade l.c. 70f.).

Die anfängliche Weigerung und Abwehr Mohammeds, als Mittler zwischen Gott und den Menschen zu wirken, erinnert an die Berufungskrise, das heißt die Unschlüssigkeit mancher Schamanen und später zahlreicher Mystiker und Propheten, ihre Berufung anzunehmen (vgl. Eliade l.c. 72f.).

Die Funktion des Schamanen ist offenbar die älteste soziale und kulturelle Funktion im Rahmen der gesellschaftlichen Funktions- bzw. Arbeitsteilung, die die einfachen Funktionen der Teilung der menschlichen Tätigkeiten in der Familie, bei den Geschlechtern und bei der Nahrungsmittelbeschaffung übersteigt.

Neben den Höhlenmalereien, den Begräbnisriten und noch einigen weiteren Kulturphänomenen gehört der Schamanismus anscheinend zu den *ältesten* Zeugnissen der menschlichen Kultur. In seinen Anfängen ist er zwar nur indirekt - durch Interpretation der möglichen Spuren - nachweisbar, paßt aber zweifellos in das ganze Bild der *elementaren Kultur*, das sich in der multidisziplinären Erforschung der Vor- und Urgeschichte bewährt hat.

Nicht nur *phylogenetisch*, sondern auch *typologisch* gehört der Schamanismus zu den Institutionen der ältesten Gesellschaftsformation der *Jäger und Sammlerinnen*, also der *Wildbeuter*.

(1.) Zeugnisse der Vergangenheit, Ereignisspuren, Artefakte sowie in Texten enthaltene Botschaften - Daten der Anthropologie und Archäologie - zusammen mit (2.) Erkenntnissen aus späteren Zeiten, aus der Geschichte bis hin zu unserer Gegenwart (schriftliche Dokumente, etymologisch erfaßte Spuren in den Sprachen, ein ganzer Reichtum an Belegen aus der Folklore), (3.) Informationsquellen der Ethnographie und Ethnologie (des Brauchtums, ethnischer Gruppen, insbesondere der schriftlosen Kulturen),

(4.) durch vorsichtigen Vergleich gefundene Parallelen der psychischen Entwicklung im Rahmen der Phylo- und Ontogenese - alles das ermöglicht uns im Prinzip (ungeachtet aller Unsicherheiten) doch ein glaubwürdiges, aussagekräftiges Bild weit entfernter Zeiten zu (re)konstruieren.

Von allen Wurzeln der Kultur, die dieser ihre jeweiligen Musterstrukturen einprägten, wurde der Schamanismus am stärksten durch die Strukturen der *Ekstase* formiert. In der modernen Forschung wird er als eine ausgeprägt ekstatische Form aufgefaßt.

Der Schamanismus „hat Jahrhunderte überdauert und findet sich in vielen verschiedenen Kulturkreisen" (Halifax 1979: 11).

Das Wort „Schamane" wird von einigen Forschern vom vedischen *sram* (sich aufheizen, sich abmühen; aber auch Entsagung, Askese, üben) bzw. vom pâli *samana* (skr. sramana „mortifying the flesh; ascetic; mendicant; effort; exercion) abgeleitet (vgl. Blacker 1975, Halifax 1979: 11 u.a.; die Kritik siehe bei Eliade 1951: 457f.). Sicher erscheint die Abstammung des Worts „Schamane" vom tungusischen *šaman* (über das Russische weiter verbreitet).

„Die südl(ichen) Tungusen bezeichnen mit *saman* rel(igiöse) Funktionsträger, die mit „Geistern" enge Beziehungen haben und in der Lage sind, sich in Ekstase zu versetzen, diese zu rufen und sich zu inkorporieren. Die ekstatische Kontaktaufnahme mit dem Jenseits dient ihnen dazu, die Weisung und Hilfe der Geister zur Bewältigung krisenhafter Situationen der Gruppe zu erhalten" (Quack 1987: 580).

Das Phänomen des Schamanismus ist sowohl Bestandteil der vorgeschichtlichen sibirischen Jägerkulturen, wie es auch bei urgeschichtlichen Völkern in anderen Erdteilen auftritt (Halifax 1979: 11).

Die Verbreitung des Schamanismus erfaßt nach Joan Halifax (1979: 11) folgende Regionen:

1. Nord- und Zentralasien;
2. man kann ihn auch antreffen in: Afrika, Ozeanien, Australien, Nord- und Südamerika, im nördlichen und östlichen Europa.

So findet man den Schamanismus überall dort,

1. wo es noch Völker der Jäger und Sammlerinnen gibt und
2. wo sich die alte Überlieferung innerhalb eines sich schon verändernden oder völlig veränderten Kulturgrundes erhalten hat (Halifax 1979: 11).

Der britische Sozialanthropologe Ioan Lewis definiert den Terminus „Schamane“ unter dem zentralen Aspekt der Begeisterung: „Ein Schamane ist ein inspirierter Prophet und Heiler, eine charismatische Figur, ausgestattet mit der Macht einer Kontrolle über die Geister, die er oft auch verkörpert“ (Lewis 1984: 9).

Die Schamanen manifestieren sich sowohl in der ersten als auch in der zweiten Wirklichkeit. In der ersten Wirklichkeit sind sie *Menschen*. In der zweiten Wirklichkeit treten sie auf als:

- *Götter* (zum Beispiel Odin, Dionysos),
- *Halbgötter* und *Helden*, auch Märchenhelden,
- *Totenbegleiter*,
- *Geister*bezwinger oder *Geist*besessene.

Aus kultursemiotischer Sicht kann man unter Schamanen „jene rituellen Spezialisten verstehen, die zwischen Jenseits und Diesseits, Tier-, Geister- und Menschenwelt, dem Handlungsspielraum der ersten und dem Imaginationsspielraum der kulturelles Bewußtsein prägenden zweiten Wirklichkeit vermitteln. Ihr Wirken zielt auf die Beschwichtigung jener Kräfte ab, die sich gegen das menschliche Wohl und den sozialen Erhalt der Gemeinschaft richten. Mittels ekstatischer Trancetechniken suchen die Schamanen das in der zweiten Wirklichkeit gelegene Land der Geister auf, um psychisch oder sozial gestörtes Gleichgewicht wiederherzustellen“ (Kuper 1988).

Nachdem der „klassische“, entwickelte Schamanismus in den teilweise bis heute überlebenden Kulturkreisen der Wildbeuter, das heißt der Jäger- und Fischervölker (Sibirien, Alaska, Australien u.a.) weitgehend erforscht wurde, nachdem auch die (möglichen) Spuren eines frühen Schamanismus in der Steinzeit und dessen Belege in der Antike glaubwürdig interpretiert wurden, kommt nun die Zeit, die Frage nach der fortlaufenden, kontinuierlichen Entwicklung dieses gewichtigen kulturellen Phänomens von den Anfängen bis hin zu der Zeit seiner Verwandlung in zeitlich spätere kulturelle Systeme zu stellen. Das letztere ist bisher nur in Ansätzen untersucht.

Technische und Gebrauchsgegenstände und natürlich auch die mit ihnen verbundenen Tätigkeiten, insbesondere ihre Herstellung und Benutzung, „übermitteln uns keine Spur eines inneren Lebens“, wie es sich durch kulturelle Texte, vor allem durch die Kunst ausdrückt (Bataille 1955: 12).

Die Denkmäler der Kunst sind zwar nicht unzerstörbar, jedoch ein viele Zeiten überdauernder Ausdruck dieses psychischen Lebens. Mit der Geburt der Kultur stellt die Kunst „mit einem Male (..) dem materiellen, dem nützlichen Leben diese nutzlosen und verführerischen Zeichen gegenüber" (Bataille l.c.).

„Wenn wir die Höhle von Lasceaux betreten, so überwältigt uns ein Gefühl, das wir von den Glasschränken mit den Knochen und Steinwerkzeugen des fossilen Menschen nicht haben" (Bataille l.c.). Eigentlich übermitteln uns die Gebrauchsgegenstände, Werkzeuge und Waffen auch Informationen über das psychische Leben des damaligen Menschen - aber eine ganz andere Information: etwas für die Entwicklung der Kultur nur als Basismaterial, indirekt Wichtiges. Die Intelligenz der frühen Menschen war natürlich „auf Dinge und ihre Verwendung, wie Feuersteine, gerichtet" (Bataille l.c.), allerdings ist es in erster Linie die Kunst, die uns die Botschaft von der Vielfalt des seelischen Lebens und Erlebens auch aus dieser heute weit entfernten Zeit übermittelt. Die prähistorischen Kunstwerke zeugen nicht zuletzt von der *Kraft des Visionären* und von der Lust am *Spiel* mit dem Möglichen, einschließlich der Auseinandersetzung mit *devianten Zuständen*, die alle zusammengenommen auch charakteristisch für das Schamanentum sind. „Ich bin kein Schamane, denn weder hatte ich Träume, noch bin ich krank gewesen" (zitiert nach Rasmussen 1937), formulierte es präzise ein Netsilik-Eskimo namens Ikinilik. Unter Träumen werden offenbar Traumgesichte, visionäre Bilder beziehungsweise Bildsequenzen verstanden.

Die (psychische) Krankheit kommt zwar relativ oft vor, ist aber keine notwendige Bedingung der Berufung zum Schamanen. Es kann auch anderes tiefes Leiden sein, wie zum Beispiel das Leiden Christi. Das Leiden ist Bedingung für die Ausbildung als Schamane, aber nicht jeder, der leidet, entwickelt sich zum Schamanen. Eine weitere Vorbedingung des schamanischen Seins liegt in der Gabe, „willkürlich in den Zustand seelischer Dissoziation verfallen zu können" (Dodds 1951: 76).

Beim Schamanisieren ist es absolut notwendig, die Menschen vor eine Show zu stellen. Es gibt keine „*quiet shamans*", leise Schamanen. Auch der thrakische Dichter, Leierspieler, Magier, Orakelverkünder und religiöse Lehrer Orpheus weist in seiner Ton- und Wortkunst schamanische Züge auf: „Wie gewisse legendäre Schamanen in Sibirien kann er durch seine Musik Vögel und wilde Tiere dazu bringen, ihm zu lauschen. Wie die Schamanen überall unternimmt er eine Wanderung zur Unterwelt, und sein Motiv dabei ist unter Schamanen sehr verbreitet: Er will eine geraubte

Seele zurückholen“ (Dodds 1951: 82). Im weiteren Verlauf des Orpheusmythos taucht auch das für den Schamanismuskomplex so wichtige Motiv der Zerstückelung auf.

Auch im dionysischen Ritus bildet *sparagmos* und *omophagia*, die Zerstückelung wilder Tiere und der rituelle Verzehr ihres rohen, noch blutwarmen Fleisches, den Höhepunkt des initiatorischen Geschehens (vgl. auch Dodds 1944 und Jan Kott 1973: 208ff.). Jan Kott rekonstruiert - nach den Untersuchungen von A. E. Jensen und M. Eliade - die Struktur des grundlegenden Dionysos-Mythos und der anschließenden orphischen Mysterien-Tradition von Leiden, Tod und Auferstehung des göttlichen Kindes, des neugeborenen Zeussohnes Dionysos (Zagreus). Aus der Hierogamie, der heiligen Vereinigung von Himmel und Erde, entsteht der Gottessohn; er wird getötet, zerrissen und sein ge- und verteilter Leib wird zur Nahrung. Die zerstreuten Glieder werden zusammengefügt, der Gottessohn steht von den Toten auf und besucht das Totenreich. Er steigt in die Hölle hinab, um seine verstorbene Mutter Semele zu befreien. Schließlich fährt er mit ihr in den Himmel (in den Olymp) auf, wo er in den Kreis der Unsterblichen aufgenommen wird (vgl. auch Christi und Mariae Himmelfahrt!).

Weil das Begehren im *Traum* ein wesentliches Element ist, das sich aus Wünschen, verdrängten Wünschen und Ängsten speist und nicht willentlich zu lenken ist, weder vom Ich noch vom Über-Ich, das heißt auch nicht von der christlichen Kirche, wird der Traum im Christentum durch Nichtbeachtung an den Rand gedrängt. An seine Stelle treten Visionen der Heiligen und die sind entweder asketisch oder Versuchungen des Satans.

Im Neuen Testament wird zwar von mehreren Träumen berichtet, doch sind diese ikonisch direkt zu verstehen und dienen der Übermittlung einer Botschaft Gottes. Die Träume haben keinen wesentlichen symbolischen Gehalt und sind daher nicht interpretationsbedürftig. Sie verweisen im Sinne des kulturellen Codes nicht auf einen verborgenen, unbewußten Traumsinn (vgl. Stellen zu Träumen als Erklärungen, Offenbarungen und Befehlsanweisungen Gottes: Mt 1.20; 2.12,13,19,22; 27.19).

Wie schon mehrfach dargestellt (vgl. auch die Aufsatzsammlung Bystřina 1989), leiten sich viele Strukturen der kulturellen Codes direkt vom *Traum* und der in ihm erlebten *zweiten Wirklichkeit* ab. Diese Tatsache war schon Nietzsche (1878,I: 450) bewußt: „Im Traum glaubte der Mensch in den Zeitaltern roher uranfänglicher Kultur eine *zweite reale Welt* kennenzulernen; hier ist der Ursprung aller Metaphysik. Ohne den Traum hätte man keinen Anlaß zu einer Scheidung der Welt gefunden.“

In den Religionen der Antike wie auch in den elementaren Stammesreligionen wird dem Erleben des Traumes großes Gewicht zuerkannt. Die Alten erkannten in den Träumen eine Offenbarung göttlicher Mächte.

Vom Traumerleben her finden zahlreiche Vorstellungen über Geister und Dämonen, Magie und Ritus, Wunderheilung und Prophetie ihre Erklärung. Es werden vor allem auch die entsprechenden Textsorten, also die Mythen und Märchen, die Sagen und Legenden, die Wundererzählungen und Prophetien, die Apokalypsen und Visionsberichte, ja selbst das breite Feld der Dichtung in den Gleichniserzählungen der Bibel erst vom Traumerleben her zu ihrer Wahrheit finden. Sie legen ein Zeugnis für die Wirklichkeit und Wirksamkeit der seelischen Kräfte in den tiefen Schichten der menschlichen Psyche ab.

F. Nietzsche sprach von der Geburt der Götter und aller großen philosophischen Ideen aus dem Traumerleben: „Im Traume traten zuerst, nach der Vorstellung des Lukretius, die herrlichen Göttergestalten vor die Seele der Menschen, im Traum sah der große Bildhauer den entzückenden Gliederbau übermenschlicher Wesen, und der hellenische Dichter, um die Geheimnisse der poetischen Zeugung befragt, würde ebenfalls an den Traum erinnert (..) haben (..). Der schöne Schein der Traumwelten, in deren Erzeugung jeder Mensch voller Künstler ist, ist die Voraussetzung aller bildender Kunst, ja auch (..) einer wichtigen Hälfte der Poesie (..) Bei dem höchsten Leben dieser Traumwirklichkeit haben wir doch noch die durchschimmernde Empfindung des Scheins (..)" (Nietzsche 1882, WI: 21).

Nicht also nur unser tieferes Wesen begegnet uns im Traum und enthüllt dort seine dichterische, wahrheitsstiftende Kraft, - die Götter selbst entsteigen nach Nietzsches Meinung dem Traum. Es scheint, als ob gerade die Traumlosigkeit des Christentums den Protest Nietzsches überhaupt erst herausgefordert hätte. Man kann seine Lehren nur überwinden, wenn Vision und Glaube, wenn Denken und Gefühl, wenn Dionysos und Apoll wieder in die Tiefe zusammenfinden (vgl. Drewermann 1984a: 117; vgl. auch die indianische Vorstellung von den Traumliedern, wie der Einzelne bei der Visionssuche Geschenk bekommt: F. Hetmann 1982: 80f.).

Der Schamane heilt immer in *Ekstase* (obwohl er oft ein hervorragender Kenner von Heilpflanzen ist). Ein *Medizinmann* heilt nicht in Ekstase, sondern durch magische Benutzung der Medizin. Nach der schamanistischen Vorstellung werden alle Krankheiten, die nicht klar auf äußere Ursachen zurückzuführen sind (wie zum Beispiel Knochenbrüche, Wunden), von Geistern verursacht. In der Ekstase tritt der Schamane mit den Geistern in Verbindung.

Der *Priester* leitet Zeremonien und Rituale, die die ganze Gruppe betreffen, zum Beispiel Jahresfeste, Übergangsriten, Opferungen. Er allein kann die rituellen Handlungen vollziehen, und zwar als Mittler zwischen den Gemeinschaften und den Göttern. In solchen Gruppen, wo es Schamanen, aber noch keine Priester gibt, werden die priesterlichen Aufgaben oft von Familienoberhäuptern bzw. von den Stammeshäuptlingen ausgeübt.

Sowohl bei den Zeremonien und Riten tritt der Schamane als Geisterbeschwörer in Erscheinung, wie auch in den Notzeiten (zum Beispiel bei Krankheit, Wildmangel oder Unwetter). Er befragt die Geister nach ihren Wünschen oder nach der Zukunft und führt die Seelen der Verstorbenen oder der Opfertiere ins Jenseits. Gegenüber dem Priester erfolgt der Umgang des Schamanen mit der zweiten Wirklichkeit (mit dem Übernatürlichen) immer durch Ekstase und ist in dem Sinne direkt, daß der Schamane den Geistern in ihrer Welt begegnet; er ruft sie zu sich und nimmt sie in seinen Körper auf. Dadurch versucht er die übernatürlichen Mächte im Auftrag und zum Wohl seiner Gemeinschaft zu beeinflußen.

Die *Magie* ist der elementarste Versuch des Menschen, der Natur seinen Willen aufzuzwingen. Mit der Entfaltung menschlicher Sozietäten entwikkelte sich auch ein kompliziertes System magischer „Kenntnisse". Mit ihrer Hilfe wollte man feststellen, welche spezielle übernatürliche Wirkkraft in einem bestimmten Fall im Spiel war, welche angewandt werden sollte, welche Zauberformel, Objekte oder Handlungen zur Erzielung eines gewünschten Resultats notwendig waren.

Man unterscheidet die schwarze (böse) und die weiße (wohltätige) Magie. Die schwarze Magie will Schaden stiften, basiert auf dem Umgang mit bösen Geistern, von denen man sich Unterstützung erhofft. Die weiße Magie will entweder die schädlichen Auswirkungen schwarzer Magie abwenden oder sich - zugunsten des Magiers selbst oder eines Bittstellers - der Hilfe der Geister oder anderer verborgener Naturkräfte versichern.

Im Unterschied zum Schamanen fehlt dem Zauberer die Ekstase fast gänzlich, ebenso wie dem Medizinmann. Sowohl dem *Zauberer* als auch dem *Magier* ist der Glaube an die Wirksamkeit übernatürlicher Kräfte eigen. Diese können zur Bemeisterung der Geisterwelt benutzt werden. Die Praktiken des Magiers sind auf die Erlangung von Zielen gerichtet, die sich wesentlich auf das Wohl der Gemeinschaft beziehen. Die Praktiken des Zauberers sind auf die Erlangung individueller Ziele ausgerichtet.

Der Magier wie auch der Schamane kann zu seinem Amt durch Geister oder Initiationsträume berufen werden. Danach folgt als wesentlicher Punkt eine entsprechende Ausbildung.

Der Zauberer verbirgt häufig seine Fähigkeiten vor der Gemeinschaft. Dies wäre bei einem Schamanen unmöglich, bei dem Zauberer ist es offenbar mit dem Wachstum der Individualisierung verbunden.

Einen besonderen Status im magischen Universum nimmt die *Hexe* ein, die dem Typus Schamane nahesteht:

1. Der Pakt der Hexe (des Menschen) mit Dämonen (dem Teufel) ähnelt dem Verhältnis zwischen dem Schamanen und seinen Schutz- und Hilfsgeistern.
2. Der Flug der Hexe durch die Luft wird mit dem Seelenflug des Schamanen verglichen, der dabei gefährliche Abenteuer und Kämpfe mit feindlichen Geistern und Schamanen zu bestehen hat.
3. Der Ritt der Hexe auf einer Zaunlatte oder einem Besen kann verglichen werden mit dem Stab des sibirischen Schamanen; australische Schamanen bedienen sich des Schwirrholzes (beim Himmelaufstieg).
4. Die Auffassung von der Hexe als Menschenfresserin wird mit den menschenfressenden Dämonen verglichen, die in Polynesien durch ihre inspirierten Priester Menschenopfer fordern (vgl. die australischen Schamanen, die Stücke von Leichen kauen, um in Trance zu geraten).
5. Die Berufung zum Schamanen und zur Hexe erfolgt ohne wesentlichen Unterschied:
   a) durch Vererbung,
   b) durch freien Entschluß nach einer überstandenen Berufungskrise,
   c) durch Erlernen der Kunst.
6. Da es sich bei den Komponenten der Hexenvorstellungen um sehr altes Menschengut handelt, ist es leicht verständlich, daß dieses auch heute noch im Volksglauben und -brauchtum von Bedeutung ist.

Die *Magie* ist die kunstmäßige Beeinflußung „natürlicher" Vorgänge durch „übernatürliche" Helfer; bzw. eine Kunst, mit dem übermenschlichen Bereich der Geister, Dämonen, Engel und Götter umgehen zu können (nach Th. Hopfner 1928: 308f. und 1921/24: 1-5, II: 1).

Das Geheimwissen bei Schamanen (wie auch bei den Magiern) umfaßt folgende Aspekte:

1. Die sichtbare Welt wird auf ihren unsichtbaren Grund zurückgeführt und vor dem Hintergrund einer Schöpfungslehre vermittelt.
2. Dadurch ist die Welt in Teile zergliedert, die bestimmten geistigen Wesen sympathisch oder antipathisch sind (vgl. verschiedene Arten von Geistern im Schamanismus).
3. Was der Magier *wissen* muß:
   a) die richtigen Namen der Geistwesen,
   b) den erprobten Ritus,
   c) die bewährten Gebete - Beschwörungen.
4. Dieses *Geheimwissen* versprechen:
   a) magische Texte,
   b) die Jüngerschaft bei einem Magus (Apostelltum!).
5. Durch das Geheimwissen wird der Magier:
   a) erprobt.
   b) Es „kommt" letztlich aus geheimer, göttlicher, geschenkter Offenbarung.
6. Es besteht die Möglichkeit der Verwendung des Geheimwissens als Geister- bzw. Götterzwang.

Im alttestamentlichen Kultus tut Gott folgendes:
a) er läßt am Kultort seinen „Namen" wohnen;
b) er zieht in das Heiligtum ein, dessen Ordnung er offenbart hat; dadurch bindet er sich an eine irdische Beschränkung und Verfügbarkeit des Kultbetriebs (nach Mowinkel 1953: 52f.).

Zur Verbindung zwischen dem *Schamanismus* und der antiken *Magie* läßt sich folgendes sagen:

1. Als Geisterbeschwörer sind die Schamanen an ihre *Hilfsgeister* gebunden; der Schamane benötigt für seine Aufgaben Verbündete in der Geisterwelt. Es gibt keinen Schamanen ohne Hilfsgeister. Jede Séance (das heißt Geisterbeschwörung) beginnt damit, daß der Schamane die Hilfsgeister zu sich ruft, und sie ist beendet, wenn sie ihn verlassen haben.
   Zu den Funktionen der Hilfsgeister zählt
   - die Beratung des Schamanen;
   - das Einholen von Auskünften für ihn;

- das Aussenden anderer, untergeordneter Hilfsgeister mit Aufträgen;
- das Führen und Begleiten der Schamanen auf ihren Wegen ins Jenseits.

Oft haben die Hilfsgeister Tiergestalt (vgl. die Geistwesen der Jägerzeit!), insbesondere die Gestalt von Vögeln.

2. Die antike Magie hängt auch an einer Lehre von vermittelnden Geistern, sogar ihr Gottesbegriff baut auf die Geisterlehre auf.
3. Die jüdische Magie kennt die Engel und ihre schon im Schöpfungsakt vermittelnde Rolle. Als Schlüssel zu dieser Magie dienen folgende Kenntnisse:
   a) Kenntnis des geheimen Gottesnamens,
   b) Kenntnis der Engelnamen,
   c) Kenntnis der Geheimnisse der Tora.

Die antike Magie ist ein praktisches Wissen um den Schlüssel zur Geisterwelt (vgl. Smith 1978: 123f.).

Nach Smith (l.c.) stand Jesus (und das Neue Testament) in Kontakt mit der „internationalen" Magie, die allerdings viele jüdische Elemente aufwies. Jesus konnte der Tradition nach in das göttlich-dämonische Geisterreich in der zweiten Wirklichkeit eingreifen.

Die *konstitutiven Eigenschaften* sind dadurch charakterisiert, daß für den Fall, daß eine von ihnen fehlt, es mindestens zweifelhaft wird, ob das betreffende Objekt zu einer bestimmten Klasse gehört. Zu den konstitutiven Eigenschaften des *Schamanismus* können wir zunächst versuchsweise folgende Phänomene zählen: die Ekstase, „Reisen in der zweiten Wirklichkeit" (Himmelfahrt, Unterweltfahrt), Selbstüberwindung einer psychischen Devianz.

Als „Spezialist des Heiligen" (Eliade 1958: 178) übt der Schamane in seiner Gruppe bestimmte obligate Funktionen aus: Seelenbegleiter (der Geleiter der Seelen), Heiler, Mittler zwischen Menschen und Geistern („Geisterbeschwörer"). Er ist aber zugleich auch Künstler, Schauspieler und „Showmaster".

Man hat die Entwicklung und das letzte noch vorfindbare Stadium des Schamanismus in den elementaren Jägergesellschaften sehr gut untersucht. Es wurde aber sehr wenig Aufmerksamkeit dem weiteren Schicksal des Schamanismus nach dem Ende der Epoche der Jäger und Sammlerinnen und seiner Transformation während der Entstehung und Entwicklung der Hochkulturen gewidmet.

Die *Ekstase* differenziert die Klasse der Schamanen von der der Magier: der Schamane verrichtet seine wichtigsten Tätigkeiten grundsätzlich in Ekstase.

Die schamanistischen *Einweihungen* bestehen in Träumen, ekstatischen Erfahrungen, Visionen, Trancezuständen. Außerdem werden die angehenden Schamanen durch die Geister oder durch Meisterschamanen belehrt. (Sie lernen schamanische Techniken, Namen und Wirkung der Geister, Mythologie, Ursprungsgeschichte und Genealogie der Gemeinschaft, Geheimsprache.) „Manchmal ist die Einweihung öffentlich und umschließt ein reiches und vielgestaltiges Ritual wie etwa bei den Burjäten" (Eliade 1969: 159). Die Einweihung braucht nicht unbedingt die Öffentlichkeit und ein Ritual, sie kann sich auch ausschließlich in den Träumen und den ekstatischen Zuständen der Kandidaten vollziehen. „In Sibirien und Zentralasien geht der junge Mann, der zum Schamanismus berufen ist, durch eine psychopathische Krise, während der man annimmt, daß er von Dämonen und Geistern gefoltert wird, die die Rollen von Meistern der Einweihung spielen. Diese „Einweihungskrankheiten" zeigen gewöhnlich die folgenden Elemente: 1. Folterung und Abhacken der Glieder, 2. Abschaben des Fleisches und Reduktion auf ein Skelett, 3. Ersetzung aller Organe und Erneuerung des Blutes, 4. Aufenthalt in der Unterwelt und Belehrung durch Dämonen und die Seelen toter Schamanen, 5. Aufstieg zum Himmel, 6. Auferstehung, das heißt Zugang zu einer neuen Seinsweise, jener eines Eingeweihten, der fähig ist, persönlich mit den Göttern, den Dämonen und den Seelen der Toten zu verkehren. Ein ziemlich ähnliches Muster finden wir bei den Einweihungen australischer Medizinmänner" (Eliade 1969: 159f.).

Das biblische Motiv der in hochgelegenen Teilen von Kirchenräumen oder in Visionsdarstellungen abgebildeten Himmelfahrt Christi, also seine *Emporhebung* durch die Engel („Hilfsgeister") in die Jenseitswelt bzw. in paradiesische Gefilde, in die er als wiederauferstandener Überwinder des Todes einzieht, trägt eindeutig schamanistische Grundzüge.

Im Schamanismuskomplex steigt der am aufwärtsweisenden Ende seines Schamanenbaums festgebundene oder sich festklammernde Schamane „nach oben", erleidet den „initiatorischen Tod", gehört während einer gewissen Übergangszeit klassifikatorisch weder hierher noch dorthin, bis er vorübergehend in die Jenseits- oder Anderswelt eingeht. Dort verbringt er eine gewisse Zeit der Unterweisung und Erfahrungssammlung, bis er wieder in die Menschenwelt übergeht, deren Bewohner den zwischenzeit- und zwischenweltlich vom Leben zum Tod Beförderten wieder vom Schamanenbaum herunterholen (vgl. das biblische Motiv der Kreuzabnahme).

Der Leidensweg Christi mit anschließender Auferstehung verläuft ganz im Zeichen der Triade *Leben - Tod - Wiedergeburt* und ähnelt dem Initiationsweg eines Schamanen in wesentlichen Zügen, ist doch die Affinität zwischen Kreuz, dem Hauptsymbol des Christentums, und Schamanenbaum als Ausgangspunkt für die initiatorischen Leiden und die Himmelfahrt ganz offensichtlich gegeben.

Vom Standpunkt der Kultursemiotik finden wir folgende signifikante Ereignisse im Leben Jesu:

1. Taufe gleich Initiation,
2. Wüstenaufenthalt mit Fasten und Versuchung,
3. Kreuzigung, Tod, Auferstehung einschließlich der Unterwelt- und Himmelfahrt und der Erscheinung am Hohen Berg.

Bei den Übergangsriten unterscheidet man bekannterweise im allgemeinen drei Phasen:

1. Separations- bzw. Trennungsritus,
2. Marginalitätsritus,
3. Aggregationsritus.

zu 1.: Jesus begibt sich zum Jordan. Er legt seine Kleidung ab (die Opferung einer Gabe fehlt hier). Jesus wird von Johannnes getauft. Durch die rituelle Waschung wird der Initiand „von dem ihn bedeckenden „Schmutz“ gereinigt“ (Leach 1976: 98f.). „Im allgemeinen bewirken diese Trennungsriten, daß die normale Existenz des Initianden suspendiert und er vorübergehend zu einer abnormen Person wird, die in einer abnormen Zeit existiert“ (l.c.).

zu 2.: Jesus begab sich in die Wüste und fastete 40 Tage. Am Ende der Fastenperiode bekam er Hunger. Nun wurde er dreimal in Versuchung gebracht, die er überstand. Dieser Marginalitätsritus ist ein Intervall sozialer Zeitlosigkeit. „Das allgemeine Merkmal solcher Marginalitätsriten (..) besteht in der physischen Unterbrechung des alltäglichen Verkehrs mit Leuten“ (Leach, l.c.), und zwar dadurch, daß der Initiand aus seiner gewohnten Umwelt entfernt wird.

zu 3.: Der Aggregationsritus gliedert den Initianden in die „normale" Gesellschaft wieder ein. Der Initiand übernimmt seine neue Rolle, im Falle von Jesus die Rolle des Magiers, des *Wanderpredigers* und des Verkünders des Reiches Gottes.

Im Ritual der Einweihung gewinnt der Schamane im Zentrum der mystischen Erfahrung zugleich auch die Fähigkeit zur außersinnlichen Wahrnehmung. Ein „Blitzstrahl" oder die „Erleuchtung" beenden das Ritual. „Quaumaneq" (Erleuchtung) besteht „in einem geheimnisvollen Licht, welches der Schamane plötzlich in seinem Körper, im Innern seines Kopfes, im Zentrum seines Gehirns verspürt, eine unerklärliche Leuchte, ein feuriges Licht, das ihn in den Stand setzt, im Dunkeln zu sehen, denn fortan vermag er, auch mit geschlossenen Augen, Finsternisse zu durchschauen und künftige Dinge und Ereignisse, die den anderen Menschen verborgen sind, wahrzunehmen; so kann er ebenso die Zukunft erkennen wie die Geheimnisse der Mitmenschen" (Eliade 1956: 122).

Man kann die Tatsache, daß Jesus die Johannestaufe empfangen hat, als historisches Faktum annehmen. Nachdem er sich der Taufe unterzogen hatte, begann er selbst zu predigen und zu taufen. Jesus übernahm also die Technik der Taufe als Initiationsritus, um Jünger und Anhänger in die Gefolgschaft aufzunehmen. „Er ist aber sehr rasch aus der Taufbewegung herausgewachsen" (Leroy 1978: 61), seine Tauftätigkeit stellte er anscheinend sehr früh ein.

Bei der Taufe Jesu wird die Initiation durch Johannes den Täufer, der hier vergleichbar in der Rolle eines Meisterschamanen auftritt, durchgeführt. Bei der Taufe fungiert die *Taube* als symbolische Gestalt für den Heiligen Geist zwischen Himmel und Erde. Beide, Jesus und Johannes, hatten diese Vision, befanden sich gemeinsam in einem ekstatischen Zustand. Mt 3.16: „Kaum war Jesus getauft und aus dem Wasser gestiegen, da öffnete sich der Himmel, und er sah den Geist Gottes wie eine Taube auf sich herabkommen." Joh. 1.32: „Ich (Johannes) sah, daß der Geist vom Himmel herabkam wie eine Taube und auf ihm blieb."

Die Beschreibung der Taufe Jesu enthält offensichtlich Elemente der Einweihung und Erleuchtung von Schamanen. Bei Matthäus wird der Geist Gottes im Symbol der Taufe aufgefaßt. Eine weitere Lesart spricht von einem „gewaltigen Licht". Als Effekt der Taufe eröffnet sich nach den Evangelien des Markus und des Matthäus für Jesus die Möglichkeit außersinnlicher Wahrnehmung, was auch Ziel der schamanistischen Einweihung ist. Der Heilige Geist offenbart sich in erster Linie „für ihn", das heißt für seine Augen. Im Evangelium des Johannes nimmt auch Johannes der Täufer das Geschehen wahr.

Jesus erscheint nach der Taufe als der neue Adam, der unter wilden Tieren weilt und von Engeln versorgt wird. Mk 1, 12.13: „Danach trieb der Geist Jesus in die Wüste. Dort blieb Jesus vierzig Tage lang und wurde vom Satan in Versuchung geführt. Er lebte bei den wilden Tieren, und die Engel dienten ihm.“ Im Kommentar: „Mit der Erwähnung der wilden Tiere ist das von den Propheten angekündigte messianische Ideal einer Rückkehr zum paradiesischen Frieden angedeutet (..).“ Jesus wurde in dieser Zeit vom Geist des Bösen in Versuchung geführt. Im Gegensatz zum *alten* Adam überwindet Jesus die Versuchung.

Auch die Wanderung der Israeliten in der Wüste ist mit vielen Proben und Versuchungen verbunden. 40 Jahre dauerte der Wüstenweg der Israeliten, 40 Tage der Wüstenaufenthalt Jesu, für 40 Tage wird das Fasten in den christlichen Kirchen vorgeschrieben.

In vielen Kulturen des nordasiatischen Raumes und der amerikanischen Arktis spielt der *Adler* eine vielfache Rolle: er ist Kulturbringer, Beschützer und Leitwesen der trancereisenden Schamanen; zudem gilt er als Spender von Lebenskraft sowie als Symbol sakraler Macht und Initiation (vgl. auch den Adler als Symbol Christi und die christliche Vorstellung vom Kampf des Adlers - Christus - Lichtes mit der Schlange - Satan - Finsternis).

Über die tiefgreifende Bedeutung des Adlers heißt es in einem burjatischen Mythos (Findeisen/Gehrts 1983: 174f.): „Nachdem der Gott Issege-Malan-Tengri (der „Vater Kahlkopf-Himmel“), dem Adler Lebenskraft und Weisheit gegeben hatte, schickte er ihn auf die Erde hinab, um die irdischen Menschen zu beschützen, Ordnung herbeizuführen, Wohlbefinden jeder Art zu verbreiten und sie vor bösen Geistern zu bewahren. Als der Adler nach langem Umherstreifen über dem menschenleeren Raum auf der Erde angekommen war, setzte er sich nicht weit von dem Zelt eines Tungusen nieder.“ Die irdischen Menschen erkannten jedoch ihren Beschützer nicht und versuchten ihn zu erschießen. Er kehrte dann zum Gott zurück. Doch der Gott befahl ihm, von neuem auf die Erde zurückzukehren „und sowohl Lebenskraft als auch Allweisheit dem ersten ihm begegnenden Menschen, gleichgültig welchen Geschlechtes, zu übermitteln.“ Dies wurde durchgeführt: Der erste Mensch, der angetroffen wurde, war eine Frau, der der Adler die *Lebenskraft* sowie die *Allweisheit* übermittelte und die somit zur *Schamanin* wurde.

Nachdem der Eingriff des Adlers zur Auflösung ehelicher Konflikte geführt hatte, bekamen die Frau und ihr Mann einen Sohn, der zum ersten *männlichen Schamanen* wurde und über die Lebenskraft verfügte.

Im Alten Testament werden öfters Menschen vom Geist überfallen und zu außerordentlichen Leistungen befähigt. Als eine von Gott ausgehende Kraft oder Eingebung macht sich der Geist in Erscheinungen kenntlich, die eine Erhöhung der natürlichen *Lebenskraft* bedeuten.

Wie im Alten Testament so auch im nachbiblischen jüdischen Schrifttum wird der Geist als das gottgehörige *Lebensprinzip* verstanden, das von Gott eingehaucht oder ausgeliehen wird.

Weish 1.5: „Denn der Heilige Geist, der Lehrmeister, flieht vor der Falschheit, er entfernt sich von unverständigen Gedanken und wird verscheucht, wenn Unrecht naht."

Aus dem ethnographischen Material läßt sich folgendes analoges Beispiel anführen: Bei den Nias verschwindet der zum Propheten-Priester Bestimmte, von den Geistern entführt; nach drei oder vier Tagen kommt er in das Dorf zurück. Wenn nicht, macht man sich auf die Suche und findet ihn gewöhnlich zu oberst auf einem Baum (die identische Funktion von Berg und Baum!) im Gespräch mit den Geistern. Er scheint den Verstand verloren zu haben, und man muß Opfer darbringen, damit er ihn wiederfindet. Die Initiation enthält auch einen rituellen Gang zu den Gräbern, an einen Wasserlauf (Jordan!) und zu einem Berg (vgl. Eliade 1951: 143; auch Loeb 1935: 155).

Die *Taube* ist der am häufigsten in der Bibel erwähnte Vogel. Von armen Leuten wurde sie als Substitut für Kleinvieh (Schaf, Ziege, Lamm usw.) als Opfer dargebracht, besonders bei den Reinigungsriten (vgl. Lev 5,7).

Die Ambivalenz der Taube besteht in folgendem: Einerseits ist sie das Sinnbild der Arglosigkeit, Einfältigkeit (vgl. Hos 7,11 und Mt 10,16), aber auch der Sanftmut, der Unschuld und der Frömmigkeit. Jesus mahnt seine Jünger: „(..) seid daher klug wie die Schlangen und arglos wie die Tauben" (Mt 10,16). Andererseits steht die Taube als Symbol für den Heiligen Geist. Sie ist und war eine Nachrichten übermittelnde Botin, schon bei den Ägyptern und Phöniziern; bei den Griechen und Römern wurden Tauben auf Schiffen mitgenommen. Auch Noah schickte nacheinander einen Raben und drei Tauben aus, um sich über das Absinken der Sintflut zu informieren. Die Taube vermittelt zwischen Himmel und Erde und „vertritt als weiblicher Vogel - alle vier Evangelien wählen die weibliche Form - den Geist, weil der in der aramäischen Muttersprache weiblich ist" (Spitzing

1989: 292). In der Tradition des Botenvogels steht auch die Geisttaube. Die Erscheinungsform des Heiligen Geistes als Taube beschränkt sich in der Bibel auf die Taufe Jesu durch Johannes (Mk 1,10; Mt 3,16; Lk 3,22; Joh 1,32). Erst das Konzil von Nicäa im Jahre 325 erhebt die Taube zum gültigen Symbol des Heiligen Geistes schlechthin.

Unter einem „Rückzug" (*retreat*) wird eine begrenzte Periode der Isolation verstanden, während derer ein Individuum - entweder allein oder als Teil einer kleineren Gruppe - sich von der alltäglichen Routine zurückzieht, im allgemeinen aus sakralen Gründen bzw. als Bestandteil der Visionssuche im initiatorischen Geschehen. Der „Rückzug" gehört zu den allgemeinen sakralen Praktiken fast aller Völker, oft beschränkt er sich aber auf bestimmte Personengruppen (vgl. Lozano in ER, 350ff.).

Im Christentum, besonders in den letzten Jahrhunderten, hat diese Art von „Rückzug", die die geistige Erneuerung des Individuums anstrebt - durch Meditation, Gebet und Stille -, einen hohen Entwicklungsstand erreicht. Das wird häufig unter der Führung eines Meisters gemacht, der in einen periodischen Dialog mit dem „Sich-Zurück-Ziehenden" tritt oder, bei einer Gruppe, Instruktionen gibt. Es ist bezeichnend, daß einige populäre Geschichten des „Rückzugs" mit der Perikope beginnen, wie Jesus sich nach seiner Taufe in die Wüste zurückzog und der Heilige Geist auf ihn herabkam. Bei Markus geht nicht aus der Perikope hervor, daß Jesus die Absicht hatte, sich besonders der geistigen Übung des Gebets zu widmen. Die Wüste wurde jedoch zum Symbol einer neuen geistigen Haltung.

Man kann den „Rückzug" in folgenden Fällen beobachten: (1) als Vorbereitung auf die Initiation (a) des Erwachsenwerdens oder (b) der Aufnahme in eine religiöse, sektiererische u.ä. Gruppe, (2) im Prozeß der Konversion, der Bekehrung, (3) als Teil der Suche nach einer Berufung zu einem sakralen Amt (Schamanismus, aber auch die Berufung großer religiöser Stifter), (4) innerhalb der Suche nach periodischer Erneuerung des spirituellen Lebens.

In dieser „Rückzugs-" bzw. Isolationsperiode, die der mittleren, das heißt der Marginalitätsphase eines Übergangsritus entspricht, unterbrechen die Initianden und weitere Personen ihr routinemäßiges Leben, brechen ihre normalen sozialen Beziehungen ab (entweder absolut oder, wie in den Klöstern, teilweise), ziehen sich an einen einsamen Ort oder in ein besonderes Gebäude zurück, das für solche Zwecke irgendwo abseits steht.

Durch diese Isolation bzw. diese Unterbrechung sollen sie befähigt werden, sich in Stille in sich selbst hinein zu versenken, um den Kontakt mit der Gottheit oder den Geistern herzustellen.

Der „Rückzug“ umfaßt verschiedene asketische Maßnahmen: Fasten, sexuelle Abstinenz, Gebete, Meditation, Offenbarungsträume (*revealatory dreams*), Trance, Ekstase. So sind Meditation, Gebet (auch die Opferung) und ähnliche Handlungen kein Handlungsziel an sich, sondern Mittel zum Zweck einer besonderen Art von (scheinbarer) Kommunikation.

Das Phänomen des „Rückzugs“ kommt entweder selten, sogar nur einmalig im Leben vor, wie die radikale Konversion oder die Annahme einer Berufung, oder - wie bei der spirituellen Erneuerung einer Person - es wiederholt sich.

Im Alten und im Neuen Testament wird ein Aufenthalt in der Wüste und/oder auf einem Berg mehrmals erwähnt und geschildert: 1. ein ganzes Volk, die Israeliten, absolviert eine 40 Jahre dauernde Prüfung in der Wüste (Dtn 8.1-6); 2. Moses - 40 Tage (Ex 24.18): „Mose ging mitten in die Wolke hinein und stieg auf den Berg hinauf. Vierzig Tage und vierzig Nächte blieb Mose auf dem Berg“; 3. verschiedene Propheten; 4. Elija (1 Kön 19.4-8): „Da stand er auf, aß und trank und wanderte, durch diese Speise gestärkt, vierzig Tage und Nächte bis zum Gottesberg Horeb“; 5. Jesus - ein 40 Tage dauernder freiwilliger „Rückzug“ in die Wüste bzw. auf einen Berg, begleitet von Versuchungen und Prüfungen (Mt 4.1-11).

Im Alten Testament (insbesondere in den prophetischen Texten) finden wir zahlreiche Belege *magischer Praktiken* uralten Ursprungs, die sich als *volkstümliche Zaubertätigkeiten* über Jahrtausende erhalten (und entwikkelt) haben. Die Rede ist von der Zauberei, Wahrsagerei, Totenbeschwörung (Nekromantie) sowie von speziellen Zaubereikünsten. Es wimmelte von Wundertätern, von (falschen) Propheten und Prophetinnen, Wahrsagern, Hellsehern, Totenbeschwörern, Traum- und Zeichendeutern, von Zauberern und Hexen.

Schon in Gen 30,14 ff. und 37ff. wird von alter Fruchtbarkeitsmagie der Viehzüchter (mit Äpfeln und Ruten) bei Frauen und Schafen berichtet. Der *Exodus* enthält mehrere Erzählungen über magische Handlungen (Wundertaten) der Brüder (Magier) Moses und Aaron, die allerdings insgesamt auf Jahwes Geheiß vollführt wurden. Sie sind durch die unmittelbare Bezogenheit auf Gottes Willen mythologisch legitimiert.

Die meisten dieser Wunder wurden mit Hilfe eines (Wunder)Stabes vollführt. Im Auftrag Jahwes und zu ihrer Beglaubigung als Zauberer und Wundertäter bewirkten Moses und Aaron ihr erstes Wunder in Ägypten:

Aaron warf seinen Stab vor den Pharao hin, und er wurde zur Schlange. Pharaos Weise und Beschwörungspriester taten mit Hilfe ihrer Zauberkunst das gleiche. „Jeder warf seinen Stab hin, und die Stäbe wurden zu Schlangen. Doch Aarons Stab verschlang die Stäbe der Wahrsager" (Ex 7,8-12). Auf ähnliche Art und Weise verwandelte Aarons Zauberstab alles Wasser in Ägypten in Blut; dasselbe taten auch Pharaos Zauberer (vgl. Ex 7,17-22).

So wurde auf Geheiß Jahwes die erste Plage heraufbeschworen und wieder gebannt (Ex 7ff.) Der Zauberstab ist ein uraltes Symbol für Macht und Leitfähigkeit von übernatürlichen Kräften. Er wurde zum Attribut nicht nur aller Schamanen, sondern auch ein Requisit der Magier und Medizinmänner.

Später folgten noch weitere Plagen: die Frosch-, Stechmücken- und Ungezieferplage, die Viehseuche, die Geschwürkrankheit, der Hagelsturm, die Heuschreckenplage, die Finsternis und der Tod der Erstgeborenen. Es folgten das bekannte Meerwunder und mehrere magische Operationen während der Wüstenwanderung.

Obwohl die Bedeutung der magischen Praktiken, wie sich diese im Alten Testament widerspiegeln, nicht derart gewichtig war wie bei den Nachbarvölkern, waren diese (verbotenen) Praktiken offenbar doch allgemein verbreitet und werden auch archäologisch - vor allem durch Ausgrabungen zahlreicher Amulette - belegt. Fluch, Segen und ähnliche Operationen wurden bei den Israeliten ähnlich wie bei allen antiken Völkern als magisch wirksam aufgefaßt. Später wurde ein Unterschied gemacht zwischen der *eigenständigen* Tätigkeit des Zauberers und den (magischen) Kräften, die von Jahwe *abhängig* waren. Dadurch wurde ein Teil der Magie als *göttlich* in die Religion einverleibt.

Diese auf Gott zurückgeführte Magie war legitim, während die zahlreichen, in der Bevölkerung weitläufig verbreiteten eigenständigen magischen Praktiken verboten wurden.

Als sich im 10. Jahrhundert v.Chr. die israelitische Nomadengesellschaft entwickelte und sich der Übergang in die Ackerbaukultur Kanaans vollzog, wurden die volkstümlichen Zaubertätigkeiten „im jahwistischen Sinn aufgenommen und gedacht" (Di Marco 1988: 49). Jahwe war ein Nomaden- und Kriegsgott. Dem streng patriarchalen, priesterlichen Jahwismus, „nach dem Gott in der Natur und im Menschen alles nach seinem eigenen Willen schafft, regiert und beherrscht, scheint die Magie völlig fremd" (l.c.).

Im Alten Testament und besonders in den prophetischen Texten gibt es Dutzende Belege von Verboten volkstümlicher Zauberei, Nekromantie und Wahrsagerei. Ganze Szenen der Totenbeschwörung werden vorgeführt (1 Sam 28,7.11-13). Die falschen Propheten „haben nichtige Visionen, verkünden falsche Orakel und sagen: Spruch des Herrn - obwohl der Herr sie nicht gesandt hat. Trotzdem warten sie darauf, daß er ihre Worte erfüllt" (Ex 13,6). Die Zaubermittel sollen vernichtet werden, so daß es keine Zeichendeuter mehr geben wird (Mi 5,11). Die Zauberbinden, mit denen die Menschen wie Vögel gejagt werden, sollen von den Armen der falschen Prophetinnen gerissen werden, ähnlich wie die Zaubermützen von ihren Köpfen. Denn sie haben „für ein paar Hände voller Gerste und für ein paar Bissen Brot" Menschen getötet, die nicht sterben sollten, und Menschen verschont, die nicht am Leben bleiben sollten. Dadurch wurde das Volk belogen, „das so gern auf Lügen hört" (Ex 13,18-21).

Verstärkt wurden Magier, Wahrsager und überhaupt die in Zauberpraktiken der volkstümlichen Magie Erfahrenen als Vertreter bzw. Handlanger eines geradezu widergöttlichen Prinzips angeprangert: „Wenn man euch sagt: Befragt die Totengeister und Zauberkundigen, die flüstern und murmeln! (dann erwidert:) Soll ein Volk nicht lieber seinen Gott befragen? Warum soll man für die Lebenden die Toten befragen?" (Jes 8,19).

Es ist schwierig, eine ausreichende und eindeutige Definition der Magie zu geben. Sie kann als das Verfahren angesehen werden, das nach dem Willen eines einzelnen (eines Magiers) gewisse wünschenswerte Ereignisse in der ersten Wirklichkeit bewirken soll (vgl. Drewermann 1984: 127); es soll ein natürlich-übernatürliches Ergebnis hervorbringen (vgl. Neusner, zit.n. Bühner 159).

Die Magie ist ein Verfahren, das in Augenblicken besonderer Not oder Gefahr, in denen durchaus nichts mehr zu machen ist, doch noch einen scheinbar praktikablen Ausweg eröffnet, in dem jenseits der Kenntnis des Naturzusammenhangs die Welt der Wünsche durch sich selber Geltung gewinnt und die beruhigende Botschaft übermittelt, daß auf einer anderen Ebene noch geheime Möglichkeiten zur Rettung aus der Verlorenheit bestehen (vgl. Malinowski 1948: 54ff. und Jensen 1951: 249ff.).

Gegenüber dem offiziellen Kult mit seinen rituellen und mythologischen Bestandteilen stellt sich die Magie als eher private Erscheinung innerhalb der Sozietät dar. Sie bietet imaginäre Mittel und Wege durch in der ersten Wirklichkeit ausgeführte und in der zweiten Wirklichkeit als wirksam erwünschte Operationen, um die von Menschen als ungünstig und bedrohlich empfundenen Asymmetrien der Weltgegensätze auszubalancieren (vgl. Bystřina 1989).

Jede Religion hält ihre Riten für magisch wirksam. Ein guter Schuß Magie wäre dann Kennzeichen für die Lebendigkeit der Religion, meinte Goodenough (1953: 159ff.).

Religion und Magie liefern der Gesellschaft den Zugang zu einem zusammenhängenden, transzendenten Sinngefüge, zu der zweiten Wirklichkeit:

a) Die Religion vollbringt es durch ihre Riten (zur Frage der „Vernünftigkeit" der Religion bzw. ihrer Riten vgl. Rössler 1976).
b) Die Magie funktioniert dadurch, daß sie den Bezug des Menschen zur transzendenten Geisterwelt realisiert (nach Lévi-Strauss).

Religiöse Riten selbst haben eine *magische Komponente*. Nach Eitrem (vgl. dazu auch Bauer und Meyer) gilt:

a) in der volkstümlichen Religiösität Galiläas gab es eine heidnische Komponente,
b) Jesus steht als Wundertäter in direktem Wettstreit mit den zeitgenössischen Thaumaturgen und Exorzisten der gewöhnlichen Art (Eitrem 1950: 1). Auch die griechischen Zauberpapyri zeigen teilweise eine stark jüdisch geprägte Zaubertradition (Eitrem 1950: 5f. und 10ff.). Nach Böcher (1979) dominiert im Neuen Testament das antike, dämonische und dem Zauber zugehörige, also magische Weltbild.

Zu den Grundformen von religiösen Weltbildern, die wir in allen Religionen finden, gehört der *Exorzismus*, also die Beschwörung, die zur Beseitigung böser numinoser Einflüsse führt und speziell für die Vertreibung dämonischer Mächte gebraucht wird (Ratschow 1958: 832). Seine Eigenart liegt unter anderem in der unmittelbaren Wirkung, erreicht durch ein Wort, eine Geste oder einen ganzen Ritus.

Im Schamanismus spielt die exorzistische Komponente eine wichtige Rolle. Der Schamane kämpft mit übelwollenden Geistern und Krankheitsdämonen, um sie zu bezwingen. Auch Jesus heilt Besessene (vgl. Mt 8,16ff.), vertreibt Krankheitsdämonen und läßt böse Geister aus dem Körper eines Kranken in eine Schweineherde, Symbol des Unreinen, fahren (vgl. Mt 8,28-34). Er beherrscht auch die Elemente, stillt Stürme und macht einen von einem Dämon besessenen Stummen beredt (vgl. Mt 9,32ff.). An anderer Stelle erteilt Jesus „bei der Einsetzung der Zwölf" auf einem heiligen Berg seinen Jüngern die Vollmacht zur Austreibung von Dämonen (vgl. Mk 3,13ff.).

Der *homo religiosus* „bewältigt" das namenlose Unheil der schrecklichen „Gottheit". Die schamanistische Erregung ist ihrem Wesen nach Exorzismus, eine Krisenbewältigung, und gibt sich als solche in entsprechenden Handlungen zu erkennen. Der tibetische Lamaismus stellt als Zusammentreffen schamanistischer und hinduistisch-tantristischer Weltdeutung den Höhepunkt exorzistischen Handelns dar. Das Zusammenspiel von Wort (*mantra*), Geste (*mudra*), Trance und Erhebung des Handelnden (*tantra*) signalisiert für die Umwelt den Fortgang des prozessual verlaufenden Exorzismus.

Es wird behauptet, „im Neuen Testament werden sehr wenige magische Praktiken erwähnt" (Di Marco 1988: 49). Dies liegt daran, daß die magischen Komponenten, die das Alte Testament füllen, schon von den Evangelisten unterdrückt wurden, wie auch die magischen Praktiken Jesu von der Kirche nicht als solche interpretiert wurden.

Zu den Schilderungen von magischen Praktiken im Neuen Testament gehören die Kämpfe der Zauberer, die die Überlegenheit der göttlichen Zauberkraft über die „niederen" magischen Praktiken demonstrieren sollen, und die Verbrennung von magischen Büchern (*ephesia grammata*: Apg 8,9.11, 13,6.8, 19,18-19).

Der semiotische Symbolbegriff wird durch eine besondere Beziehung zwischen Zeichen und Bezeichnetem charakterisiert: das *Symbol* steht zu seinem Bezeichneten weder in einer direkten räumlich-zeitlichen Beziehung, noch in einer sinnlich wahrnehmbaren Ähnlichkeitsrelation, sondern in einer reinen Zuordnungsbeziehung. Ein Zeichen mit dominant symbolischem Charakter kann gleichzeitig - sekundär - ikonische und/ oder indexikalische Charakterzüge aufweisen.

Ein wichtiger Teil der Symbole wird dadurch gekennzeichnet, daß dem Zeichen, das heißt einem materiell-energetischen Objekt der ersten Wirklichkeit, ein imaginäres Bezeichnetes aus der zweiten Wirklichkeit zugeordnet wird.

Alle drei Grundarten von Zeichen - Indices, Ikone und Symbole - sind schon subhuman, in den Tiersprachen, verbreitet. Sie waren gewiß auch während der Menschwerdung gegenwärtig. Jedoch erst das Vorhandensein von Symbolen hat dem Menschen die Möglichkeit eröffnet, Texte über die zweite Wirklichkeit zu produzieren und zu interpretieren.

So finden wir Symbole in Mythen, in Riten und in der Magie, wo sie als *mächtige* (heilige, dämonische) Zeichen gelten. Die magische Verwendung von Symbolen gehört offensichtlich zu den ursprünglichen kulturellen Tätigkeiten.

„Die Symbole sind mächtige Zeichen, die Riten sind Taten (das heißt Zeichenhandlungen)", schreibt Kirchgässner (1988: 87). Innerhalb seiner katholischen Ideologie muß er allerdings behaupten, daß diese Zeichen ihre Macht nicht etwa aus sich heraus, sondern aus dem Heiligen Geist haben. Andererseits erkennt er die „ursprünglich magische Verwendung der Symbole" an und gibt zu, daß diese es für immer belastet. „So ist der religiöse Charakter des Kults immer gefährdet, immer ist er nah daran, ins Zauberische abzugleiten" (l.c.). Ähnlich behauptet Di Marco (1988: 51), daß mit der Übernahme der Symbole ins Christentum „manches beunruhigende Element hineingeraten" ist, „(..) haben doch schließlich die Symbole ihre Geschichte im Heidentum und selbst im Dienst der Dämonen; in ihnen könnte man zunächst etwas typisch Heidnisches sehen" (l.c.).

Einigen Deutungen gemäß sollen sich die Phänomene des Lebens Jesu in einer „mythologischen Welt von Gottheiten und Dämonen" (Smith 1978: 254) abgespielt haben.

Der Stand der Quellen und der Ergebnisse bisheriger kritischer Forschung erlaubt auch heute noch nicht, bei der Analyse des Lebens und der Tätigkeit eines historischen Jesus mit den Werten der gesicherten Wahrheit oder Falschheit, sondern bloß mit den Wahrscheinlichkeitswerten zu arbeiten.

Smith´ Rückgriff auf antikes Zaubermaterial in der Jesusfrage ist erstmalig. Versucht man die Wurzeln des neutestamentlichen Wunderverständnisses zu ergründen, so läßt sich festhalten: Falls es eine Reihe urchristlicher Wundermänner gegeben hat, so wäre Jesus der erste Wundertäter (Thaumaturg) innerhalb des antiken Weltbildes, zu dem im Neuen Testament das endzeitliche Bewußtsein hinzukommt (Fridrichsen 1925 und Eitrem 1950). Das im heutigen Neuen Testament vorliegende Wundermaterial wurde stark gedämpft und entschärft (Fridrichsen und Smith).

Nach Mk 9,38 sei Jesu Namen bereits während seiner Lebenszeit von anderen Wundertätern magisch benutzt worden: „Da sagte Johannes zu ihm: Meister, wir haben gesehen, wie jemand in deinem Namen Dämonen austrieb; und wir versuchten ihn daran zu hindern, weil er uns nicht nachfolgt." Nach Eitrem handelt es sich um eine echte historische Notiz (1950: 13).

In der Jesustradition seien noch magisch (nach Eitrem 1950: 33ff.):

a) die aramäischen Imperative; schon die früheste Überlieferung sah sie als magisch wirksame Worte an;
b) Berührungsgesten Jesu, die als magische Gesten noch erkennbar sind.

Nach Eitrem bestehen folgende Unterschiede zwischen Jesus und der antiken Magie:

a) Jesus benutzte keine magischen Formeln (1950: 2; vgl. 7,32);
b) Jesus folgerte aus einem Monotheismus spontan das Wissen um den Sieg über die Dämonen: „Jesus erweitert (..) seinen Monotheismus mittlerweile auf revolutionäre Weise, die sich in seinem kompromißlosen Beharren auf der persönlich verantwortlichen Moralität des Menschen realisiert, gegenüber der Hölle und dem Satan."
c) Von der übrigen Magie trennte Jesus eine messianische Grundlage, die durch Taufe und Versuchung geschaffen worden sei (Eitrem 1950: 8).

Unter der volkstümlichen Magie wird bei Eitrem eine nicht-messianische Wunderwirksamkeit verstanden, zu der Jesus *vor* seiner Taufe in engerem Kontakt gestanden habe. Während seiner depressiven Phasen (Schamanismus!) habe er gelegentlich auf diese einfacheren Strukturen, wie Speichelbehandlungen (vgl. Joh 9,6) zurückgegriffen (Eitrem 1950: 47ff.).

An seiner charismatischen Kraft und Vollmacht über die Dämonen erkennt Jesus den Anbruch des Reiches Gottes (Eitrem 1950: 52). Jesus sei zunächst ein Wunderrabbi gewesen, der in besonderer Weise lehren und heilen konnte. (Das Verkünden einer Lehre überschreitet scheinbar die Grenzen des reinen Schamanismus.) „Beide Aktivitäten, das Heilen und das Lehren, sind charakteristisch für den künftigen Propheten; auf die Ebene des Messianismus wurden sie durch die Taufe des Johannes und durch das Zusammenleben mit dessen Jüngern erhoben" (Eitrem 1950: 52).

Bei näherer Inaugenscheinnahme weicht Jesu Exorzistentätigkeit nicht vom Auftreten anderer asketischer Exorzisten und Wundermänner ab; hinzu kommt nach Böcher jedoch das eschatologische Selbstbewußtsein Jesu.

Die Vorwürfe seiner Gegner weisen eine schamanistische Komponente auf:

a) Jesus war besessen,
b) seine Wunder brachte er durch Einfluß von Dämonen zustande.

Beide Ausprägungen der Jesustradition, die feindliche und die bekennende sind gleich alt, also beginnen sie mit Reaktionen von Menschen auf den historischen Jesus.

Nach Smith war in der Welt Jesu alles voller Geister, Dämonen und himmlischer Wesen. Wie die meisten Zeitgenossen verstand er sich als Partizipant eines mythischen Kosmos (dadurch wurde er selbst auch zu einem „mythologischen Wesen").

Es hat Versuche gegeben, Jesus in seiner Rolle als Akteur auf der Weltbühne typologisch einzuordnen: nach Smith (vgl. auch Käsemann 1970, 1: 205) gehörte Jesus zu dem Typus des „Sonderlings", der nicht in die väterliche Berufsnachfolge tritt. Ein Sonderling ist in antiken Gesellschaften gekennzeichnet durch eine besondere Begabung im Umgang mit der jenseitigen Welt: entweder ist er „dämonisch besessen" oder „göttlich inspiriert" (Smith 1978: 36 ff.). Zu diesem Typus gehören nicht die Schriftgelehrten und die Toralehrer. „Wie wir (heute) hysterische, paranoide und manisch-depressive Typen und dazu Psychiater und Glaubensheiler kennen, kannte man damals von Dämonen Besessene verschiedener Art, göttliche Menschen, Propheten und Magier" (Smith 1978: 39).

Der Typ des Heros hat sich entwicklungsgeschichtlich im Hellenismus aufgespalten in:

a) den des weisen Philosophen, der in der Höhe seines ethischen Lebenswandels Göttlichkeit zeigt, und
b) den des volkstümlicheren Wundertäters, der durch seine Wundermacht Göttlichkeit demonstriert.

Im späteren Hellenismus war der philosophische Typ sozial angesehener. An diesem Trend partizipierten auch die frühen Rabbiner, die sich deshalb fast ausschließlich als Lehrer, jedoch kaum als Wundertäter gesehen hatten.

Ursprünglich und hauptsächlich war Jesus kein Lehrer, sondern Wundertäter, der nebenbei lehrte. Sein Ruhm rührte aus der Verbreitung der Nachrichten über seine Wundertaten her. (Vgl. Tradition bei den Schamanen.)

Sogar die Lehre Jesu hängt nach Smith ursprünglich mit seinen Wundertaten zusammen, seine Gebetslehre sei magisch zentriert (besonders das *Vater unser*), wie auch der ganze Komplex seiner liberalen Stellungnahmen zum Gesetz von seiner magischen Praxis ausginge.

Nach Smith werden Gesetzeslehrer nicht zu Wundermännern, jedoch konnten aus Wundermännern Rabbiner werden, was die antagonistische Haltung der Rabbiner gegenüber Jesus erhärtet, die ihm übrigens auch seine illegitime Geburt vorwarfen.

Nach Mk 3 offenbart sich aus Jesu Verhalten ein gestörtes Verhältnis zu seiner eigenen Familie. Damit hängt der Beginn seines Weges zusammen, der von sozialen Schwierigkeiten und Verhaltensauffälligkeiten gekennzeichnet ist. Er war (nach dieser Hypothese) ein verspottetes Kind, das von zu Hause ausriß und seine Isoliertheit mit Illusionen und Geistergeschichten ausglich. Darum wurde er wiederum von seiner Familie für verrückt erklärt (vgl. Smith 1978: 53).

Nach Smith stammt dieser familienbezogene Traditionszweig überlieferungsgeschichtlich aus dem Insiderwissen von Schriftgelehrten, das heißt Notaren, die schon früh gegen Jesus brauchbare Nachrichten sammelten (l.c. 54).

Historische Gegner Jesu seien nach Smith die Schriftgelehrten und die Hohepriesterschaft gewesen, die Pharisäer dagegen kamen erst in der frührabbinischen Zeit hinzu.

Für historisch begründet hält Smith (l.c.62) Phänomene Jesu abnormalen Verhaltens, die als Besessenheit und Manie deutbar seien - also zum *manisch-depressiven* Typus gehören.

Jesus betreibe Nekromantie, da er sich den Geist des Täufers beschafft habe (l.c.64f., 138f.). Diese alte polemische Tradition, auf die die Evangelien streitbar reagierten, sei Kern einer in jüdischen und heidnischen Quellen weitergegebenen Verhöhnung Jesu (l.c.120f.).

Im hellenistischen Bereich kann man den Typ des göttlich-dämonischen Sonderlings auf negative oder positive Unterkategorien aufteilen:

a) zu unterst steht der *Goes*, der Marktgaukler,
b) der *Magos*,
c) der *theios anthropos*, der am Gipfel der magischen Möglichkeiten und als Vergotteter dann ganz auf äußere Hilfsmittel verzichten kann (vgl. l.c.166f.). Diese Unterscheidung ist in Palästina dort bekannt, wo griechisch-römischer oder persischer Einfluß vorhanden ist (vgl. l.c.136ff.). Die semitische Deutung lautet anders: der Nekromant

verschafft sich die Herrschaft über einen Totengeist und bekommt dadurch Anteil an der göttlichen Natur (vgl. l.c.139).

Der höchste Kenner der geheimen Magie, der sich bereits vergottet hat, kann ganz auf äußere Hilfsmittel verzichten. Er erreicht das von ihm Gewünschte bereits mit einem Wort, einem Blick.

Diese Unterscheidung wird dann zu einem wichtigen Rahmenargument, um die relativ spärlichen Hinweise der Evangelisten auf magische Praktiken Jesu zu erklären.

Die noch aufspürbaren Hinweise der Evangelien auf Jesu (bei Smith Kap.7: das Belegmaterial für magische Praktiken): zwei Tendenzen dominieren generell die Auswertung des Belegmaterials für magische Praktiken:

a) die Reaktion auf die Vorwürfe der Außenstehenden, die dazu geführt habe, magische Spuren in der Wirksamkeit Jesu zu unterdrücken;
b) die frühe Gemeinde hatte eine eminentes Interesse an der durch die Taufe legitimierten magischen Vollmacht Jesu zur weiteren Teilhabe an den Sakramenten (l.c.165). Ein Urteil über die Authentizität der tradierten magischen Tätigkeit Jesu ist häufig nicht möglich. Vielleicht wurde manche bedeutende Erzählung von Einzelepisoden von den einen geheimgehalten, während andere (ihrer Gegnerschaft gemäß) Lügengeschichten und Verdrehungen von Teilaspekten verbreiteten.

Die magischen Züge, die in den Evangelien sichtbar sind, müssen innerhalb der Möglichkeiten der antiken Magie verankert sein:

a) Man führte besondere „*magische Gebete*“ auf den irdischen Jesus zurück (l.c.165). Mk 9,28-29: „Als Jesus nach Hause kam und sie allein waren, fragten ihn seine Jünger: Warum konnten denn wir den Dämon nicht austreiben? Er antwortete ihnen: Diese Art kann nur durch Gebet ausgetrieben werden.“
b) Das Glaubens-Motiv: der in vollkommener Zuversicht erteilte Befehl hat innerhalb des Glaubens eine unmittelbare Wirksamkeit (Mk 11,23; Lk 17,6).
c) Die Tradenten Jesu haben seine Befehlsworte selbst als magisch wirksam verstanden, weswegen sie im genauen *aramäischen Wortlaut* überliefert worden sind. Dies entspricht tendenziell der Anweisung, in der Zauberpraxis fremde Worte zu verwenden.
d) Die Taufe Jesu wird von Smith als magischer Vergottungsritus interpretiert. Die ritualarme Darstellung der Evangelien ist sicher nicht

ursprünglich, da die Taufzeremonien des Johannes immer von Gebeten und Hymnen begleitet wurden (Smith 1978: 167f.). Die Taufgeschichte in den Evangelien sollte den Vorwurf dämonischer Besessenheit zurückweisen und die Ausstattung Jesu mit dem Geist Gottes betonen (l.c.168).

e) Die *Versuchungsgeschichte* weist auf den hinter dem antiken Magier stehenden allgemeineren Typus des Schamanen hin (nach Bühner 1983: 167). In der Bewährung als Initiationsprobe weist der Schamane nach, daß er die Geisterwelt beherrscht (Smith 1978: 181f.).

f) *Nachfolgeruf* und Anteilhabe an der charismatischen Vollmacht entsprechen nach Smith weder rabbinischer Schülerschaft noch prophetischer Gruppenbildung, sondern dem Liebeszauber der Magie. Die johanneische Jüngerschaft als Gemeinschaft der Liebe sieht Smith als alte Tradition an, die der magischen Herbeiführung von Liebesbeziehungen entsprechen soll. Die Macht des Magiers, in Liebe zu vereinen, entspricht seinem Vermögen, Trennungen herbeizurufen (l.c.193) nach der Operation des Lösens und Bindens. Mt 10,35 f.: „Denn ich bin gekommen, um den Sohn mit seinem Vater zu entzweien und die Tochter mit ihrer Mutter und die Schwiegertochter mit ihrer Schwiegermutter; und die Hausgenossen eines Menschen werden seine Feinde sein.“

g) Die *Verklärungsgeschichte* gehe nach Smith zurück auf eine halluzinatorische Séance, in der der göttliche Magier seinen engsten Jüngern seine wahre Gestalt enthülle und dazu himmlische Gestalten und Stimmen erscheinen lasse (l.c.208ff.).
Die Transfiguration bereite auf die letzte Einweihung der Jünger vor, die halluzinatorisch in das himmlische Reich Gottes hinführe und so die himmlisch Gewordenen von Mose-Gesetzen befreie (l.c.324). Hier liegt nach Smith die Wurzel des ursprünglichen und im wesentlichen von den Evangelien verdeckten totalen Gesetzesliberalismus.

h) Die *Riten*, die nach Smith von Jesus als Magier gestiftet wurden, sind die von ihm praktizierte Taufe und das Abendmahl. Die die Taufe betreffende Stelle - Joh 4,2 - hält Smith für eine Fehlübersetzung des ursprünglichen Textes; richtig scheint ihm zu sein, daß Jesus niemanden außer den Jüngern taufte.

Mit der Taufe hängt nach Smith das Geheimnis des Reiches Gottes zusammen. Anders als in der landläufigen Apokalyptik sei für Jesus das Reich Gottes eine *gegenwärtige*, himmlische Größe, die man magischrituell jenseits zukünftiger Erwartungen erschließen könne (l.c.23ff., 316). Es ist der himmlische Bereich der Engel (der Hilfsgeister), wo Gottes Wille ohne die Tora und ihre Einschränkungen getan werden könne (l.c.233). Wer also in dieses Reich Gottes eingehen kann, der ist von der Tora frei. Jesus behauptet dementsprechend nach Smith, schon zu Lebzeiten das magische Spitzenkunststück (vgl. die Schamanen) vollführen zu können: eine Himmelfahrt und einen Eingang in das Reich Gottes.

Die Kenntnis der wahren Gestalt Gottes beinhalte auch die Vision der Entmachtung des Satans: über den Vergotteten hat er keine Macht mehr. Nach Smith sei Mt 11,25f. das Dankgebet am Abschluß des magischen Ritus der vergottenden Himmelfahrt. „An dieser Vollmacht, die himmlische Vision und Befreiung von Gesetz und Teufel vereinte, gebe der irdische Jesus durch seinen geheimen Taufritus Anteil; dies sei das ‚Geheimnis des Reiches Gottes' (Mk 4,11)" (Bühner 1983: 168).

Das *Abendmahl*, das dem im Schamanismus so wichtigen Gedanken der Zerstückelung und Einverleibung als Grad der Initiation Rechnung trägt, wird als magischer Ritus der gemeinsamen Teilhabe am Reich Gottes gedeutet. Für Smith ist aber ausgeschlossen, daß ein ursprüngliches Passahmahl Jesu später in der hellenistischen Gemeinde sakramentalisiert wurde, sondern umgekehrt sei der ursprüngliche Geheimritus Jesu in der harmlosen Gestalt eines Abendmahls am Passahabend in der Tradition untergebracht worden. „Der Versuch, sie (die Eucharistie) aus dem Passahritual oder einem anderen jüdischen Ritual abzuleiten, ist lächerlich. So merkwürdig gewisse Rituale des Judentums sein mögen, das Verspeisen von Menschen kommt in ihnen nicht vor" (l.c.212; vgl. auch 251).Es sei der Zweck des Ritus, durch Verabreichung verzauberter, das heißt rituell verwandelter Nahrung die Empfänger mit Jesus und untereinander sowie mit dem in Jesus anwesenden Gott in Liebe zu vereinen (siehe auch Joh 6,56ff.).

Der Jesus, der hinter den Evangelien sichtbar wird, ist nach Smith ein Wundertäter und Lehrer, der sich selbst in der erteilten Vollmacht wiederfindet, mit der Welt der Engel und Geister umgehen zu können, der sich folglich als Intimus Gottes bezeichnet, was die Außenstehenden als dämonische Besessenheit und die Jünger als gelungene und ihnen erschlossene Vergottung deuten.

Anmerkung

An verschiedenen Stellen dieses Beitrages habe ich Ideen und Formulierungen benutzt, die von den Herren Michael Kuper und Ulrich Kratzsch stammen, ohne deren Hilfe dieser Text nicht hätte entstehen können.

Literatur

Bauernfeind, O.: Die Worte der Dämonen im Markusevangelium. Stuttgart 1927
Blacker, C.: The Catalpa Bow. London: Allan & Unwin 1975
Blau, L.: Das altjüdische Zauberwesen. Budapest 1898
Böcher, O.: Dämonenfurcht und Dämonenabwehr. Stuttgart 1970
Böcher, O.: Christus Exorcista. Stuttgart 1972
Bühner, J.-A.: „Jesus und die antike Magie. Bemerkungen zu M.Smith, Jesus der Magier.“ In: Evangelische Theologie. 43:156-169, 1983
Bystřina, I.: Semiotik der Kultur. Zeichen-Texte-Codes. Tübingen 1989
Di Marco, A.-S.: „Zeichenmagie in der Religion, im religiösen Kult.“ In: Lange-Seidl (Hrsg.) (1988), 49-56, 1988
Dodds, E.R.: Einführung zu Euripides „The Bacchae“. Oxford 1944
Dodds, E.R.: The Greeks and the Irrational. Dt. Die Griechen und das Irrationale (Darmstadt 1970) 1951
Drewermann, E.: Tiefenpsychologie und Exegese. Bd. I: Die Wahrheit der Formen. Traum, Mythos, Märchen, Sage und Legende. Freiburg i.Br. 1984, 1985
Eitrem, S.: Some Notes on the Demonology in the New Testament. Oslo 1950
Eliade, M.: Le chamanisme et les techniques archaiques de l'extase. Dt. Schamanismus und archaische Exstasetechnik (Frankfurt 1975) 1951
Eliade, M.: Mythes, rêves et mystères. Dt. Mythen, Träume und Mysterien (Salzburg 1961) 1956
Eliade, M.: Birth and Rebirth. Dt. Das Mysterium der Wiedergeburt (Frankfurt 1988) 1958
Eliade, M.: The Quest. Dt.: Die Sehnsucht nach dem Ursprung. Von den Quellen der Humanität (Frankfurt 1976) 1969
ER: Eliade, M. et ed.: The Encyclopedia of Religion. New York
Findeisen, H./Gehrts, H.: Die Schamanen. Jagdhelfer und Ratgeber, Seelenfahrer, Künder und Heiler. Köln 1983
Fridrichsen, A.: The Problem of Miracle in Early Christianity. Minneapolis 1925, 1972
Glowatzki, G: „Die Neandertaler und ihre tropischen Verwandten.“ In: KEDM,. II, 53-94, 1982
Goodenough, E.R.: Jewish Symbols in the Greco-Roman Period. Bd. 2: The Archeological Evidence from the Diaspora (Bollinger Series 37), 1953
Green, W.S.: „Palestinian Holy Men: Charismatic Leadership and Rabbinic Tradition.“ In: ANRW. 19,2. 619-647, 1979
Halifax, J.: Shamanic Voices. Dt. Die andere Wirklichkeit der Schamanen (Bern/ München 1985) 1979

Herbig, J.: Nahrung für die Götter. Die kulturelle Neuerschaffung der Welt durch den Menschen. München/Wien 1988
Hetmann, F.: Eulenruf und Geistertanz. Märchen, Lieder und Visionen der Sioux und Cheyenne. Frankfurt 1982
Hopfner, Th.: Griechisch-Ägyptischer Offenbarungszauber. 2 Bände. Leipzig 1921/24
Hopfner, Th.: „Art Mageia." In: PRE. 14,1. 301-393, 1928
Jelinek, I.: Das große Bilderlexikon des Menschen in der Vorzeit. Prag/Gütersloh 1972
Jensen, A.E.: Mythos und Kult bei Naturvölkern. Wiesbaden 1951
Käsemann, E.: Exegetische Versuche und Besinnungen. 2 Bände. Göttingen 1970
KEDM: Kindlers Enzyklopädie Der Mensch. Hrsg. von H. Wendt und N. Loacker. Zürich 1982-1985
Kirchgässner, A.: Gottes Geist in der Liturgie. Aschaffenburg 1964
Klíma, B.: Dolní Věstonice. Tabořišt`e lovcu mamutu (Dolní Věstonice. Eine Lagerstätte der Mammutjäger). Prag 1983
Kott, J.: The Eating of the Gods. Dt. Gott-Essen. Interpretationen griechischer Tragödien. (München 1975) 1973
Kuper, M.: „Knud Rasmussens Reiseleben. Eine biographische Skizze." In: Rasmussen (1937, 1988)
Lange-Seidl, A. (Hrsg.): Zeichen und Magie. Akten des Kolloquiums der Bereiche Kultur und Recht der Deutschen Gesellschaft für Semiotik 5.9.1986. München 1988
Leroy, H.: Jesus. Überlieferung und Deutung. Darmstadt 1978
Leroi-Gourhan, A.: Les réligions et la préhistoire, Paléolithique. Dt. Die Religionen der Vorgeschichte. (Frankfurt 1967) 1964
Loeb, E.M.: Sumatra. Wien 1935
Lozano, J.M.: „Retreat." In: ER. 12, 350-355, 1987
Malinowski, B.: Magic, Science and Religion and Other Essays. Dt. Magie, Wissenschaft und Religion. Und andere Schriften. (Frankfurt 1973) 1948
Mowinckel, S.: Religion und Kultus. Göttingen 1953
Nietzsche, F.: Die Geburt der Tragödie aus dem Geist der Musik. WI, 435-734, 1882
Protsch, R.: „Vormensch und Urmensch." In: KEDM. I, 713-746, 1982
Quack, A.: „Schamane/Schamanismus." In: Waldenfels, H. (1987), 580 ff., 1987
Rasmussen, K.: Die Gabe des Adlers. Eskimomythen aus Alaska. Berlin 1937, Neuauflage 1988
Ratschow, Ch.: „Exorzismus. I. Religionsgeschichtlich." In: Rgg. 2, 832-833, 1958
Rgg = Die Religion in Geschichte und Gegenwart. Hrsg. v. K. Galling. Tübingen
Rössler, D.: Die Vernunft der Religion. München 1976
Smith, M.: Jesus the Magician. Dt. Jesus der Magier (München 1981) 1978
Spitzing, G.: Lexikon byzantinisch-christlicher Symbole. Die Bilderwelt Griechenlands und Kleinasiens. München 1989
Trinkaus, E./Howells, W.: „The Neandertals." Dt. „Die Neandertaler." In: Evolution. Die Entwicklung von den ersten Lebensspuren bis zum Menschen. Spektrum der Wissenschaft 1982 (Heidelberg), 180-190, 1982
Waldenfels, H.: Lexikon der Religionen. Freiburg/Basel/Wien 1987
Wilhelm, F. (Hrsg.): Der Gang der Evolution. Die Geschichte des Kosmos, der Erde und des Menschen. München 1987
Ziegelmaer, G.: „Zur phylogenetischen Entwicklung des Menschen." In Wilhelm, F. (Hrsg.) (1987), 193-214, 1987

Alexandra Rosenbohm
HALLUZINOGENE DROGEN IM SCHAMANISMUS
Mythos und Ritual im kulturellen Vergleich
(Marburger Studien zur Völkerkunde, Band 8)
178 Seiten, Broschiert / ISBN 3-496-00401-0

Die Arbeit untersucht den mythischen Hintergrund und den realen Ablauf der rituellen Prozesse des schamanischen Halluzinogen-Gebrauchs.

Ursula Zier
DIE GEWALT DER MAGIE
Krankheit und Heilung in der kolumbianischen Volksmedizin
(Krankheit und Kultur, Band 3)
X und 267 Seiten, Broschiert / ISBN 3-496-00890-3

Die traditionelle Rolle der Magie in der Volksmedizin Lateinamerikas ist bisher nicht oder nur unzureichend erforscht worden. Sie hat jedoch auch heute noch – wie etwa in Kolumbien – gesellschaftliche Relevanz trotz der Konkurrenz der modernen Medizien, die seit Beginn unseres Jahrhunderts an Bedeutung gewinnt.

Wilhelm E. Mühlmann
DIE METAMORPHOSE DER FRAU
Weiblicher Schamanismus und Dichtung
2., durchgesehene Auflage – Sonderausgabe
260 Seiten, Broschiert / ISBN 3-496-00801-6

„Die 'schöpferische Natur' erscheint gewöhnlich in weiblichen Darstellungsformen... Dieses Buch wendet sich an alle, die vom tiefgründigen Wesen der Frau fasziniert sind."

DIETRICH REIMER VERLAG BERLIN
Unter den Eichen 57 · 1000 Berlin 45